아산정책연구원 선거연구 시리즈 1

한국 유권자의 선택 1
2012 총선

아산정책연구원 선거연구 시리즈 1

한국 유권자의 선택 1
2012 총선

박찬욱 · 김지윤 · 우정엽 엮음

아산정책연구원

차례

서문 · 10

1. 여론조사 어떻게 진행되었나? 김지윤 · 배종찬 · 우정엽 · 13
2. 대선 전초전으로서의 19대 총선 박찬욱 · 31
3. 누가, 왜 투표했나? 누가 투표의향을 바꾸었나? 강신구 · 61
4. 한국 유권자의 정당호감도 결정요인과 그 효과 한정훈 · 87
5. 야권연대와 분할투표 강원택 · 125
6. 무당파의 선택은? 조원빈 · 149
7. 세대 균열의 진화: '386세대'의 소멸과 30대 유권자의 부상 박원호 · 183
8. 선거이슈와 유권자의 선택 우정엽 · 강충구 · 217
9. 웹 2.0에서 소셜 네트워크 서비스로 이상신 · 253
10. 2% 부족한 박근혜 대세론 김지윤 · 281

부록 · 314

표 차례

1. 여론조사 어떻게 진행되었나? 김지윤·배종찬·우정엽

〈표 1-1〉 응답자 특성표: 1차 조사 (제19대 총선 전) · 22
〈표 1-2〉 응답자 특성표: 2차 조사 (제19대 총선 후) · 23
〈표 1-3〉 패널 유지 현황 · 25
〈표 1-4〉 표집오차 · 26

2. 대선 전초전으로서의 19대 총선 박찬욱

〈표 2-1〉 19대 총선 결과: 정당별 의석수 · 35
〈표 2-2〉 19대 총선 결과: 정당별 지역구 의석수 · 40
〈표 2-3〉 19대 총선 결과: 충청, 영남, 호남 지역별 비례대표 득표율 · 41
〈표 2-4〉 19대 총선 결과: 성별, 연령별, 학력별, 선수별 당선인 분포 · 42
〈표 2-5〉 유권자의 이념성향과 투표선택: 비례대표 선거 · 51
〈표 2-6〉 지역구와 비례대표 선거에서의 투표선택: 이항 로지스틱 회귀분석 · 56

3. 누가, 왜 투표했나? 누가 투표의향을 바꾸었나? 강신구

〈표 3-1〉 실제 투표율과 표본 투표율 비교 · 70
〈표 3-2〉 인구통계학적·사회경제적 속성에 따른 투표율 비교 · 72
〈표 3-3〉 심리적 속성에 따른 투표율 비교 · 75
〈표 3-4〉 새누리당 호감도와 민주통합당 호감도가 투표율에 미치는 영향 :
　　　　　교차비교표 · 76
〈표 3-5〉 합리적 선택이론에 따른 투표율 비교 · 77
〈표 3-6〉 로짓 모형에 의한 투표율 분석 · 79
〈표 3-7〉 투표의향에 따른 투표율 비교 · 81
〈표 3-8〉 비례대표 투표 선호정당과 투표의향, 그리고 투표율 : 교차비교표 · 82

4. 한국 유권자의 정당호감도 결정요인과 그 효과 **한정훈**

〈표 4-1〉 출신지역별 각 당 지지유권자 사이의 정당호감도 평균 비교 · **104**
〈표 4-2〉 정당지지 변동성: 제17대 대선 지지후보 정당과 제19대 총선 지지정당 · **105**
〈표 4-3〉 출신지역에 따른 지지정당 변경여부 및 정당호감도 · **106**
〈표 4-4〉 각 정당의 정책과 지도자의 영향력 평균 비교 · **109**
〈표 4-5〉 정당호감도 결정요인: OLS 회귀분석 · **113**
〈표 4-6〉 지지정당 결정행태 분석 로짓 모형 · **115**

5. 야권연대와 분할투표 **강원택**

〈표 5-1〉 민주통합당, 통합진보당 지역구 투표자의 정당투표 · **132**
〈표 5-2〉 세 투표 집단별 정당호감도 · **133**
〈표 5-3〉 투표 집단별 이명박 대통령 평가 · **134**
〈표 5-4〉 세 집단별 주관적 이념성향 · **135**
〈표 5-5〉 세 투표 집단별 이슈 태도 · **137**
〈표 5-6〉 세 집단별 정당일체감 · **139**
〈표 5-7〉 2007년 대통령 선거 때 세 집단별 지지후보 · **140**
〈표 5-8〉 세 집단별 정치인 호감도의 평균 · **141**
〈표 5-9〉 세 집단별 2012년 대통령 선거에서의 예상 지지후보 · **142**
〈표 5-10〉 투표 집단에 따른 연령별 구성 · **143**
〈표 5-11〉 투표 집단별 정치효능감 · **144**
〈표 5-12〉 이항 로지스틱 모델 · **146**

6. 무당파의 선택은? **조원빈**

〈표 6-1〉 정당지지 집단별 이념성향 평균값 · **167**
〈표 6-2〉 무당파와 정당지지자들의 정치인 호감도 평균값 비교 · **178**

7. 세대 균열의 진화: '386세대'의 소멸과 30대 유권자의 부상 **박원호**

〈표 7-1〉 투표 참여의 조건들과 연령 · **200**
〈표 7-2〉 유력 후보자에 대한 투표의향: 다항 로지스틱 모델 · **211**

8. 선거이슈와 유권자의 선택 **우정엽 · 강충구**

〈표 8-1〉 총선투표에 영향을 미친 이슈 · **237**
〈표 8-2〉 총선투표 결정별 정책 및 총선이슈에 대한 입장 · **241**
〈표 8-3〉 총선투표 결정별 총선 주요이슈 · **243**
〈표 8-4〉 총선관련 주요이슈 · **244**
〈표 8-5〉 총선투표 결정시기 · **246**
〈표 8-6〉 총선투표 결정시기별 총선 주요이슈 · **247**
〈표 8-7〉 총선투표 결정시기별 지역구 투표기준 총선 주요이슈 · **249**
〈표 8-8〉 총선투표 결정시기별 정당 투표기준 총선 주요이슈 · **250**

9. 웹 2.0에서 소셜 네트워크 서비스로 **이상신**

〈표 9-1〉 가장 자주 이용하는 인터넷 서비스 순위 · **262**
〈표 9-2〉 연령대별 정치정보 습득경로 · **265**
〈표 9-3〉 학력별 정치정보 습득경로 · **267**
〈표 9-4〉 19대 총선 투표 여부와 정치정보 습득경로 · **272**
〈표 9-5〉 회귀분석: 투표 결정시기와 미디어 · **274**
〈표 9-6〉 19대 총선 지역구 투표와 미디어 · **276**
〈표 9-7〉 주요 정치인 호감도와 미디어 · **278**

10. 2% 부족한 박근혜 대세론 **김지윤**

〈표 10-1〉 대선후보 지지도: 지역별 구도 · **290**
〈표 10-2〉 정당일체감과 대선후보 지지도 · **297**
〈표 10-3〉 대선후보 지지와 회고적 평가 · **302**
〈표 10-4〉 연령별, 이념성향별, 정당일체감별 정치인 호감도 · **308**
〈표 10-5〉 총선과 대선의 투표율 차이 비교 · **311**

그림 목차

1. 여론조사 어떻게 진행되었나? **김지윤 · 배종찬 · 우정엽**

2. 대선 전초전으로서의 19대 총선 **박찬욱**
〈그림 2-1〉 19대 총선 결과: 정당 이념성향별 비례대표 득표율 · **38**
〈그림 2-2〉 19대 총선 연령대별 투표율 · **45**
〈그림 2-3〉 19대 총선 연령대별 선거인수/투표자수 비율 · **45**
〈그림 2-4a〉 19대 총선 연령대별 정당 지지율: 비례대표 선거 · **48**
〈그림 2-4b〉 19대 총선 연령대별 정당 지지율: 비례대표 선거 · **49**

3. 누가, 왜 투표했나? 누가 투표의향을 바꾸었나? **강신구**

4. 한국 유권자의 정당호감도 결정요인과 그 효과 **한정훈**
〈그림 4-1〉 유권자의 정당호감도 및 지지정당 결정행태의 동학 · **99**
〈그림 4-2〉 정당호감도와 정책 및 지도자의 영향력 사이의 관계 · **108**

5. 야권연대와 분할투표 **강원택**

6. 무당파의 선택은? **조원빈**
〈그림 6-1〉 무당파와 정당지지자들의 지역구 국회의원 투표성향 비교 · **156**
〈그림 6-2〉 무당파와 정당지지자들의 비례대표 국회의원 투표성향 비교 · **158**
〈그림 6-3〉 무당파와 정당지지자들의 19대 총선 결과 만족도 · **161**
〈그림 6-4〉 무당파와 정당지지자들의 이념성향 비교 · **165**
〈그림 6-5〉 무당파와 정당지지자들의 연령대 구성 비교 · **170**
〈그림 6-6〉 이슈 1: 한미 FTA · **172**

〈그림 6-7〉 이슈 2: 대북정책 · 173
〈그림 6-8〉 이슈 3: 복지정책 · 174
〈그림 6-9〉 이슈 4: 정부의 재벌규제 · 175
〈그림 6-10〉 무당파와 정당지지자들의 이명박 대통령 지지도 비교 · 177

7. 세대 균열의 진화: '386세대'의 소멸과 30대 유권자의 부상 **박원호**

〈그림 7-1〉 연령효과와 세대효과 가설의 차이: 횡단면 자료의 경우 · 191
〈그림 7-2〉 연령별 이념평균 · 194
〈그림 7-3〉 연령별 정책적 입장 · 196
〈그림 7-4〉 연령과 선거 참여 · 198
〈그림 7-5〉 연령별 새누리당 지지자의 비율 · 204
〈그림 7-6〉 연령별 민주통합당 지지자의 비율 · 205
〈그림 7-7〉 연령별 통합진보당 지지자의 비율 · 206
〈그림 7-8〉 연령별 주요 정치인 호감도 · 208

8. 선거이슈와 유권자의 선택 **우정엽 · 강충구**

9. 웹 2.0에서 소셜 네트워크 서비스로 **이상신**

〈그림 9-1〉 인터넷 이용률 및 이용자수 변화 추이 · 259
〈그림 9-2〉 SNS 유형별 이용현황 – 만 6세 이상 SNS 이용자 · 261

10. 2% 부족한 박근혜 대세론 **김지윤**

〈그림 10-1〉 세대별 대선지지후보 · 292
〈그림 10-2〉 일자리 창출을 가장 잘 할 수 있는 정당 · 305
〈그림 10-3〉 소득의 재분배를 가장 잘 할 수 있는 정당 · 305
〈그림 10-4〉 유권자 연령대별 비율 · 311

서문

 2012년에는 세계의 약 60개 국가에서 국정운영 리더십을 창출하는 선거가 실시된다. 한국은 마지막 달에 국가 수장이자 최고집행권자인 대통령 선출을 통해 지구촌 국가선거 행사의 대미를 장식하게 될 것이다. 뿐만 아니라 한국은 대선 8개월여 전에 새 국회를 구성하기 위한 총선을 4월에 이미 치렀다. 이 총선은 대선 경쟁구도의 윤곽을 드러냈고 대선에서의 유권자 선택을 예견할 실마리를 보여주었다. 나라 밖으로는 선진국에서 시작된 경제 침체의 암운이 그득하고 남북한 관계와 한반도 주변의 정세 역시 불확실하기 그지없다. 나라 안으로는 지속적인 경제성장을 통한 일자리 창출과 동시에 복지 확대와 양극화 해소로써 국민통합을 기해야 하는 시급한 당면 과제가 있다. 이미 선출된 19대 국회의원들과 앞으로 뽑힐 대통령이 이러한 국정의 난관을 극복해야 할 것이다. 총선과 대선은 민주주의 잔치에 그치지 않고 국가의 운명을 좌우할 중대사인 것이다.

 아산정책연구원은 20년 만에 총선과 대선이 함께 진행되는 올해에 총선 전부터 대선 직후까지 유권자의 정치의식과 투표의사결정을 연속적으로 추적하는 연구를 기획하였다. 이를 수행하기 위해서 4월 초 연구팀이 구성되어 총 7회의 패널조사 계획을 수립하였으며, 조사는 여론조사기관인 리서치앤리서치에 의뢰하였다. 1차와 2차 패널조사는 총선 직전과 직후에 각각 실시되었다. 연구팀은 7월까지의 기간에 조사의 기획, 실행과 결과분석, 그리고 총선 관련 단행본 출간을 논의하기 위해 7차례 회의를 가졌다. 연구팀회의는 임무를 성공적으로 마무리할 때까지 추후에도 연중 계속될 것이다.

이 책은 이미 실시한 두 차례의 패널조사 결과를 토대로 19대 총선에서의 유권자 의식과 행태를 다각도로 분석하는 글들을 싣고 있다. 여기에는 각장을 구성하는 10개 꼭지의 글이 묶여져 있다. 제1장은 조사방법론에 관한 글이고, 제2장은 총선결과를 개관하고 분석을 위한 화두를 제기하는 총론이다. 이어 제3장부터 제9장까지 7개의 글들은 각각 유권자 투표행태의 특정한 측면을 심층적으로 분석한다. 그 주제는 투표참여, 정당호감도, 분할투표, 무당파, 세대요인, 선거이슈, 소셜네트워크서비스(SNS) 활용이다. 마지막 제10장에서는 다가오는 대선을 전망한다.

이 단행본이 당초의 기획 의도대로 학술적 연구의 가치를 지니면서 동시에 선거를 비롯한 정치에 많은 관심을 가진 일반 독자도 읽을 만한 저작이 되었으면 한다. 한국 선거의 이해를 위해 이 책이 의미 있는 기여를 할 수 있으면 하는 작은 소망을 감출 수 없다.

연구과정과 집필에 참여한 선거연구팀 구성원들의 노고에 고마움을 표하고자 한다. 연구의 기획부터 이 책의 출간에 이르기까지 도움을 준 함재봉 원장을 비롯한 아산정책연구원 가족과 (주)리서치앤리서치 관계자 여러분들에게도 감사드린다.

2012년 8월
필자들을 대표하여
박찬욱

여론조사 어떻게 진행되었나?

— 김지윤 · 배종찬 · 우정엽 —

여론조사 어떻게 진행되었나?

아산정책연구원의 선거연구는 19대 국회의원 선거와 18대 대통령 선거가 동시에 치러지는 2012년에 동일한 응답자 표본을 대상으로 수차례 여론조사를 실시하는 대규모 패널조사(panel survey)로서 시기별 여론의 변화를 보다 정확하게 포착하기 위해 기획되었다. 이번 패널조사는 총선과 대선의 선거과정에서 유권자들이 왜, 어떻게 투표를 하는지와 유권자들의 표심에 영향을 주는 요인은 무엇인지, 표심은 어떻게 변화하는지 등에 대한 분석을 가능케 하기 때문에 우리나라 유권자를 보다 잘 이해하는 계기가 될 것이다.

이 장에서는 아산정책연구원 선거연구 패널조사의 설계는 어떻게 이루어졌고, 조사방법은 무엇이며, 또 어떻게 응답자 패널을 구축·관리했고, 구축된 패널은 어떠한 특성을 갖는지에 대해 살펴보고자 한다.

왜 패널조사인가?

아산정책연구원의 선거연구는 두 차례 전국단위 대규모 선거가 치러지는 동안 유권자의 투표행태 및 의식의 변화를 파악하기 위해 총 7회에 걸쳐 동일한 응답자에게 설문조사를 실시하는 패널조사로 기획되었다. 횡단면조사(cross-sectional survey)가 특정 한 시점에서의 관측 값(observation)에 불과하기 때문에 시간에 따른 변화를 파악할 수 없는 한계를 갖는 것과 달리, 패널조사는 최초 패널 응답자로 불리는 표본을 대상으로 동일한 문항을 반복적으로 묻기 때문에 시간변화에 따른 여론의 추이를 분석할 수 있다.

조사대상의 태도나 의식변화 등에 대한 시계열적 분석(time-series analysis)을 가능케 하는 장점을 갖고 있는 패널조사는 그동안 많은 선거연구에서 빈번하게 이용되어 왔다. 그 이유는 선거를 전후로 패널 응답자들의 표심이 어떻게 변화했는지를 분석할 수 있게 해주기 때문이다. 장기간에 거쳐 수행되는 패널조사는 조사기간 중에 발생한 여러 사건들이 응답자들에게 어떠한 영향을 미쳤는지를 알아내는 데 가장 적합한 조사 설계(survey design)이기 때문에 20년 만에 국회의원 선거와 대통령 선거가 동시에 치러지는 2012년 선거맥락에서 그 장점이 극대화될 수 있다.

그러나 이러한 패널조사는 다음과 같은 몇 가지 단점을 갖기도 한다. 먼저 표본이탈(sample attrition)의 문제이다. 최초 패널에 포함된 응답자가 후속조사에 더 이상 참여하지 않아 구축된 응답자 패널의 모집단 대표성이 왜곡되는 경우를 말한다. 둘째, 패널 응답자들이 반복적으로 조사에 참여하기 때문에 조사대상의 오염(contamination) 문제가 발생할 수 있다. 조사대상의 오염은 패널 응답자가 조사 의도를 파악하는 경우, 조사원에 대한 개인적 친밀도가 높아진 경우, 응답자가 설문에 대해 심리적·육체적 피로를 느끼면서 조사에 거짓으로 또는, 불성실하게 응하게 되는 경우, 응답자가 패널조사에 참여하면서 정치적 지식이나 관심이 늘어나 정치적 성향이나 태도가 변화하는 경우 등을 포괄한다. 셋째, 초기단계 조사를 설계하는 데 오랜 시간이 걸리고, 최초 구축된 응답자 패널을 관리하기 어려운 문제가 있다. 패널조사 설계는 일단 조사가 시작되면 조사설계를 변경할 수 없기 때문에 시작단계에서 엄격한 표본추출(sampling) 방법을 적용해야 한다. 예를 들면, 그 동안의 패널조사에서 편의를 위해 사전에 조사참여 의사를 밝힌 패널, 즉 옵트 인(opt-in) 회원을 이용하는 경우가 많은데, 엄격하게 보면 이는 대표성있는 표본추출로 보기 어렵다.

아산정책연구원의 선거연구 패널조사 연구팀은 약 8개월에 걸친 대규모 패널조사 설계의 단점을 보완하기 위해 다음과 같은 대응방안을 마련하여 조사를 진행하였다. 첫째, 1차 패널조사에서 3,062명의 대규모 패널을 구축하여 장기간 지속되는 조사에서 발생할 수 있는 패널 응답자의 표본이탈에 대비하였다. 둘째, 2차 조사에서는 표본에서 이탈한 응답자를 대체할 수 있는 패널 응답자를 1차 조사와 동일한 표집방식으로 모집하여 표본의 규모를 일정수준으로 유지하였다. 셋째, 패널의 이탈을 방지하기 위해 조사기간 동안 패널조사 일정에 대한 공지와 조사 참여에 대한 인센티브를 제공하였다. 패널참여에 대한 동기부여를 지속적으로 해야 했기 때문에 1~2차 패널조사 참여에 대한 인센티브는 조사 직후에 즉각적으로 제공하였다.

조사일정

 이번 패널조사는 2012년 4월 국회의원 선거 전부터 12월 대통령 선거 직후까지 총 7회의 조사를 실시하기로 계획되었다. 조사 시기는 총선 및 대선 일정을 고려하여 정해졌는데, 최초 1~2차 패널조사는 19대 국회의원 선거를 전후로 진행되었다. 1차 조사는 총선일인 4월 11일 직전인 2012년 4월 6일에서 10일까지 5일간, 2차 조사는 총선이 끝난 직후인 4월 12일부터 18일까지 7일간 실시되었다. 1~2차 패널조사의 시기를 가능한 한 총선 직전과 직후에 가깝게 둔 것은 유권자들의 실제 총선투표 관련 의사결정 사항이 더 잘 반영되도록 하기 위해서였다.
 총선 이후 3차 조사는 여야 주요정당의 대선후보 경선시기를 고려하여 8월, 4차 조사는 대선후보가 결정되는 11월, 5차 조사는 대선 공식 선거운동 개시일 시점, 6차 조사는 대선 직전의 표심을 파악하기 위해 대선 1주일 전인 12월 초, 마지막 7차 조사는 대선 투표일인 12월 19일 이후에 실시하는 것으로 잠정 계획하였다.

응답자 선정과 패널 구축

 이번 패널조사는 다단계 추출(multistage sampling)에 의한 층화추출법(stratified sampling method)을 사용하였다. 1단계로 전국단위의 무작위 표본을 구축할 목적으로 2011년 3월부터 2012년 3월까지 아산정책연구원의 월례

정기조사를 위해 (주)리서치앤리서치가 휴대전화 RDD(Random Digit Dialing, 이하 RDD) 방식으로 무작위 추출한 응답자 총 13,865명의 전화번호를 데이터베이스화하였다. 그리고 아산정책연구원 월례정기조사 응답자 데이터베이스만을 활용하여 층화 표집을 할 경우, 성·지역·연령별로 인구비례에 맞는 충분한 표본의 수를 확보하기 어렵기 때문에 휴대전화 및 유선전화 RDD 방식으로 추출한 번호를 추가적으로 활용하였다. 이렇게 만들어진 1차 표본을 서울 및 광역시·도의 16개 권역으로 먼저 나누었다. 그리고 해당 권역별 19세 이상 남녀비율과 10세 단위로 구분된 연령대 구성비를 기준으로 표본을 층화한 후에 무작위 추출법을 통해 2차 표본을 비례층화추출하였다. 모집단의 특성을 파악하기 위한 자료로는 행정안전부에서 공시한 2012년 3월 31일 기준 주민등록인구 현황을 활용하였다.

   패널조사에서 표본추출을 위해 휴대전화 RDD 방식을 이용한 이유는 국내 전화조사에서 보편적인 표집틀(sampling frame)로 이용되고 있는 한국통신(KT) 전화번호부의 단점을 극복하기 위해서였다. 한국통신 전화번호부의 등재율은 전체 가구전화의 50% 이하로 추정된다. 특히 휴대전화의 확산으로 가구전화 없이 휴대전화만 사용하는 가구도 늘어나는 등 일반 유선전화를 보유하고 있는 가구의 비율이 지속적으로 감소하고 있기 때문에 한국통신 전화번호부의 표본 대표성은 낮아지고 있다. 반면에 휴대전화 가입자 수는 2012년 3월 기준(한국정보화진흥원) 5,270만여 명으로 같은 기간의 주민등록통계 인구수 기준(행정안전부) 5,078만여 명보다 오히려 많아 가구전화에 상응하는, 또는 그 이상으로 대표성이 높아졌다고 판단할 수 있다. 뿐만 아니라 휴대전화는 기기의 특성상 개인 통신수단이므로 응답자에 대한 접근성이 높아 같은 응답자에게 여러 번 조사해야 하는 패널조사에 적합한 도구가 될 수 있다.

휴대전화 RDD 방식에 의해 구축된 표본은 (주)리서치앤리서치가 구축한 시스템을 활용하여 임의의 휴대전화 번호를 생성한 후, 이를 실사에 이용하는 방식으로 추출되었다. 휴대전화 RDD 방식으로만 추출된 전화번호를 활용하여 표집을 실시한 결과, 일부 계층, 특히 여성 고연령층이 과소표집되는 경향을 보였다. 이는 이들의 휴대전화 사용이 다른 계층에 비해 상대적으로 빈번하지 않고, 외부활동이 적기 때문으로 판단된다. 그래서 이번 패널조사에서는 이들을 효과적으로 표집하기 위해 유선전화 RDD 방식으로 추출된 전화번호를 추가로 활용하였다.

조사의 패널구축은 다음과 같은 절차로 진행되었다. 먼저 전화가 연결되면 면접원이 조사의 목적 및 의뢰기간, 조사횟수, 참여 사례금 등에 대해 설명하고, 응답자에게 패널 참여를 요청하였다. 패널 참여에 동의한 응답자들을 대상으로 성, 현재 거주지역, 연령 등의 기본 정보를 파악하고, 휴대전화가 아닌 유선전화 참여자의 경우에는 향후 조사를 위해 휴대전화 또는 연락 가능한 전화번호를 추가적으로 파악하였다. 해당 전화번호가 통화 중이었거나 비수신인 경우에는 3회까지 전화접촉을 재시도하였고, 거절자는 조사대상에서 제외하였다.

패널 응답자 관리

 패널을 모집하고, 응답자의 기본정보를 파악한 후에는 1차 패널조사를 진행하였다. 조사 종료 후 1주일 이내에 모든 응답을 완료한 패널들에게는 휴대전화 문자메시지를 통해 모바일 문화상품권을 지급하였고, 2차 조사일정을 공지했다. 2차 조사에서는 기존에 구축된 패널들을 대상으로 조사를 시행했으며, 패널이 통화 중이거나 부재중일 경우 지속적으로 재접촉을 시도하였다. 패널이 더 이상 조사 참여를 거부할 경우, 2회까지 재접촉을 시도했으나, 강력한 거부의사를 밝히거나 연속으로 참여를 거부한 경우에는 패널에서 탈락처리하였다. 또한 2차 조사에서는 최종 표본 유지율을 고려하여 신규패널을 추가적으로 모집하였고, 2차 조사가 종료된 이후에는 향후 패널 탈락을 방지하기 위해 정기적으로 안부메시지를 발송하고 추후 조사 일정이 확정되면 이에 대한 안내 문자메시지를 발송하였다.
 이번 조사에서 모집된 응답자 패널은 아산정책연구원의 선거연구 패널조사만을 위해 무작위 추출과정을 거쳐 개별적으로 모집되었기 때문에 조사 참여에 대한 대가를 목적으로 활동하는 유사조사 경험이 많거나 조사에 대해 잘 교육된 표본이 아니었다. 이러한 응답자 패널의 특성은 일반 유권자의 정치적 성향이나 태도를 잘 반영한다는 점에서 이번 패널조사의 목적과 잘 부합한다.

조사표본수 및 패널의 특성

　조사비용 및 조사 횟수 등을 고려하여 최초 3,000명 이상으로 표본을 구축하였고, 마지막 7차 조사까지 최종 유효 표본수를 2,000명 이상 유지하는 것을 목표로 하였다. 1차 조사 결과 총 3,062명이 패널 응답자로 모집되었다.

　구축된 표본의 특성은 다음과 같다. 성별로는 남성이 1,739명(56.8%), 여성은 1,323명(43.2%) 모집되었다. 연령대별로는 40대가 653명(21.3%)으로 가장 많았고, 다음으로 50대 642명(21.0%), 60세 이상이 636명(20.8%), 30대 605명(19.8%), 19-29세 526명(17.2%)의 순이었다. 지역별 구성비는 인천/경기 지역이 853명(27.9%)으로 가장 많고, 다음으로 서울 지역 709명(23.2%), 부산/울산/경남 지역 448명(14.6%), 광주/전라 및 대구/경북 지역이 각각 334명(10.9%), 대전/충청 지역 272명(8.9%), 강원/제주 지역이 112명(3.7%)이었다. 직업별로는 화이트칼라가 888명(29.0%)으로 가장 많았고, 다음으로 가정주부 592명(19.3%), 자영업 531명(17.3%), 블루칼라 420명(13.7%), 학생 223명(7.3%), 농/임/어업 94명(3.1%)의 순이었고, 무직/기타가 309명(10.1%)으로 나타났다. 학력별로는 대학재학 이상이 1,761명(57.5%)으로 가장 많았고, 고졸이 861명(28.1%), 중졸 이하는 418명(13.7%)이었다. 소득수준별로는 월평균 가구소득이 201만 원에서 400만 원이 1,135명(37.0%)으로 가장 많았고, 401만 원 이상은 1,009명(33.0%), 200만 원 이하는 731명(23.9%)이었다.

　1차 패널조사를 위해 모집된 표본의 구성을 최초 목표했던 3,000명 기준

〈표 1-1〉 응답자 특성표: 1차 조사 (제19대 총선 전)

		사례수(명)	비율(%)			사례수(명)	비율(%)
	전체	3,062	100		농/임/어업	94	3.1
성별	남자	1,739	56.8		자영업	531	17.3
	여자	1,323	43.2		블루칼라	420	13.7
연령별	19-29세	526	17.2	직업별	화이트칼라	888	29.0
	30대	605	19.8		가정주부	592	19.3
	40대	653	21.3		학생	223	7.3
	50대	642	21.0		무직/기타	309	10.1
	60세 이상	636	20.8		잘 모름/무응답	5	0.2
지역별	서울	709	23.2		100만 원 이하	309	10.1
	인천/경기	853	27.9		101-200만 원	422	13.8
	대전/충청	272	8.9	소득별	201-300만 원	568	18.5
	광주/전라	334	10.9		301-400만 원	567	18.5
	대구/경북	334	10.9		401-500만 원	410	13.4
	부산/울산/경남	448	14.6		501만 원 이상	599	19.6
	강원/제주	112	3.7		잘 모름/무응답	187	6.1
학력별	중졸 이하	418	13.7		서울	467	15.3
	고졸	861	28.1		인천/경기	369	12.1
	대학재학 이상	1,761	57.5		대전/충청	424	13.8
	잘 모름/무응답	22	0.7	출신지별	광주/전라	628	20.5
종교별	개신교	818	26.7		대구/경북	471	15.4
	천주교	343	11.2		부산/울산/경남	489	16.0
	불교	635	20.7		강원/제주	179	5.8
	무교	1,222	39.9		이북/기타/잘 모름	35	1.1
	기타종교	37	1.2				
	잘 모름/무응답	7	0.2				

할당표본과 비교해 보면, 남자가 253명 많이 표집되었고, 여자는 191명 적게 표집되었다. 연령별로는 50대 이상이 107명 더 많이 표집된 반면, 40대

<표 1-2> 응답자 특성표: 2차 조사 (제19대 총선 후)

		사례수(명)	비율(%)			사례수(명)	비율(%)
	전체	2,512	100		농/임/어업	79	3.1
성별	남자	1,543	61.4		자영업	444	17.7
	여자	969	38.6		블루칼라	348	13.9
연령별	19-29세	439	17.5	직업별	화이트칼라	785	31.3
	30대	534	21.3		가정주부	389	15.5
	40대	541	21.5		학생	189	7.5
	50대	528	21.0		무직/기타	275	10.9
	60세 이상	470	18.7		잘 모름/무응답	3	0.1
지역별	서울	572	22.8		100만 원 이하	211	8.4
	인천/경기	719	28.6		101-200만 원	324	12.9
	대전/충청	232	9.2	소득별	201-300만 원	475	18.9
	광주/전라	282	11.2		301-400만 원	487	19.4
	대구/경북	261	10.4		401-500만 원	356	14.2
	부산/울산/경남	356	14.2		501만 원 이상	525	20.9
	강원/제주	90	3.6		잘 모름/무응답	134	5.3
학력별	중졸 이하	281	11.2		서울	387	15.4
	고졸	685	27.3		인천/경기	313	12.5
	대학재학 이상	1,534	61.1		대전/충청	346	13.8
	잘 모름/무응답	12	0.5	출신지별	광주/전라	496	19.7
종교별	개신교	669	26.6		대구/경북	392	15.6
	천주교	262	10.4		부산/울산/경남	405	16.1
	불교	512	20.4		강원/제주	156	6.2
	무교	1,035	41.2		이북/기타/잘 모름	17	0.7
	기타종교	31	1.2				
	잘 모름/무응답	3	0.1				

이하는 45명 적게 표집되었다. 성·지역·연령별 교차분포를 비교해 보면, 서울지역의 남자 50대, 60세 이상은 각각 22명씩 더 많이 표집되었고, 경기

지역의 60세 이상은 20명 적게 표집되었다. 전반적으로 50대 이상의 남성은 할당보다 더 많이 표집된 반면, 60세 이상 여성층은 상대적으로 적게 표집되었다.

총선 직후 진행된 2차 조사의 경우, 1차 조사에서 모집된 3,062명 중에서 2,342명만 조사에 그대로 참여하였고, 추가로 모집된 패널 170명이 표본에 더해져 최종 유효 사례수는 2,512명이 되었다.

2차 조사 패널 구성 특성을 정리하면 다음과 같다. 성별로는 남성이 1,543명(61.4%), 여성이 969명(38.6%)이었다. 연령은 40대가 541명(21.5%)으로 가장 많았고, 다음으로 30대 534명(21.3%), 50대 528명(21.0%), 60세 이상이 470명(18.7%)이었고, 19~29세가 439명(17.5%)으로 가장 적었다. 지역별로는 인천/경기 719명(28.6%), 서울 572명(22.8%), 부산/울산/경남 356명(14.2%), 광주/전라 282명 (11.2%), 대전/충청 232명(9.2%), 강원/제주 90명(3.6%)의 순이었다. 직업별로는 화이트칼라가 785명(31.3%)으로 가장 많았고, 다음으로 자영업 444명(17.7%), 가정주부 389명(15.5%), 블루칼라 348명(13.9%), 학생 189명(7.5%), 농/임/어업 79명(3.1%)의 순이었으며, 무직/기타는 275명(10.9%)이었다. 학력별로는 대학재학 이상이 1,534명(61.1%)으로 가장 많았고, 고졸 685명(27.3%), 중졸 이하는 281명(11.2%)이었다. 소득수준별로는 월평균 가구소득 201만 원에서 400만 원이 962명(38.3%)으로 가장 많았고, 다음으로 401만 원 이상 881명(35.1%), 200만 원 이하 535명(21.3%)의 순이었다.

2차 조사의 패널 유지현황을 보면, 1차 조사 대비 남녀의 패널 유지율은 각각 81.8%, 69.5%로 여성의 표본이탈이 더 많았다. 연령별로는 30대

<표 1-3> 패널 유지 현황 (단위: 명)

전체		1차 (A)	2차 (기존)(B)	2차 (신규)	2차 합계 (C)	증감 (B)-(A)	유지율 (%) (B)/(A)
		3,062	2,342	170	2,512	-720	76.5
성별	남자	1,739	1,422	121	1,543	-317	81.8
	여자	1,323	920	49	969	-403	69.5
연령별	19~29세	526	406	33	439	-120	77.2
	30대	605	488	46	534	-117	80.7
	40대	653	504	37	541	-149	77.2
	50대	642	498	30	528	-144	77.6
	60세 이상	636	446	24	470	-190	70.1
지역별	서울	709	539	33	572	-170	76.0
	인천/경기	853	671	48	719	-182	78.7
	대전/충청	272	216	16	232	-56	79.4
	광주/전라	334	258	24	282	-76	77.2
	대구/경북	334	248	13	261	-86	74.3
	부산/울산/경남	448	329	27	356	-119	73.4
	강원/제주	112	81	9	90	-31	72.3

의 패널 유지율이 80.7%로 가장 높았고, 50대(77.6%), 19~29세(77.2%), 40대(77.2%), 60세 이상(70.1%)의 순으로 나타났다. 지역별로는 대전/충청(79.4%), 인천/경기(78.7%)의 유지율이 높았고, 부산/울산/경남(73.4%), 강원/제주(72.3%)지역의 표본 유지율이 낮은 편이었다.

패널조사의 유지율은 조사마다 상이하기 때문에 일반적인 패널 유지율을 규정하기 어렵지만, 2차 조사의 패널 유지율(2차 조사에서 추가로 모집된 신규 패널 포함)은 76.5%로 조사 시행 전 예상했던 유지율인 85~90%보다 낮게 나타났다. 이는 본 조사가 일반적인 패널조사에 사용되는 개별면접방법이 아닌 전화조사로 진행된 점, 참여 패널들이 사전에 모집하여 주기적으로 조사를 진행하고 관리하는 응답자 패널이 아니라, 여론조사에 응답 경험이 상대적으로 적은 경우가 대부분이기 때문인 것으로 판단된다.

표집오차

각 조사별 최종 유효 사례수를 기준으로 한 95% 신뢰수준에서의 표집오차는 아래의 표에 제시된 바와 같다.

〈표 1-4〉 표집오차

구분	사례수(명)	표집오차	비고
1차	3,062	±1.79%P	
2차	2,512	±1.96%P	기존 패널 2,342명 + 신규 모집 패널 170명

조사방법

아산정책연구원의 선거연구 패널조사는 컴퓨터를 활용한 전화조사(CATI: Computer Assisted Telephone Interview, 이하 CATI) 방법을 활용해 면접원이 직접 응답자와 전화 통화 인터뷰를 하는 방식으로 진행되었다. 면접원이 구조화된 설문지를 이용하여 난수, 또는 준비된 전화번호로 전화를 걸어 전화를 받은 대상이 적합한 대상자일 경우 설문을 읽어 주고 응답을 받아 자료를 수집하는 방법이다. 컴퓨터를 활용한 전화조사는 자동응답전화(Auto Response System)로 조사를 실시할 경우에 나타나는 높은 응답 거절률, 잘못되거나 불성실 응답을 가려낼 수 없는 점, 설문에 대한 이해도가 낮기 때문에 유발될 수 있는 오류 등을 줄일 수 있다. 또 면접조사(Face to Face Interview) 방식으로 조사를 진행할 경우에 발생할 수 있는 과도하게 소요되는 비용·시간의 문제, 응답과정의 불편함, 익명성 보장 부족, 면접자 개인 편견에 의한 오류를 피할 수 있기 때문에 최근 정치·사회 조사에서 가장 보편적으로 활용되고 있는 조사방법이다.

CATI는 전화조사의 한 종류로 컴퓨터를 이용하여 표본추출 및 전화걸기가 자동으로 진행되고, 면접 과정에서 면접원의 컴퓨터 화면에 질문 내용이 제시된다. 복잡한 구조의 질문일 경우, 자동으로 분기를 해주고 응답받은 설문 내용을 면접원이 컴퓨터에 직접 입력하므로 면접이 끝난 직후 응답결과를 확인하고 자료처리를 쉽게 할 수 있다. 또 CATI는 면접원에 의해 발생할 수 있는 비표본오차(non-sampling error)를 최소화할 수 있어 활용도가 점점 높아지고 있는 방법으로 일반 전화조사 대비 다음과 같은 장점을 가지고 있다. 첫째, CATI는 컴퓨터 프로그램이 표집틀 내 전화번호를 무작위로 추출하여 면접원이 임의의 전화번호로 전화를 하는 단계에서 발생할 수 있는 편향(bias)을 방지할 수 있다. 둘째, 입력된 프로그램에 따라 자동으로 컴퓨터 화면에 나타난 설문문항을 면접원이 읽어 주고 응답을 받기 때문에 실수로 인한 자료입력 누락을 방지할 수 있다. 셋째, 면접원의 조사 진행 내용을 검증요원이 실시간으로 확인할 수 있어, 일반 전화조사보다 그 결과를 신뢰할 수 있다. 넷째, 응답자의 응답내용을 면접원이 컴퓨터에 직접 입력하기 때문에 면접과 동시에 실시간으로 자료가 시스템상에 입력되므로 신속하게 자료를 가공할 수 있고, 응답자료 편칭작업 중에 발생할 수 있는 오류가 감소하는 이점이 있다.

결론

아산정책연구원의 선거연구 패널조사는 전국 단위 대규모 패널조사로 2012년의 총선 및 대선 기간 동안 유권자의 투표선택 과정을 추적할 수 있다는 점에서 큰 의미가 있다. 본 조사는 총 7회 조사로 기획되어 현재 2회 조사까지 진행되었다. 2012년 총선, 대선 패널조사의 성공적인 수행을 위해서는 패널의 모집만큼이나 모집된 패널을 얼마나 잘 관리하고, 이탈률을 최소화하며 정확한 조사를 진행하느냐가 관건이 될 것이다. 향후 조사에서는 패널유지를 극대화하고 신뢰도 높은 조사를 하기 위해 다음과 같은 노력이 요구된다.

첫째, 조사에 대한 패널의 관심 및 호응도의 제고가 필요하다. 이를 위해서는 응답자 패널에게 조사의 중요성을 알리고, 조사결과 및 활용 내용을 패널에게 전달하고 이해시켜야 한다. 둘째, 조사완료 후 적정한 인센티브를 제공하여 패널의 지속적인 참여를 유도해야 한다. 셋째, 조사의 휴지기에도 주기적으로 패널 응답자들에게 연락을 함으로써, 조사에 대한 관심 저하로 인해 일어날 수 있는 패널의 이탈을 막아야 한다. 넷째, 향후 조사에서는 설문의 문항수를 적정하게 유지하여 응답자 패널의 부담을 줄여야 한다. 뿐만 아니라, 향후 조사 진행과정에서는 조사설계 및 조사수행 원칙을 철저히 준수함으로써 보다 신뢰성 높은 자료를 확보할 수 있도록 노력해야 한다.

대선 전초전으로서의 19대 총선

— 박찬욱 —

대선 전초전으로서의 19대 총선

이 글은 19대 총선의 결과를 개관하고 유권자 행태를 종합적인 관점에서 예비적으로 논의한다. 유권자 의식과 행태에 대한 본격적인 논구에 앞서 분석의 맥락과 화두를 제공하고자 한다. 이 책에 실린 글들은 제1장에서 서술된 바와 같이 총선일 직전과 직후에 아산정책연구원의 주관 아래 여론조사기관인 (주)리서치앤리서치가 수행한 패널조사의 결과를 기본 자료로 하여 작성되었다. 이 총론에서는 기본 자료 외에 중앙선거관리위원회가 공표한 자료를 비롯한 다른 보완적 자료가 활용된다.

제19대 국회를 구성하기 위한 총선거는 민주화 이후의 시기에 13대 총선이래 매 4년마다 7번째 치러진 국가선거이다. 이번 총선을 통해 한국에서 경쟁적 선거가 제도화되고 절차적 민주정치가 작동하고 있다는 점이 다시 확인되었다. 19대 총선의 결과를 집약적으로 표현할 때에 집권여당인 새누리당의 단독과반수 확보를 가장 먼저 언급하지 않을 수 없다. 그런데 이러한 결과를 선거 전에 체계적인 근거를 토대로 정확하게 예측한 정치전문가나 여야 정치인은 드물었다. 이는 사전적 불확실성이 제도화되었음을 말해 준다. 제1당을 예상하던 민주통합당 지도부는 투표가 종료된 직후 방송3사 출구조사 결과가 발표되면서 실망하지 않을 수 없었지만 일찌감치 선거결과를 겸허히 받아들이는 모습을 보였다. 패자의 즉각 승복은 선거결과의 불가역성이 자리 잡았음을 말해 주었다. 아산정책연구원의 총선 직후 패널조사(2차)에서는 "현 정부가 이번 국회의원 선거를 얼마나 공정하게 관리했다고 생각하십니까?"라는 질문이 주어졌는데 공정하게 관리했다는 응답률이 59.7%("매우 공정" 9.9% + "공정한 편"49.8%)로써, 공정하게 관리되지 못했다는 응답률 35.3%("공정하지 못한 편" 25.6% + "전혀 공정하지 않음" 9.7%)보다 훨씬 더 높았다("잘 모름"과 "무응답"은 합하여 5.0%). 유권자들이 느끼기에 선거관리가 미흡한 점이 없지는 않았으나 대체로 공정했다.

이번 총선은 1992년의 14대 총선에 이어 20년 만에 대통령선거가 있기 8개월여 전에 치러졌다. 이로 말미암아 총선이 대선의 경쟁구도 형성에 영향을 주게 될 전초전의 성격을 띠었다. 2007년 대선 이후 가장 유력한 대선주자인 집권여당의 박근혜 전 대표는 이번 총선 결과에 정치적인 사활을 걸지 않을 수 없었다. 2011년 후반기에 박희태 국회의장이 과거 전당대회에서 돈을 뿌린 사건을 비롯하여 대통령 측근의 비리가 연속해 불거지면서 '차떼기당' 이미지가 다시 고개를 들어 한나라당은 위기에 처하였다. 이를 수습하기 위해서 12월 말에 박근혜 전 대표를 위원장으로 하는 비상대책위원회가 구성되었다. 2012년 2월 박 위원장은 당명을 한나라당에서 새누리당으로 변경하는 것을 비롯한 당의 쇄신을 시도하면서 총선에 임하였다. 대선주자로서 총선을 주도적으로 치름으로써 박 위원장은 총선 결과에 정치적 명

운을 걸었다. 한편, 2010년 6월의 지방선거, 2011년 4월 분당의 국회의원 보궐선거와 10월 서울시장 보궐선거에서 연이어 승리한 민주통합당은 19대 총선에서 제1당으로 부상하여 대선에서의 권력교체를 위한 발판을 마련하고자 하였다. 아산정책연구원의 패널조사 1차 자료에 의하면 국민 다수는 이명박 대통령의 국정운영을 긍정적이기보다는 부정적으로 평가하였다 (부정 66.0% 대 긍정 29.1%). 이러한 정치적 환경에서 민주통합당은 총선에서 이명박 정부 심판론을 강력하게 제기하였다. 민주통합당의 대선주자 가운데 특히 문재인 노무현재단 이사장이 '낙동강 벨트'라고 불리는 부산과 경남 지역에서 자신의 국회의원 당선은 물론 민주통합당의 약진을 견인할 수 있을 것인가의 여부에 관심이 집중되었다. 요컨대 19대 총선의 결과는 국회의 구성과 운영에 직결되는 것일 뿐만 아니라 차기 대선의 양상을 예고하는 것이기도 하였다.

집합자료 중심의 총선 결과 분석

〈표 2-1〉에서와 같이 19대 총선에서 새누리당은 지역구 127석, 비례대표 25석을 합하여 152석의 과반수 의석을 얻었다. 민주통합당은 지역구 106석, 비례대표 21석을 포함하여 127석을 획득하였다. 선거 전의 지배적인 예측을 고려하면 분명히 새누리당이 승리하였다. 민주통합당은 제1당의 지위를 확보하지는 못했지만 그렇다고 영락없는 패배라고 단정하기 어렵다. 선거 직전에 80여 석 규모였는데 의석수를 대거 늘렸고 국회의 의원정수 가운데 3분의 1을 훨씬 초과하여 강력한 제1야당이 되었기 때문이다.

충청지역을 기반으로 하는 자유선진당(2012년 5월 말 이후 선진통일당)은 18대 국회에서 의석수로 제3당이었지만 19대에서 통합진보당과 처지가 역전되는 참담한 패배를 겪었다. 통합진보당은 지역구 7석, 비례대표 6석을 합쳐 13석을 획득하였고 자유선진당은 지역구 3석, 비례대표 2석을 포함해 모두 5석을 얻었다. 민주통합당과 통합진보당이 특히 지역구 선거에서 선전할 수 있었던 이유는 야권후보 단일화에 힘입은 바 크다(이동윤, 2012). 통합진보당과 자유선진당 이외의 여러 군소정당(정통민주당, 진보신당, 국민생각 등)이 선거에 참여했는데 의원정수의 대부분을 충원하는 지역구 선거의 경

〈표 2-1〉 19대 총선 결과: 정당별 의석수

구분	의원정수	새누리당	민주통합당	통합진보당	자유선진당	무소속
지역구	246	127	106	7	3	3
비례대표	54	25	21	6	2	0
합계	300	152	127	13	5	3

출처: 중앙선거관리위원회 선거통계시스템 (http://www.nec.go.kr)

쟁은 대체로 양강 구도로 전개되면서 이러한 군소정당이나 무소속 후보가 당선되기 어려웠다. 18대 총선에서 124명의 무소속 후보가 출마하여 이 중 25명이 당선되었지만, 19대에서는 무려 258명의 무소속 후보자 가운데 단지 3명만이 승리를 거두었다.

19대 총선에서 민주통합당이 승리의 성과를 거두지 못한 것은 집권당을 비판하는 야당을 넘어서 책임 있는 대안세력으로서 유권자들에게 국가와 사회의 미래에 대한 비전을 제시하지 못했기 때문이다. 유권자들은 이명박 대통령의 인기가 추락해 있음에도 불구하고 현 정부를 심판하는 회고적 투표를 하기보다는 오히려 더 나은 미래를 위한 변화의 소망을 담아 투표선택을 하였다. 박근혜 당시 새누리당 비상대책위원장이 당명을 바꾸고, 정강정책에서 복지를 강조하며, 또한 인적 쇄신을 통해서 이명박 정부와 차별성을 보이면서 승리를 견인했다고 말할 수 있다. 반면에 이 책의 제8장에서 분석된 바와 같이 민주통합당은 통합진보당과의 야권연대를 다지기 위해 한미자유무역협정(FTA) 등의 이슈에서 이른바 '좌클릭'을 하고 선거를 주도하는 한명숙 대표의 리더십이 효과적으로 발휘되지 못해 득표력의 한계를 노정하였다.

총선 결과, 서울시장 보궐선거 전후로부터 약화될 조짐이 있던 박근혜 대세론이 다시 힘을 받게 되었다. 또한 새누리당은 총선에서의 당선자나 지도부의 구성에 비추어 '박근혜 당'이라고 해도 과언이 아니게 되었다. 물론 뒤의 분석에서 드러나는 바와 같이 새누리당 대선후보로서의 박근혜는 대선 승리를 위해서 서울을 비롯한 수도권, 2030세대, 진보성향의 유권자층에서 지지를 확장해야 할 절실한 필요성에 직면하게 되었다.

민주통합당에서 문재인 노무현재단 이사장은 자신이 당선되는 결과를 얻었지만 PK 지역, 즉 부산과 경남에서 강고한 기반을 확보하는 데에는 성공하지 못하였다. 당내에서 손학규, 김두관, 정세균 등 다른 대선주자들로부터 강한 도전을 받게 될 것이 쉽게 예상되었다.

2011년 가을 서울시장 보궐선거를 전후하여 높은 인기도를 유지하며 대선주자의 반열에 오른 서울대 안철수 교수는 19대 총선에서 두드러진 역할을 하지 않았다. 그럼에도 불구하고 총선에서 기대에 비추어 부진한 결과를 얻은 민주통합당은 안철수를 활용해서 박근혜를 넘어서는 대선 전략을 무시하기 어렵게 되었다. 아산정책연구원의 2차 패널조사에서 응답자들은 "이번 대통령 선거에서 어떤 인물을 뽑을 것인가?"를 묻는 질문에서 35.8%가 박근혜, 24.0%는 안철수, 15.8%는 문재인을 언급하였다. 기타 여러 명의 가상 주자들에 대한 응답률은 2%를 넘는 경우가 없었다.

그런데 새누리당의 승리를 곧 이념적 보수세력의 승리라고 볼 수는 없다. 원내에 진출한 정당과 무소속 당선자의 이념성향에 따라 보수 대 진보의 의석비를 보면 범보수(새누리당+자유선진당+친새누리 무소속) 대 범진보(민주통합당+통합진보당+친민주통합 무소속)는 158 대 142의 형세이다. 〈그림 2-1〉에서 전국구 비례대표 선거 득표율을 보자. 새누리당과 자유선진당의 득표율 합계(46.03%)가 민주통합당과 통합진보당의 득표율 합계(46.75%)보다 약간 적은 상태로 균형을 이룬다. 의석을 확보하지 못했지만 이념성향이 분명한 군소정당까지 고려하면 범보수(새누리당+자유선진당+친박연합+한나라당+국민생각)의 득표율 합계 48.26%는 범진보(민주통합당+통합진보당+진보신당+ 정통민주당+창조한국당)의 득표율 합계 48.56%에 비하여 역시 약간 적으면서 대체로 균형을 보여준다. 19대 국회에서 보수와 진보의 두 세력이 팽팽한 긴장관계를 보이게 되었다는 것이다. 19대 총선에서 양대 세력이 모두 양극화 해소, 경제민주화, 복지, 일자리 창출을 말하고 있는데 그 내용에서는 적지 않은 차이가 있을 것이다. 19대 국회에서 다수의 강행처리나 소수의 극력 저지 가능성은 축소되었지만 양극적 대결로 타협이 용이하지 않아 의정교착이 초래될 우려가 적지 않다.

〈표 2-2〉는 19대 총선에서 각 정당과 무소속이 얻은 지역구 의석수를 권역별, 시도별로 제시하고 있다. 우선 주목해야 할 점은 새누리당이 전국적으로 승리했으나 서울, 인천, 경기를 포함하는 수도권에서는 민주통합당이 지역구 의석 112석의 58.0%에 해당하는 65석을 얻어 우위를 점했다. 특히 서울의 48개 의석 중 30석(62.5%)을 석권하여 정치적 중심부에서 제1당의 위세를 떨치게 되었다는 점이다. 이러한 결과는 18대 총선의 경우와 비교

〈그림 2-1〉 19대 총선 결과: 정당 이념성향별 비례대표 득표율 (단위: %)

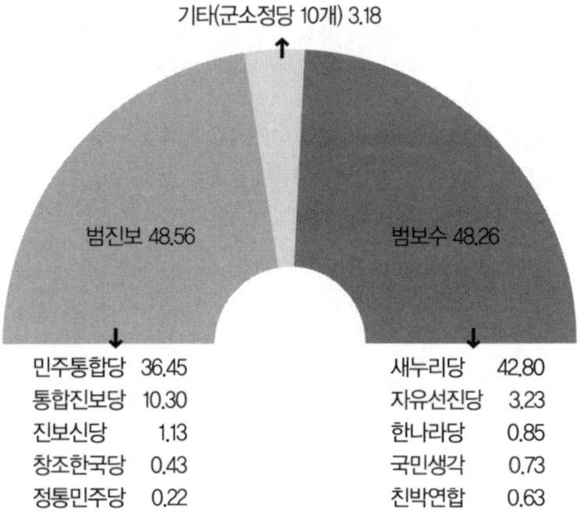

기타(군소정당 10개) 3.18

범진보 48.56   범보수 48.26

민주통합당	36.45	새누리당	42.80
통합진보당	10.30	자유선진당	3.23
진보신당	1.13	한나라당	0.85
창조한국당	0.43	국민생각	0.73
정통민주당	0.22	친박연합	0.63

출처: 중앙선거관리위원회 통계시스템 (http://www.nec.go.kr)

할 때 대단한 역전극이라고 할 수 있다. 18대 총선에서는 새누리당의 전신인 한나라당이 수도권 111석 중 81석(73.0%), 특히 서울에서 48개 의석 중 40석(83.3%)을 장악하였던 것이다. 이는 민주통합당의 이명박 정부 심판론이 수도권에서는 어느 정도 주효했음을 암시한다. 새누리당이 12월 대선에서도 승리하기 위해서는 수도권에서 지지율을 확장해야 할 필요가 있음도 말해준다.

민주화 이후 정당의 기반과 경쟁구도에서 현저한 점은 주요 정당이 연고 지역에서 배타적 내지 우위의 지위를 확보하는 지역할거 현상임에 누구나 이의가 없을 것이다. 이러한 현상은 호남과 영남 지역에서 가장 두드러지고 충청 지역에서도 나타났다. 그러므로 정당의 지역기반에 비추어 중대한 변화가 와야 비로소 정당재편의 진정한 계기가 마련될 것이다. 호남을 연고 기반으로 하는 민주통합당은 이 지역에 할당된 30석 가운데 25석, 영남 기반의 새누리당은 67석 중 63석을 획득하였다. 영남과 호남의 지역균열 구도가 온존하고 있다. 하지만, 충청 지역에서 자유선진당은 과거와 같은 상대적 우위를 유지하지 못하였다. 이 지역의 25석 중 새누리당이 12석, 민주통합당이 10석을 얻고 자유선진당은 3석만을 확보하여 뒤처진 제3당이 되었다.

현행 선거제도의 성격상 지역구 의석수는 정당의 지역적 기반을 증폭시키는 경향이 있기 때문에 비례대표 선거에서 연고 정당이 얻은 득표율을 검토할 필요가 있다. 〈표 2-3〉에서 알 수 있듯이, 영남에서 광역단체를 단위로 할 때에 새누리당은 약 50~70% 범위, 민주통합당은 13~32% 범위의 득표율을 기록하였다. 한편 호남에서 민주통합당은 65~70% 범위, 새누리당

〈표 2-2〉 19대 총선 결과: 정당별 지역구 의석수

구분	시도	의원정수	새누리당	민주통합당	통합진보당	자유선진당	무소속
수도권	서울	48	16	30	2	0	0
	인천	12	6	6	0	0	0
	경기	52	21	29	2	0	0
	소계	112	43	65	4	0	0
강원		9	9	0	0	0	0
충청	대전	6	3	3	0	0	0
	충북	8	5	3	0	0	0
	충남	10	4	3	0	3	0
	세종	1	0	1	0	0	0
	소계	25	12	10	0	3	0
호남	광주	8	0	6	1	0	1
	전북	11	0	9	1	0	1
	전남	11	0	10	1	0	0
	소계	30	0	25	3	0	2
영남	대구	12	12	0	0	0	0
	경북	15	15	0	0	0	0
	부산	18	16	2	0	0	0
	울산	6	6	0	0	0	0
	경남	16	14	1	0	0	1
	소계	67	63	3	0	0	1
제주		3	0	3	0	0	0

출처: 중앙선거관리위원회 선거통계시스템 (http://www.nec.go.kr)

은 5~10% 범위의 득표율을 얻었다. 새누리당이 영남, 민주통합당이 호남에서 압도적 우위를 점하여 할거하는 현상은 근본적으로 달라지지 않았다. 다만 민주통합당은 영남의 부산, 울산과 경남에서 3석을 얻었고, 비례대표 선거에서 대구와 경북 지역에 비하여 부산, 울산과 경남 지역에서는 상당히

높은 득표율을 기록하였다. 민주통합당이 영남의 남부에서 선전하여 유권자의 지역주의 투표와 정당의 지역할거가 완화된 점은 있지만 새누리당의 영남 기반은 전반적으로 아직도 견고한 편이다. 충청지역에서는 충북을 제외하고 자유선진당의 득표율이 보잘것없다고 할 수는 없지만 이 지역에서 새누리당과 민주통합당이 서로 1위를 다투었다. 자유선진당의 지역 기반은 취약한 지경에 이르렀다고 할 수 있다.

〈표 2-4〉는 19대 총선에서 당선된 인물들의 성별, 연령별, 학력별, 선수별 구성 비율을 제시한다. 성별 분포를 보면 19대 총선에서 여성 당선인은 300명 중 47명, 즉 15.7%를 차지하여 19대 국회가 역대 국회 가운데 가장

〈표 2-3〉 19대 총선 결과: 충청, 영남, 호남 지역별 비례대표 득표율 (단위: %)

구분	시도	새누리당	민주통합당	자유선진당
전국		42.80	36.45	3.23
충청	대전	34.31	33.70	17.90
	충북	43.81	36.02	5.31
	충남	36.57	30.40	20.39
	세종	27.79	38.73	22.61
호남	광주	5.54	68.91	1.02
	전북	9.64	65.57	1.41
	전남	6.33	69.57	1.15
영남	대구	66.48	16.37	2.01
	경북	69.02	13.42	1.43
	부산	51.31	31.78	1.88
	울산	49.46	25.22	1.58
	경남	53.80	25.61	1.55

출처: 중앙선거관리위원회 선거통계시스템 (http://www.nec.go.kr)

높은 비율의 여성 대표성을 기록하게 되었다. 18대 총선에서 여성은 299명 가운데 41명(13.7%)이었다. 19대 총선에서 비례대표 당선인 54명 중 28명(15.7%)이 여성인데 이는 각 정당의 후보자 명부에서 홀수 순위에 여성을 의무적으로 배치하게 한 선거법 규정에 힘입은 것이다. 연령별 분포에서는 50대가 142명으로 47.3%에 해당하여 가장 많고 그 다음에는 40대가 80명

〈표 2-4〉 19대 총선 결과: 성별, 연령별, 학력별, 선수별 당선인 분포 (단위: 명,(%))

성별			
	남성	여성	계
지역구	227 (92.3)	19 (7.7)	256 (100)
비례대표	26 (48.1)	28 (51.9)	54 (100)
계	253 (84.3)	47 (15.7)	300 (100)

연령별				
30대	40대	50대	60대	계
9 (3.0)	80 (26.7)	142 (47.3)	69 (23.0)	300 (100)

학력별				
미기재	고졸 이하	대학(전문대포함)*	대학원**	계
1 (0.3)	6 (2.0)	116 (38.7)	177 (59.0)	300 (100)

선수별								
초선	재선	3선	4선	5선	6선	7선		계
148 (49.3)	70 (23.3)	50 (16.7)	19 (6.4)	9 (3.0)	3 (1.0)	1 (0.3)		300 (100)

주) * 재학, 퇴학 및 졸업; ** 재학, 퇴학, 수료 및 졸업
출처: 성별, 연령별, 학력별 분포는 중앙선거관리위원회 선거통계시스템 (http://www.nec.go.kr); 선수별 분포는 http://www.assembly.go.kr/renew10/mem/mem/mem_search.jsp.

(26.7%), 60대가 69명(23.0%)이고 30대는 9명(3.0%)이다. 50대가 의정 주역의 역할을 담당하고 있다. 국회의원 피선거권 연령은 25세 이상인데 20대 후반의 당선인이 없고, 고령화가 진행되는 사회에서 70세 이상의 당선인도 없다. 다음으로, 19대 총선의 당선인들은 대체로 고학력이다. 대학원 재학, 퇴학, 수료 및 졸업의 학력자가 177명으로 59%에 달하고 전문대를 포함한 대학 수준의 학력자는 116명(38.7%)이며 고졸 이하의 학력자는 손으로 꼽을 정도로 소수에 지나지 않는다. 마지막으로, 19대 총선 당선인 299명 중 초선은 148명으로 절반에 약간 못 미치는 49.3%를 차지한다. 1987년 민주화 이후 역대 총선에서 당선인 중 초선이 차지하는 비율은 13대 55.9%, 14대 39.1%, 15대 46.2%, 16대 40.7%, 17대 63.0%, 18대 44.5%이었다. 19대 총선의 경우는 초선 당선인의 구성 비중이 대체로 평균 수준이라고 할 수 있다. 19대 국회에서는 서울 동작을 출신 새누리당 정몽준 의원이 7선으로서 최다 당선을 기록하였다.

유권자의 투표참여

선거에서 유권자의 행태는 투표행위에 참여할 것인가 아니면 기권할 것인가의 결정에서부터 시작한다. 19대 총선에서 선거인, 즉 유권자의 수는 4,018만 1,623명이었다. 투표율은 54.2%이었는데, 이는 민주화 이후 처음으로 50% 이하의 수준을 기록한 18대 총선의 투표율 46.1%보다 8.1%포인트 상승한 수치이다.

중앙선거관리위원회는 전국의 1만 3,470개소 투표구 중 1,410개소를 무작위로 추출하여 해당 413만 2,112명의 유권자(전체 유권자의 10.3%)를 대상으로 19대 총선 투표율을 분석하여 공표한 바 있다. 이 공표된 자료와 마찬가지로 제3장과 제7장에서의 기본 자료에 대한 상세한 분석결과도 역시 연령대별로 현저한 투표율 차이를 제시한다. 〈그림 2-2〉에서와 같이 19세와 20대를 포함하는 가장 젊은 연령대의 투표율은 42.1%로 가장 낮았다. 그런데 연령대가 높아질수록 투표율도 상승하여 60세 이상의 가장 높은 연령대의 투표율은 68.6%이었다. 양극단의 연령대 간에 무려 26.5%의 투표율 차이가 드러난다. 18대 총선과 비교하여 19대 총선에서는 가장 젊은 연령대에서 투표율이 가장 두드러지게 상승하였지만(19세 33.2% → 47.2%, 20대 전반 32.9 → 45.4%, 20대 후반(24.2% → 37.9%), 19대 총선에서 20대와 60대의 투표율은 현격한 차이가 있다(중앙선거관리위원회 2012).

〈그림 2-3〉을 보면, 전체 선거인 중 연령대별 선거인수가 차지하는 비율은 40대가 가장 높은 21.9%이고 그 왼쪽의 20대는 18.2%, 30대는 20.4%이며 오른쪽의 50대는 18.9%, 60세 이상의 연령대는 20.7%를 차지한다. 40대를 중심으로 2030세대(38.6%)와 5060세대(39.6%)가 약간의 차이를 보이면서 균형을 이룬다. 하지만 실제로 투표에 참가한 전체 유권자 중의 비중은 20대가 14.1%로 가장 낮다. 연령대가 높아지면서 증가하여 60세 이상의 연령대는 26.1%에 달한다. 19대 총선의 전체 투표자 중 2030세대는 31.1%, 5060세대는 47.7%이었다. 각 연령대의 선거인수와 투표자수 비율을 비교하면, 40대의 경우 실제 투표자수 가운데 비중은 당초 선거인수에서 차지하는 비율과 엇비슷하다(0.7%포인트의 차). 그러나 실제로 투표권을

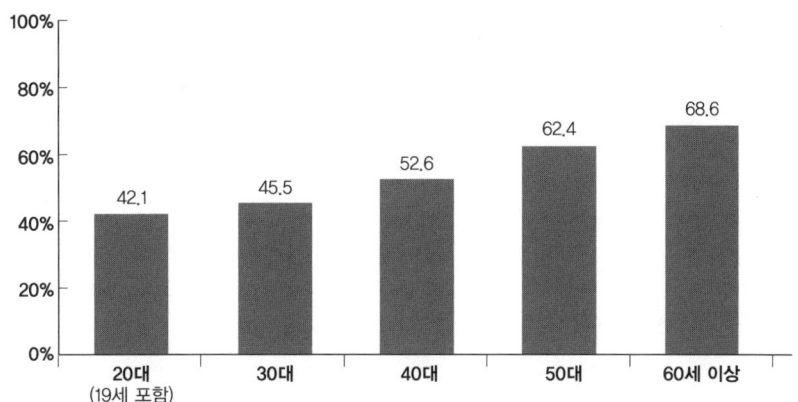

〈그림 2-2〉 19대 총선 연령대별 투표율

출처: 중앙선거관리위원회 통계시스템 (http://www.nec.go.kr)

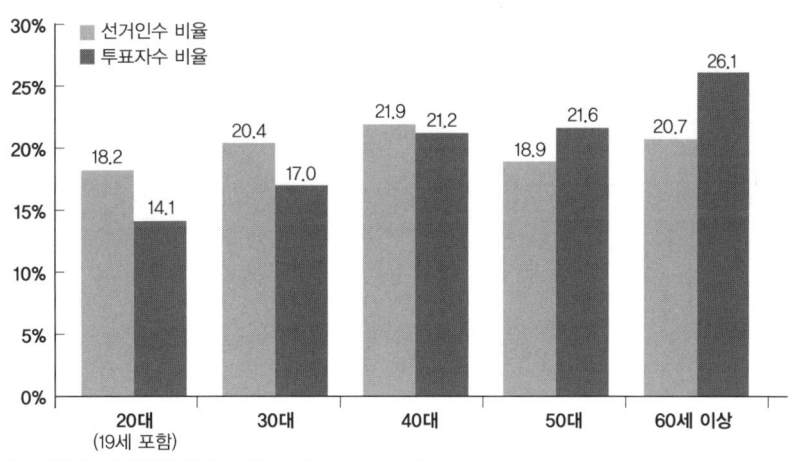

〈그림 2-3〉 19대 총선 연령대별 선거인수/투표자수 비율

출처: 중앙선거관리위원회 통계시스템 (http://www.nec.go.kr)

행사한 유권자들 가운데 20대의 비중은 당초의 선거인수 비율보다 4.1%포인트 낮고, 30대의 경우 3.4%포인트 낮다. 반면에 선거인수 비율에 비하여

투표자수 비율은 50대가 2.7%포인트, 60대는 5.4%포인트 더 높다. 이는 2040세대에 비하여 5060세대의 투표율이 훨씬 높아 그 세대 간의 투표성향 차이에 따라 선거결과에 중대한 영향을 주었음을 웅변으로 증명하는 것이다.

유권자의 투표선택

이 책에서는 유권자의 투표선택을 설명하는 독립변수로서 지역, 세대, 정당일체감 내지 정당호감도, 이념성향, 선거이슈, 미디어 활용, 대선주자를 포함한 주요 정치인에 대한 호감도 등을 고려하고 있다. 종속변수는 지역구 선거에서 어느 정당 소속의 후보를, 그리고 비례대표 선거에서 어느 정당을 지지하는가 하는 투표선택이다. 우선 양변수 관계의 맥락에서 각 독립변수가 투표선택에 미치는 영향을 따져 보고 난 후에 다변수 맥락에서의 분석을 수행하기로 한다.

양변수 관계 단순분석

지역과 유권자의 투표선택

〈표 2-3〉의 집합자료는 호남, 영남, 충청 지역에 거주하는 유권자들이 비례대표 선거에서 주요 정당을 어떤 비율로 지지했는가를 말해 준다. 그런

데 유권자의 출신지에 따른 지지정당 선택도 중요한 관심사이다. 기본 자료인 아산정책연구원 패널조사 자료를 통해서도 거주지는 물론 출신지가 유권자의 투표선택과 의미있는 관계가 있음이 밝혀진다. 제4장에서는 유권자의 출신지가 투표선택에 직접적인 효과를 창출할 뿐만 아니라 정당일체감 또는 정당호감도에 영향을 미치고 이를 매개로 투표선택에 간접적인 효과를 주는 점이 논의된다. 유권자 출신지가 영남여부라는 범주적 독립변수(가변수)와, 비례대표 선거에서 민주통합당 대신 새누리당을 선택하는 행위를 가리키는 범주적 종속변수(가변수) 간의 피어슨 상관계수는 0.25이다. 또한 호남여부 변수와 새누리당 대신 민주통합당 선택의 변수 간 상관계수는 0.35이다. 이 계수 모두 0.01의 유의수준에서 통계적 의미를 갖는다(사례수는 1,669). 호남변수가 영남변수보다 투표선택에 미치는 영향이 더 크다.

세대요인과 투표선택

제7장에서 알 수 있듯이, 지역구나 비례대표 선거에서 새누리당에 대한 지지율은 2030세대에서 상당히 낮고 40대부터 60세 이상의 세대에 이르기까지 단선적으로 급격히 증가한다. 대조적으로 민주통합당이나 통합진보당의 소속 후보자나 그 정당을 지지하는 비율은 2030세대에서 가장 높고 40대부터 단선적으로 급감한다.

연령대와 투표선택의 양변수 관계를 좀 더 검토하기로 한다. KBS, MBC, SBS 방송3사는 2012년 4월 11일 총선일 당일에 오전 6시부터 오후 5시까지 전국 246개의 모든 지역선거구에 걸쳐 2,484개 투표소에서 투표를 마치고 나오는 약 70만 명의 유권자를 상대로 공동 출구조사를 실시하였다(CNB

뉴스 2012/04/11). 그 조사결과는 〈그림 2-4a〉에 제시되어 있다. 이에 의하면 새누리당은 민주통합당에 비하여 50대와 60대 이상에서 상대적으로 매우 높은 지지를 받았다(50대 49.9% 대 32.4%, 60대 이상 60.3% 대 24.8%). 그러나 20대(19세 포함), 30대, 40대에서는 민주통합당이 얻은 지지율이 높았다. 특히 30대에서 민주통합당의 지지율이 다른 세대에 비하여 가장 높고, 새누리당의 지지율과도 격차가 컸다(민주통합당 53.5%, 새누리당 26.2%). 방송3사 출구조사의 경우 2040세대(20-40대)에서의 양대 정당 간 지지율 차이가 실제보다 크게 나타났을 가능성을 염두에 두고 〈그림 2-4b〉에서는 기본 자료인 아산정책연구원 조사결과를 비교의 목적으로 제시한다. 이 자료는 전자 〈그림 2-4a〉의 경우와 달리 30대가 아니라 20대에서 민주통합당 지지율이 다른 어느 세대에서보다도 가장 높다. 그리고 40대에서 민주통합당 지지율이 새누리당 지지율보다 약간 높기는 하지만 거의 대등하다. 이러한 차이점에

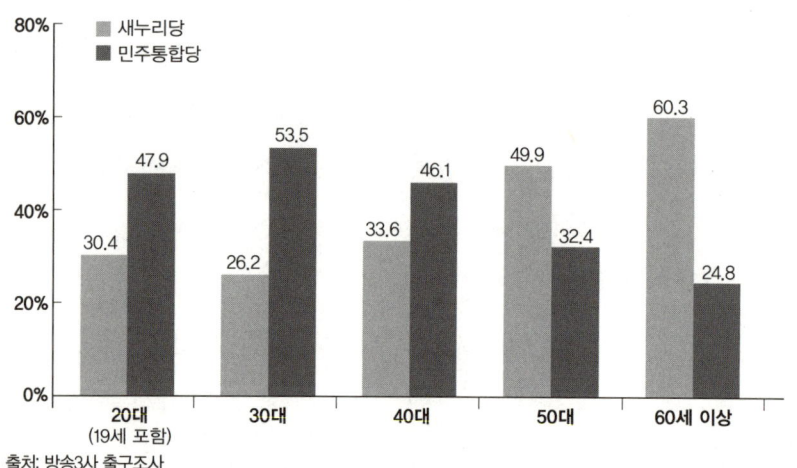

〈그림 2-4a〉 19대 총선 연령대별 정당 지지율: 비례대표 선거

출처: 방송3사 출구조사

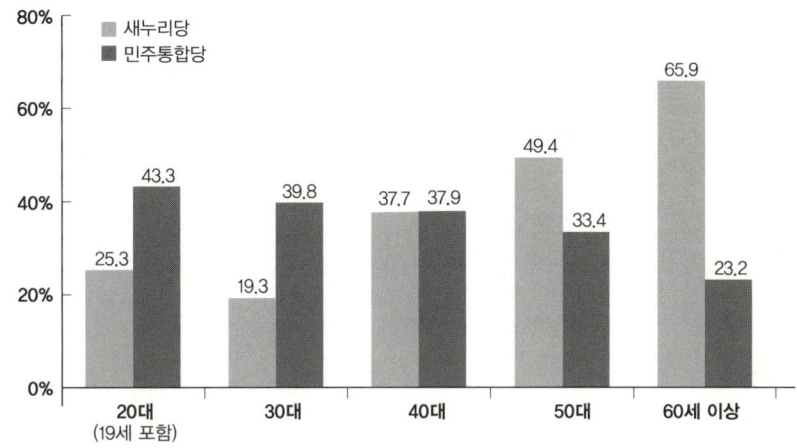

〈그림 2-4b〉 19대 총선 연령대별 정당 지지율: 비례대표 선거

주) 사례수: 2,209
출처: 아산정책연구원 패널조사 2차 자료

도 불구하고 〈그림 2-4a〉와 〈그림 2-4b〉에서는 공통적으로 50대와 특히 60대 이상에서의 새누리당 지지율이 민주통합당에 대한 지지율보다 불균형적으로 높다. 결국 19대 총선에서 새누리당이 승리를 거둔 것은 5060세대의 높은 투표율과 높은 새누리당 지지율이 상승효과를 발휘한 데에 기인한다. 뒤집어 말하면 민주통합당은 2030세대가 강력한 지지기반임에도 불구하고 이들을 투표장으로 충분히 유도하지 못했다. 그리고 40대 유권자들은 투표에 참여하는 비율이나 양대 정당 가운데 어느 하나를 선택하여 지지하는 비율에 있어서 2030세대와 5060세대 사이의 중간적 위치에 처해 있다. 이러한 점들은 다가오는 12월 대선에서 새누리당과 민주통합당 내지 야권연합의 유효한 선거전략 수립을 위해 시사하는 바 크다.

정당일체감/정당호감도와 투표선택

제6장은 특정 정당을 선호 또는 지지하는 심리적 태도가 실제로 비례대표 또는 지역구 선거에서 해당 정당이나 그 소속후보를 선택하여 지지하는 행위로 연결되는 경향을 보여주고 있다. 또한 강원택(2012)은 동아시아연구원, 중앙일보, SBS, 한국리서치가 공동으로 총선 전후에 각각 실시한 패널조사 자료의 분석을 통해서 새누리당이나 민주통합당에 대한 호감도가 강할수록 해당 정당에 투표할 확률이 높아진다는 점을 검증한 바 있다.

제5장은 현행 1인2표 병립제하에서 유권자가 지역구 선거와 비례대표 선거에서 모두 민주통합당(민주-민주 유형)이나 통합진보당(진보-진보 유형)을 지지하는 일관투표, 그리고 지역구 선거에서 민주통합당 후보를 지지하나 비례대표 선거에서는 통합진보당을 선택하는 민주-진보 유형의 분할투표를 분석하고 있다. 민주-민주 유형의 일관투표자 집단 내에서 88.9%가 민주통합당과 일체감을 갖고 있고, 진보-진보 유형의 일관투표자 집단에서는 86.2%가 통합진보당과 일체감을 지니고 있다. 민주-진보 유형의 분할투표자 집단 내에서 정당일체감 분포는 통합진보당 64.0%, 민주통합당 25.0%, 새누리당 0.9%이었다. 민주통합당에 일관적으로 투표한 집단에서 민주통합당에 일체감을 느끼는 유권자의 비율은 분할투표자 집단의 경우보다 높았다. 이와 같은 세 가지 유형의 일관 또는 분할투표자들은 지역구나 비례대표 선거에서 새누리당을 지지하지 않았는데 그들의 새누리당에 대한 호감도는 전반적으로 매우 낮았다.

새누리당 일체감 여부와 비례대표 선거에서의 민주통합당 대신 새누리당을 선택한 행위 간의 피어슨 상관계수는 0.74이고, 민주통합당 일체감 여부와 비례대표 선거에서 새누리당 대신 민주통합당을 지지한 행위 간의 피어슨 상관계수는 0.66이다. 이 상관계수들은 0.01의 유의수준에서 통계적 의미를 갖고 있다(사례수는 1,669).

요컨대 정당일체감 또는 정당호감도가 투표선택에 미치는 효과는 대단히 크다. 그런데 제4장에서 분석하는 바와 같이 정당에 대한 이러한 심리적 태도는 유권자의 출신 지역뿐만 아니라 정당의 이념이나 정책적 입장, 정당의 지도자 요인 등이 복합적으로 영향을 미쳐 형성된 것임에 유의할 필요가 있다.

이념성향과 투표선택

유권자, 정당 또는 후보자가 진보–보수의 이념 연속선상 어디에 위치하는가는 유권자의 투표선택에 직접·간접으로 영향을 준다. 〈표 2-5〉는 총선 직후 패널조사 자료에 입각하여 유권자의 진보, 중도, 보수 성향이 비례대표 선거에서의 정당투표와 어떻게 관련되는가를 말해 준다. 진보적 유

〈표 2-5〉 유권자의 이념성향과 투표선택: 비례대표 선거 (단위: %)

구분	사례수(명)	새누리당	민주통합당	통합진보당	자유선진당	기타 / 모름 / 무응답	합계
진보(0–4)	599	19.7	42.2	28.9	1.0	8.2	100
중도(5)	754	35.9	41.1	13.7	3.1	6.2	100
보수(6–10)	658	63.8	19.8	7.3	0.9	8.2	100
모름 / 무응답	64	54.7	28.1	4.7	4.7	7.8	100
합계	2,075	40.7	34.3	15.8	1.8	7.5	100

출처: 아산정책연구원 패널조사 2차 자료

권자 집단의 42.2%가 민주통합당, 28.9%가 통합진보당을 지지했으며, 새누리당 지지자는 19.7%에 지나지 않는다. 반면에 보수적 유권자 집단에서는 63.8%가 새누리당에 투표하였다. 이 집단에서는 19.8%가 민주통합당, 7.3%가 통합진보당에 표를 주었다. 덧붙여, 진보-중도-보수의 3분 변수와 민주통합당 대신 새누리당을 선택하는 행위 간의 피어슨 상관계수는 0.36이고 0.01의 유의수준에서 통계적 의미가 있다(사례수는 1,502). 결국 이념적으로 진보성향의 유권자가 진보성향의 정당을 지지하고, 보수성향의 유권자가 보수정당을 대체로 지지하는 경향이 입증된다.

선거이슈와 투표선택

제8장은 총선과정에서 제기된 이슈가 유권자의 선택에 미친 영향을 상세히 체계적으로 분석하고 있다. 중요한 이슈로서는 민간인 불법사찰, 한미 FTA, 김용민 후보의 막말 행적, 제주해군기지, KBS와 MBC 등 언론사 파업, 북한미사일 발사 위협 등이 대두되었다. 또한 총선에서 이명박 정부를 심판할 것인가 아니면 출현 가능성이 없지 않은 거대 야당을 견제할 것인가도 논쟁을 빚었다. 제8장의 분석에 따르면 민주통합당이 통합진보당과의 연대를 위해 이미 효력이 발생한 한미 FTA에 대해 폐기를 불사하는 부정적인 입장을 취한 것은 중도 유권자들이 민주통합당으로부터 이반하고 보수 유권자들이 새누리당으로 결속하는 결과를 초래하였다. 반대로 민간인 불법사찰은 새누리당에 불리한 방향으로 작용하였다. 그리고 이명박 정부 심판론은 당초의 예상과 달리 박근혜 비상대책위원장이 주도하여 현 정부와 선을 긋는 전략이 상당히 주효함으로써 민주통합당에 유리한 방향의 위력

을 크게 발휘하지 못하였다.

19대 총선은 정책이슈를 중심으로 한 경쟁이 제대로 전개되지 못하였다. 이명박 정부 심판론, 거대야당 견제론은 상대 당을 총체적으로 비판하는 것이지 구체적인 정책이슈에 초점을 맞추지 않았다. 민간인 불법 사찰, 김용민 막말, 언론사 파업 등 네거티브적인 주요 논쟁이 지배적이었다. 한미 FTA나 제주해군기지 공방도 구체적인 사안과 관련해서 공과를 따지는 것이 아니라 상대방 입장을 총체적으로 부정하는 양상으로 전개되었다. 이른바 시대정신이라고까지 일컬어지는 복지나 경제민주화 이슈는 일견 민주통합당이 비교 우위를 점할 수 있는 성격의 것이었는데 박 위원장과 새누리당의 선제적 대처로 양대 정당 간의 차별성이 잘 드러나지 않았고 구체적인 정책경쟁이 펼쳐지지 못하였다.

유권자의 미디어 활용과 투표선택

제9장은 정치정보를 습득하는 경로가 유권자의 투표선택 및 정치의식에 미치는 영향을 다룬다. 아산정책연구원의 총선 직후 패널조사에서는 선거정보와 관련하여 가장 중요하게 활용되는 미디어가 무엇인가를 물었는데, 응답률을 보면 인터넷 포털사이트(32.8%), 텔레비전(32.6%), 신문(20.1%), SNS(7.6%)의 순이다. 흥미롭게도 텔레비전이나 신문과 같은 전통적 미디어의 활용자 집단 내에서 새누리당을 선택하여 지지한 비율이 민주통합당 또는 통합진보당 지지자 비율보다 훨씬 높았다. 그와 반대로 인터넷 포털사이트와 SNS 이용자 집단에서는 민주통합당 또는 통합진보당 지지자 비율이 새누리당 지지율을 크게 상회한다.

제9장의 필자는 성인 가운데 SNS 이용자가 15% 내외일 것으로 추정한다. 2010년의 지방선거, 분당 국회의원 보궐선거와 서울시장 보궐선거를 통해 SNS가 진보성향 후보의 선거승리에 많은 도움을 준 것으로 알려져 있다. 특히 2030세대가 투표에 참여하고 진보성향 후보를 지지하도록 동원하는 효과가 컸다고 한다. 따라서 SNS 효과는 새누리당에 불리하게 작용할 것이라는 점이 아직은 정설처럼 수용되고 있다. 하지만 새누리당이 승리한 19대 총선에서 수도권에 국한되지 않고 전국적으로 SNS가 중요한 효과를 창출했는가의 여부는 좀 더 논구할 문제로 남아 있다.

대선주자 호감도와 투표선택

19대 총선은 그 속에 18대 대선의 모습이 깃든 선거였다. 그렇기 때문에 총선 직전에 대선주자로서 선두에 있는 박근혜, 문재인, 안철수 3인 각각에 대한 유권자의 호감도가 투표선택에 영향을 줄 것으로 생각되었다. 실제로 강원택의 다변수 분석(2012)에 의하면, 박근혜 당시 비상대책위원장을 호의적으로 인식할수록 새누리당에 투표할 확률이 높아지는 반면에 문재인 당시 노무현재단 이사장에 호감을 가질수록 새누리당에 투표할 확률은 낮아진다는 것이 확인되었다. 아산정책연구원의 총선 직후 패널조사 자료에 대한 분석도 박근혜 호감도(11점 척도)가 높을수록 비례대표 선거에서 민주통합당 대신 새누리당에 투표하는 경향이 강해지는 양변수 관계가 입증된다(피어슨 상관계수는 0.638, $p < 0.01$, 사례수 1,650). 문재인 호감도와 안철수 호감도는 민주통합당 지지행위와 강한 상관관계를 갖고 있다(문재인의 경우 0.551, 안철수의 경우는 0.534이고, 두 계수 모두 $p < 0.01$, 사례수 1,650).

다변수 종합분석

위의 양변수 분석에서 고려된 대부분의 변수들을 하나의 로짓(logit) 모형에 포함하여 각 독립변수의 상대적 영향력을 평가하기로 한다. 〈표 2-6〉에는 2개의 로짓 모형에 관한 분석결과가 제시된다. 여기서의 종속변수는 지역구선거에서 민주통합당과 통합진보당의 야권연대 후보 대신에 새누리당 후보를 지지할 확률과 비례대표 선거에서 민주통합당이 아니고 새누리당을 선택할 확률이 된다. 두 모형 모두 통계적으로 유의할 뿐만 아니라 유사결정계수가 크고 예측적중률의 수준도 높아 경험적 적합도에 손색이 없다.

다른 독립변수들의 효과를 감안한 맥락에서(즉 다른 조건들이 동일한 가운데) 통계적으로 유의미한 증감의 효과를 갖는 독립변수에 주목하기로 한다.

대선후보로 관심을 끄는 박근혜, 문재인, 안철수의 호감도가 19대 총선의 지역구와 비례대표 선거에서 유권자의 선택에 영향을 주었다. 박근혜 호감도가 강할수록 새누리당 지지의 확률은 올라가고, 문재인이나 안철수 호감도가 강할수록 새누리당 지지의 확률은 떨어진다. 특히 박근혜 호감도의 계수가 상대적으로 가장 크다. 계수의 크기나 유의수준에 비추어 문재인 호감도가 안철수 호감도보다 그 효과가 크다. 안철수 교수는 야권의 주자로 인식되지만 당시 대선출마 의사를 밝히지 않았고 무소속 출마의 가능성이 없지 않은 점을 감안하면 이러한 결과는 쉽게 이해된다.

정당일체감의 영향력도 예상대로 확인된다. 자명하게도 새누리당 일체감을 가진 유권자일수록 새누리당이나 그 후보를 선택할 확률이 커지고, 민주통합당 일체감을 느끼는 유권자일수록 야권연대 후보나 민주통합당을 지지할 확률이 상승한다. 그런데 지역구 선거에서 야권연대 후보에게 표를 줄 확률은 민주통합당 일체감의 경우보다 통합진보당 일체감의 경우가 좀 더 뚜렷한 증폭효과를 갖고 있다.

〈표 2-6〉 지역구와 비례대표 선거에서의 투표선택: 이항 로지스틱 회귀분석

구분		지역구 선거 새누리당(1) / 민주통합당·통합진보당(0)		비례대표 선거 새누리당(1) / 민주통합당(0)	
		계수	표준오차	계수	표준오차
정치인 호감도 (1: 매우 싫다 11: 매우 좋다)	박근혜	.286***	.047	.462***	.068
	문재인	-.175***	.056	-.226***	.074
	안철수	-.136***	.048	-.120**	.061
정당일체감 (0, 1)	새누리당	1.082***	.317	1.390***	.366
	민주통합당	-.643**	.305	-.929**	.368
	통합진보당	-1.500***	.523	-	-
연령대	(1: 19-29세, 2: 30-39세, 3: 40-49세, 4: 50-59세, 5: 60세 이상)	-.129	.088	-1.333	.111
본인 이념성향	(1: 진보, 2: 중도, 3: 보수)	.150	.143	.060	.189
출신지역 (0, 1: 여타지역 기준)	호남	-.707**	.307	-.766**	.376
	영남	.594**	.238	.325	.304
선거이슈	한미 FTA (0: 추진, 1: 폐기)	.533**	.252	.310	.336
	민간인 사찰 (0: 이전 정부도 실시, 1: 현 정부 책임)	.305	.238	.950***	.283
	선거성격 (1: 정권심판, 2: 거야견제)	1.644***	.237	2.060***	.285
상수항		-1.428**	.658	-2.742***	.863
		사례수=1,382, Cox & Snell R^2=.599, Nagelkerke R^2=.801, 예측적중률=91.4%		사례수=1,136, Cox & Snell R^2=.644, Nagelkerke R^2=.859, 예측적중률=93.8%	

주) *$p<.10$, **$p<.05$, *** $p<.01$.

호남 출신지 변수는 예상대로 지역구와 비례대표 선거에서 새누리당 지지와 부의 관계가 확인된다. 영남 출신지 변수는 지역구 선거에서 새누리당 후보를 지지할 확률에 통계적으로 유의미한 정의 효과를 미치지만 비례대표 선거에서는 그렇지 않다. 이것은 영남의 대구와 경북과는 달리 부산, 울산, 경남에서 민주통합당이 25-32% 범위의 비례대표 득표율을 기록했기 때문일 것이다.

분석모형에 포함된 선거이슈 가운데 총선의 성격을 현 정부에 대한 심판 아니면 거대야당에 대한 견제로 볼 것인가는 지역구와 비례대표 선거의 유권자 선택에 모두 유의미한 영향을 주었다. 한미 FTA 쟁점은 지역구 선거에서, 민간인 불법사찰은 비례대표 선거에서만 통계적으로 유의미한 독립변수적 효과를 보였다.

양변수 분석에서와 달리 유권자의 연령대와 이념성향의 효과는 다변수 맥락에서 통계적으로 유의미하지 않다. 연령대와 이념성향이 유권자 선택에 미치는 효과가 다른 독립변수를 통해 반영되기 때문이다. 이를테면 60세 이상의 유권자는 단지 나이가 많다는 이유 때문이 아니라 대선후보로서의 박근혜에 대한 호감이 강하거나 새누리당에 대한 일체감을 지니고 있거나 아니면 영남 출신 또는 이슈에 대한 입장 때문에 새누리당을 선택하게 된다는 것이다. 결국 단순 상관관계에서 연령대와 이념성향이 유권자 선택에 미치는 효과는 직접적이기보다는 다른 독립변수를 통해 매개되는 간접적인 효과의 성격이 농후하다.

19대 총선의 결과와 18대 대선

　19대 총선 결과의 분석은 총선 이후 8개월이면 치러질 대선에 누가 어느 정당의 후보가 되고 최종적으로 승리할 가능성이 클 것인가를 따져 보는 전망적 분석으로 자연스럽게 이어진다.

　총선 직후의 대중적 인기와 지지의 정도에 비추어 유력한 대선 후보로서 새누리당의 박근혜, 민주통합당의 문재인과 대선 출마를 저울질하는 안철수 교수를 손꼽지 않을 수 없다. 총선에서 민주통합당은 꿈꾸던 승리를 거머쥐지 못했지만 통합진보당과 연대하고 많은 지역구에서 후보 단일화를 이루어 강력한 제1야당 또는 원내 진보세력을 출현시킬 수 있었다. 지역구 국회의원 선거에서와 다름없이 대선의 승자는 1인이다. 민주통합당이 대선 승리라는 목표를 실현하려면 여야 1대 1 구도를 만들어야 함이 자명한 전제 조건일 것이다. 어떤 절차와 단계를 거치든 대선일 전에 민주통합당, 통합진보당과 안철수 진영은 후보 단일화에 도달할 가능성이 크다. 다자 구도에서의 경쟁이라면 박근혜 후보의 승리를 쉽게 점칠 수 있기 때문에 민주통합당은 대선구도가 실질적인 여야 양자 대결로 가도록 심혈을 기울일 것이다. 안철수 교수는 대선 경쟁에 본격적으로 참여하게 되면 자신의 독자적 선거조직은 양대 정당의 조직에 비하여 열세를 피할 수 없기 때문에 결국은 민주통합당과의 단일화를 통한 지원을 생각하지 않을 수 없을 것이다.

　유력한 대선 후보로서의 박근혜, 안철수, 문재인 3인은 호감도에 있어서 큰 차이가 없다. 양자 구도에서의 여야 대결은 박빙의 접전이 될 것이다. 제10장의 대선 전망에서 논의된 바와 같이, 대선 승리를 위해서 새누리당은 총선에서 확인된 강력한 지지기반을 다지면서 상대적으로 취약한 수도권, 2040세대(특히 20대와 30대), 진보와 중도성향(특히 진보) 유권자 집단에서의 지지를 확대하기 위하여 안간힘을 쓸 것이다. 새누리당은 기존 지지기반에서 이미 강하게 다져진 지지를 확보하고 있기 때문에 그것을 넘어서는 지지기반의 확장이 절실히 필요하다. 야권은 자신의 세력이 상대적으로 강한 지역과 집단에서 지지를 다지고 동원하는, 즉 집토끼부터 잘 잡아 두는 전략이 우선적으로 필요할 것이다. 이를테면 2030세대의 낮은 투표율을 제고하는 것이 관건이다. 대선의 투표율은 총선에 비하여 적어도 10%를 충분히 상회할 것으로 예상되는데 비교적 나이 많은 유권자 세대보다 젊은 세대에서 투표율이 신장될 수 있을 때에 민주통합당이 유리해진다. 아울러 민주통합당도 수도권과 호남 지역을 넘어서, 그리고 보수성향의 유권자 집단에서도 지지를 확대하지 않으면 안 될 것이다.

19대 총선에서 이명박 정부 심판론이나 네거티브 선거운동의 효과는 제한적이었다. 대선에 나서는 주요 후보는 양극화 해소, 복지 확대, 경제민주화, 일자리 창출을 위한 미래지향적 정책대안을 제시하여 유권자의 호의적 반응을 유도하기 위해 경쟁을 펼칠 것으로 보인다. 여야의 유력한 후보 진영은 모두 미국과 유럽의 경제침체가 장기화되는 국면에서 경제성장이 지속되면서 동시에 보다 공정한 분배가 이루어지도록 해야 하는 어려운 정책과제에 직면해 있다. 유권자들은 장밋빛 전망만 가지고 설득되지 않을 것이다. 국정을 책임 있게 또한 효과적으로 운영할 수 있는 역량과 방안을 제시하여 다수의 유권자들로부터 인정받는 세력이 승리를 거둘 것이다.

참고문헌

강원택. 2012. "왜 회고적 평가가 이뤄지지 않았을까: 2012년 국회의원 선거 분석." 한국정당학회 하계학술대회. 제주. 6월.
김민정. 2012. "19대 총선과 여성의 대표성." 한국정치학회 하계학술회의. 서울. 6월.
김영태. 2012. "19대 총선 평가와 18대 대선 전망." 한국정치학회 하계학술회의. 서울. 6월.
이동윤. 2012. "한국 정당의 후보공천과 대표성: 제19대 국회의원선거를 중심으로." 『정치·정보연구』 15권 1호, 93-126.
박명호. 2012. "2012년 총선에 대한 집합자료 분석." 『정치·정보연구』 15권 1호, 127-154
박찬욱. 2009. "사회균열과 투표선택: 지역·세대·이념의 영향." 김민전·이내영 공편. 『변화하는 한국 유권자3』, 181-203. 서울: 동아시아연구원.
장 훈. 2012. "19대 총선 결과의 의미: 구조를 누른 행위자와 제도의 효과?" 입법조사처·한국정당학회 공동주최 학술회의. 서울. 4월.
중앙선거관리위원회. 2012. "제19대 국회의원선거 투표율 분석." http://www.nec.go.kr (검색일: 2012. 7. 1).
황아란. 2012. "제19대 국회의원선거와 투표행태: 긍정적·부정적 투표선택과 회고적·전망적 투표선택." 한국정치학회 중앙선거관리위원회 연구용역 중간발표회. 서울. 6월.
CNB뉴스. 2012. "[19대 총선]방송3사 출구조사…새누리-민주 백중세." (4월 11일자).

누가, 왜 투표하였나?
누가 투표의향을 바꾸었나?

― 강신구 ―

누가, 왜 투표하였나?
누가 투표의향을 바꾸었나?

선거, 특히 자유롭고 공정하며 경쟁적인 선거는 현대의 대의민주주의를 여전히 민주주의라고 부를 수 있게 해주는 최소한의 필수적인 도구이며(Powell 2000),[1] 대부분의 시민들이 오랜 동면상태에서 벗어나 스스로가 정치의 참주인임을 선언할 수 있는 흔치 않은 기회이다. 그럼에도 불구하고 선거일에 투표소에서 자신의 주권을 행사하는 시민의 수가 점점 줄어드는 경향성이 세계 각국의 선거사례에서 보고되고 있다. 사회가 더 복잡해짐에 따라 선출된 대리인에 대한 위임의 정도와 양이 증가하고, 그에 따라 주권을 행사할 수 있는 기회가 가지는 희소성이 더 증가함에도 불가하고, 투표율은 오히려 낮아지고 있다는 사실은 일견 역설적이다. 이러한 경향 속에서 한국의 사례 역시 예외는 아니다. 오히려 그 저하의 속도가 세계

---

[1] 자유롭고 공정한 선거의 유무는 어떤 정치체제가 민주주의인가 아닌가를 판가름하는 가장 일차적인 기준(criterion)으로 거의 모든 학자들에 의해 예외 없이 사용되어 왔다. 자유선거의 존재를 민주주의의 요건으로 상정하는 최소주의자들의 입장에 대하여 최대주의자들은 선거에 더하여 군부에 대한 민간 정부의 우위, 사법부의 독립, 시민적 자유와 권리의 실질적인 보장 등을 민주주의로 정의되기 위한 추가적인 항목으로 제시하고 있다. 다양한 민주주의의 개념과 정의에 대하여, Schmitter and Karl(1991), Collier and Levitsky(1997) 등 참조.

의 일반적 경우보다 더 빠르다는 점에서 예외적이라고 할 수 있을 정도이다. 1987년의 민주화 이후 처음 치러진 13대 대통령 선거에서 89.2%의 투표율을 기록한 이래 역대 대선에서의 투표율은 81.9%(14대), 80.7%(15대), 70.8%(16대), 그리고 가장 최근의 63%(17대)로 지속적으로 낮아지고 있다. 그리고 이러한 사정은 국회의원 선거에서도 비슷하게 재연되어 왔다. 대통령 선거와 달리 약간의 부침이 발견되기는 하지만, 1988년의 제13대 총선에서 보여주었던 75.8%의 높은 투표율은 이번 19대 총선의 직전 선거인 18대 총선에서는 급기야 46.1%라는 초유의 사태를 기록하게 되었다.

민주주의의 운영과 관련하여 과반에도 미치지 못하는 투표율은 매우 심각한 함의를 담고 있다. 그것은 침묵하고 있는 다수가 어떤 선호를 가지고 있는지를 알 수 없기에 선출된 대리인에게 부여된 위임의 정당성을 심각하게 훼손하는 것으로 해석될 수 있기 때문이다. 그러하기에 전반적인 투표율 저하의 경향에 직면하여 세계 각국의 정치계, 학계, 언론계 등은 투표율 저하의 원인을 분석하고, 투표율을 상승시키기 위한 다양한 대책을 마련하는 노력을 경주해 왔다. 한국의 경우도 마찬가지로 지난 18대 총선의 경험을 기억하고, 이번 19대 총선을 앞두고 투표율 제고를 위한 홍보 및 사회운동 등이 활발하게 전개되었다.

한편 한국 사회에서의 낮은 투표율은 정당성의 약화라는 측면 이외에 또 다른 의미에서 각별한 관심을 받고 있다. 그것은 투표율과 정당의 선거 승패가 보여 온 상관성에 기인한다. 즉 대체로 높은 투표율을 보인 선거에서는 현재의 야당이, 낮은 투표율을 보인 선거에서는 여당이 승리 혹은 강세를 보여 온 것이다. 이러한 상관성의 이면에는 정당에 대한 사회계층별, 특히 세대별 지지의 차이가 존재하는 것으로 지목되어 왔다. 즉 현재의 야당은 상대적으로 낮은 투표성향을 보이는 젊은 유권자층으로부터 높은 지지를 받고 있으며, 여당은 상대적으로 높은 투표성향을 보이는 장년층 이상의 유권자층으로부터 높은 지지를 받고 있다. 따라서 상대적으로 높은 투표율은 더 많은 젊은 유권자들이 투표소를 찾았다는 의미가 되며, 그러하기에 현재의 야당에 더 유리하다는 것이다.[2] 한국의 역대 선거에서 보였던 투표율과 정당 선거 승패의 상관성에 주목하여, 19대 총선을 앞두고 야권과 이른바 진보진영을 중심으로 투표율을 높이기 위한 선거전략 등이 매우 활발하게 전개되었다. 그리고 많은 언론들은 현재의 야당이 상대적으로 강세를 보인 지난 2010년의 6·2 지방선거의 투표율 54.5%를 기준으로 대략 55%의 투표율을 여당과 야당의 희비를 가르는 승부의 분수령으로 제시하였다.

그러나 막상 4·11 총선이 끝나고, 54.3%의 투표율로 새누리당이 지역구 127석과 비례대표 25석을 합하여 전체 의석 300석 중 152석을 얻은 반면에, 야권연대까지 구성하며 선거에 임한 민주통합당과 통합진보당은 지역구 111석(민주통합당 106석, 통합진보당 7석), 비례대표 27석(민주통합당 21석, 통합진보당 6석), 총 140석의 확보에 그쳤다는 결과가 발표되었을 때, 모두는 놀랄 수밖에 없었다. 이 결과는 두 가지 측면에서 예상 밖의 것이었기 때문이다. 먼저 54.3%라는 투표율은 선거관리기관, 언론 등의 적극적인 홍보, 야당 및 진보적 성향의 시민단체들이 수행한 적극적인 투표참여 운동, 그리고 연말 대선을 앞두고 치러지는 총선에 대한 사회적 관심의 증대와 같은

---

[2] 사실은 이와 같은 투표율의 차등적 효과(unequal effect)는 한국만의 문제는 아니다. 투표율에 대한 기존의 연구는 개인의 사회·경제적 조건들이 투표참여의 경향에 차등적 효과가 있음을 보여주고 있다. 사회계층 간의 차등적 투표율(unequal turnout)은 차등적 정치적 영향력(unequal political influence)을 의미하는 것이며, 낮은 투표율은 이러한 불평등성을 더욱 심화시키는 것이다(Lijphart 1997 참조).

투표율 제고요인 등에 비추어 기대에 많이 미치지 못하는 것이었다는 점이다. 다음은 보다 의외의 것으로 비록 54.3%의 투표율이 기대에 미치지 못하는 것이었지만, 그럼에도 불구하고 역대 선거의 경우에 비추어 야당의 선전을 기대하기에 충분한 것이었다는 점이다. 하지만 실제의 결과는 새누리당의 압도적인 승리, 야권의 참패에 가까운 초라한 성적으로 나타났다.

과연 그날 투표소에서는 무슨 일이 일어났던 것일까? 누가, 왜 투표소에 나타났는가? 어떠한 정치적 성향과, 사회적·경제적 조건을 가진 유권자들이 투표에 참여하고, 기권하였는가? 이 글에서는 아산정책연구원에 의해 2차에 걸쳐 진행된 패널조사를 바탕으로 이러한 질문에 답하고자 한다. 특히 이번 조사는 약 2,300명이 넘는 동일한 유권자 집단을 대상으로, 총선 직전인 2012년 4월 6일부터 10일까지 5일간에 걸쳐 진행된 1차 조사와 총선 직후인 4월 12일부터 18일까지 7일간 진행된 2차 조사로 구성되었다. 이러한 조사설계는 한 번의 여론조사(one-shot survey)가 보여줄 수 없는 투표와 관련한 중요한 면모를 보여줄 수 있다. 즉 누가 투표참여 의사를 바꾸었는가? 누가 기권에서 참여로, 참여에서 기권으로 입장을 바꾸었는가와 같은 질문에 이 패널조사 자료는 답할 수 있는 것이다. 이러한 질문들에 대한 답은 유난히 쟁점의 부침이 심했던 것으로 평가되는 이번 총선의 결과를 이해하기 위한 핵심적인 단초를 제공해 줄 것이다.

아래에서는 투표참여(voting)에 대한 기존 연구의 내용을 먼저 검토한 후, 그 결과 도출된 투표결정 요인을 중심으로 제19대 총선의 투표참여 행태를 본격적으로 분석할 것이다. 그리고 패널 분석 결과를 바탕으로 선거운동 막바지에 나타난 투표의사 변경의 양상에 대한 분석을 수행하고자 한다.

투표참여에 대한 기존 이론 검토

"누가 투표에 참여하는가?"(투표참여의 행태)와 "왜 참여하는가?"(원인)라는 두 물음은 정치학에서 가장 활발한 연구가 이루어져 온 대상 중의 하나이다. 그동안 축적된 투표참여에 대한 방대한 연구들은 그 접근방법에 따라 크게 인구통계학적, 심리학적, 합리적 선택 접근방법에 의한 연구로 분류될 수 있다(조성대 2006; 문우진 2009). 가장 오랜 연구전통을 가진 인구통계학적 접근방법은 인종, 성별, 연령, 교육수준, 소득수준과 같은 유권자 개인의 인구통계학적·사회경제적 속성과 투표참여의 상관성을 탐구하여 왔다. 주로 미국의 유권자들을 대상으로 하여 수행된 이들의 연구는 특히 연령이 높을수록, 교육수준이 높을수록, 그리고 소득수준이 높을수록 더 적극적인 투표참여 경향을 띤다는 것을 보여주었다(Lazarsfeld et. al. 1944; Wolfinger and Rosenston 1980 등). 이들의 영향을 받아 이루어진 연구에서, 한국의 유권자들은 특히 연령(박찬욱 1992; 김재한 1993; 김욱 1998) 그리고 직업(이남영 1992) 등과 같이 인구통계학적·사회경제적 속성들이 투표참여와 강한 상관성을 보이는 것으로 나타났다.

이들과는 다른 입장으로, 주로 미시간 학파에서 주도되어 온 심리학적 접근법은 개인의 심리적 속성이 인구통계학적·사회경제적 속성과는 독립적인 영향을 개인의 투표결정에 미친다는 것을 주장한다. 특히 이들은 부모로부터의 사회화 과정을 통하여 형성된 정당일체감(party identification)과 같은 정당에 대한 심리적 귀속감이 투표행태와 강한 상관성을 나타낸다는 것을 보여주었다(Campbell et al. 1960).[3]

인구통계학적 접근방법과 심리학적 접근방법은 개인의 성별, 연령, 교육수준, 경제수준, 정당일체감과 같은 쉽게 변하지 않는 구조적이며 장기적인 성격을 가지는 변수들에 주목하여 투표참여의 행태를 설명하고자 노력하였다. 반면에 합리적 선택이론에 기반한 연구들은 선거운동의 쟁점, 쟁점에 대한 후보자(들)와 유권자의 상대적 입장차이, 거시경제적 환경과 후보자의 능력 등과 같은 비교적 단기적인 속성을 갖는 변수들에 주목하여, 특히 "왜 투표하는가?"와 같은 개인이 투표참여를 결정하게 되는 원인에 보다 많은 설명의 노력을 기울였다(Downs 1957; Riker and Ordeshook 1968; Davis et. al. 1970; Jacobson 1990; Cox and Munger 1989; 문우진 2009 등).

라이커(Riker)와 오데슉(Ordeshook)에 의해 정리된 다음의 '투표의 산술(Calculus of Voting)' 함수는 투표참여의 효용에 대한 미시적 분석을 시도하는 합리적 선택이론의 입장을 잘 보여준다(Riker and Ordeshook 1968, 28).

$$R_i = {_p}B_i - C_i + D_i$$

위의 식에서 R_i는 개인이 투표행위를 통하여 얻게 되는 순 보상(Reward), P는 개인이 선호하는 후보자가 선거에서 승리하는 데 결정적인 기여를 하게 될 확률(Probability), B_i는 투표에 참여하여 개인이 선호하는 후보가 당선될 경우와 투표에 참여하지 않을 경우 당선이 예상되는 후보 사이에 개인이 예상하는 편익(differential Benefit), C_i는 투표참여에 따르는 비용(Cost), 그리고 마지막으로 D_i는 시민적 의무(Duty)를 이행할 경우 개인이 얻게 되는 만족감을 의미한다. 이러한 함수에 기초하여 합리적 선택이론은 투표에 참여

---

3 즉 민주적 성향을 가진 도시노동자 가정에서 자란 아이들은 성인이 되어 기업가가 되더라도 여전히 민주당에 정당일체감을 보이는 경향성이 있으며, 정당일체감이 강할수록 정당일체감이 미약한 무당파(independent)보다 훨씬 높은 투표참여율을 보인다는 것이다.

하여 개인이 선호하는 후보자의 당선에 결정적 기여를 함으로써 얻게 되는 기대효용(expected utility)과 시민적 의무를 수행함으로 얻게 되는 만족감을 더한 값이 투표행위에 따르는 비용보다 클 때, 개인의 투표행위는 합리적으로 예상할 수 있는 행위라고 설명한다.[4]

이러한 이론적 논의에 따라, 합리적 선택 접근방법에 의한 투표참여의 경험적 연구는 위의 식에서 P, B_i, D_i, C_i 등, 각각의 변수를 구성하는 요소들이 투표참여에 미치는 영향을 분석해 왔다. 예를 들어 유권자가 경쟁하는 두 후보 사이에서 이념적 차이를 크게 느끼지 못한다면 기권하게 될 가능성이 크다는 예측을 할 수 있으며, 이러한 이론적 가설은 경험적으로 입증되었다(Davis et al. 1970).

이상에서 우리는 개인의 투표참여 행태와 원인에 대한 이제까지의 논의들을 그 접근방법에 주목하여 살펴보았다. 이를 통하여 우리는 개인의 인구통계학적, 사회경제적 속성 등과 같은 구조적이며 장기적인 속성, 이와는 독립적으로 형성될 수 있는 심리적 속성, 그리고 선거 시기 활성화되는 쟁점과 쟁점에 대한 후보자간, 그리고 유권자와의 상대적인 입장의 차이 등과 같은 보다 단기적이고 선거에 특화된 속성을 가진 변수들이 개인의 투표참여 행태와 원인을 설명하는 요소로 지목되어 왔음을 알 수 있다. 다음에서는 이를 바탕으로 제19대 총선의 투표참여의 양상을 경험적으로 분석하고자 한다.

---

4 이를 식으로 표현하면 다음과 같다. $R_i \rangle 0 \Leftrightarrow {}_PB_i+D_i \rangle C_i$
5 표본 투표율은 2차 조사에 포함된 "선생님께서는 지난 11일에 있었던 국회의원 선거에 투표하였습니까?" 라는 문항에 대한 응답으로 계산함.

누가, 왜 투표하였는가?

 전술한 바와 같이 아산정책연구원의 패널조사는 총선 직전과 총선 직후, 2차에 걸쳐 이루어졌다. 패널조사의 특성상 1차 조사에 참여한 응답자가 2차 조사에서 빠지는 것을 완전히 방지하기는 불가능하다. 이번 조사의 경우 총선 직전에 진행된 1차 조사에서 16개 광역시도와 성비, 연령비를 기준으로 인구구성비에 따른 할당추출법(quota sampling)에 의하여 구성된 3,062명의 유권자에 대한 조사가 이루어졌다. 그러나 2차에서는 연락두절, 조사 거부 등의 사유로 3,062명 중 720명이 표본에서 제외되고, 170명의 새로운 패널이 추가되어 총 2,512명의 유권자에 대한 조사가 이루어졌다. 〈표 3-1〉은 총선 직후 중앙선거관리위원회가 발표한 실제 투표율과 총선직후 실시된 2차 조사표본에서 나타난 투표율, 그리고 1·2차 조사에 참여한 응답자 표본의 투표율을 광역선거구별로 비교하여 나타낸 것이다.

 〈표 3-1〉에서 우선 주목되는 부분은 표본의 투표율이 실제보다 훨씬 높다는 점이다. 실제 투표율이 54.3%에 불과한 반면, 2차 조사 기준으로 표본은 87.9%의 투표율을 보이고, 1·2차 조사 모두에 참여한 응답자의 경우 이보다 더 높은 88.6%의 투표율을 보이고 있다. 이러한 격차는 투표가 시민적 의무의 수행으로 이해되는 상황 속에서 투표여부를 묻는 사후적 질문을 포함하는 대중설문조사에서 흔히 발견되는 허위보고(false report)의 가능성이 큰 것으로 보인다. 하지만 다른 한편 설문조사의 특성상 1차 조사에 참여한 응답자들이 총선 이후 진행되는 2차 조사에서 이러한 문항이 포함될 것을 미리 예상하고 투표에 보다 적극적으로 참여한 조사효과(test effect)

〈표 3-1〉 실제 투표율과 표본 투표율 비교

	실제 투표율 (%)*	표본조사 (2차만)		표본조사 (1·2차 모두)	
		사례수 (명)	표본 투표율 (%)	사례수 (명)	표본 투표율 (%)
서울	55.5	572	89.3	539	89.6
부산	54.6	178	87.6	162	87.7
대구	52.3	124	83.9	115	86.1
인천	51.4	126	87.3	117	88.0
광주	52.7	70	88.6	64	89.1
대전	54.3	74	86.5	69	88.4
울산	56.1	55	90.9	51	94.1
경기	52.6	593	87.0	554	87.2
강원	55.8	59	86.4	55	87.3
충북	54.6	70	90.0	65	90.8
충남	52.4	88	87.5	82	87.8
전북	53.6	108	88.0	101	89.1
전남	56.8	104	84.6	93	84.9
경북	56.0	137	89.1	133	90.2
경남	57.2	123	91.1	116	92.2
제주	54.5	31	90.3	26	92.3
세종**	59.2				
전국	54.3	2,512	87.9	2,342	88.6

주) * 실제 투표율은 4월 11일 중앙선거관리위원회 발표.
** 세종특별자치시는 이번 총선에서 새로이 편입되었기에 이번 패널조사에서 별도로 조사되지 않음.

의 가능성도 있는 것으로 판단된다. 또 다른 가능성은 1차 조사의 응답자 중 2차 조사에서 사라진 720명이 투표에 참여하지 않았기에 스스로 조사에 불참한 경우이다. 어떠한 경로에 의한 것이든지 간에, 표본 투표율과 실제 투표율이 보여주는 격차는 앞으로 제시할 분석결과의 타당성과 신뢰성에 심각한 의문을 제기하는 것임을 인정하지 않을 수 없기에, 결과에 대한 신중한 해석이 필요하다.

결과에 대한 신중한 해석을 유념하면서 먼저 개인의 인구통계학적·사회경제적 속성이 투표율에 미친 영향력을 각 변인들과 투표율의 양자비교를 통해서 살펴보고자 한다. 이와 관련하여 우리는 성별, 연령(대), 교육수준, 직업군, 그리고 월평균 가구소득의 차이에 주목하였다. 〈표 3-2〉는 그 결과를 보여주고 있다.

양자비교는 남성이 여성보다 약간 투표율이 높은 것으로 보여주고 있으나, 그 차이는 통계적으로 유의미하지는 않은 것으로 나타난다. 연령의 경우, 익히 보고되어 온 바와 같이 연령이 낮을수록 투표율 또한 낮아지는 경향성이 있음을 보여주고 있다.[6] 연령별 비교가 보여주는 또 다른 흥미로운 양상은 연령별 투표 격차의 양상이 단선적이지 않다는 점이다. 즉 19~29세와 30대의 투표율 격차가 14.4%에 달하는 반면, 30대와 40대의 투표율 격차는 3.7% 수준에 불과하며, 이후의 집단 간 비교에서도 비슷한 격차를 보이는 것이다. 이는 저연령층에서는 나이가 많아질수록 급격하게 투표율이 상승하는 반면, 일정 수준을 넘어설 경우, 그 증가의 양상이 완만해지는 경향성이 있을 수 있음을 의미한다.[7]

교육수준의 경우, 대학생이라는 특정 집단이 다른 집단들과 비교하여 현격히 낮은 투표율을 기록하는 것으로 나타난다. '잘 모름'과 '무응답'을 제

[6] 이 차이는 통계적으로도 매우 유의미한 수준이다. 19~29세와 이를 제외한 연령 집단 중 가장 낮은 투표율을 기록한 30대와의 비교에서조차 통계적 유의미성을 보여주는 t값은 5.87에 달한다.
[7] 중앙선거관리위원회는 총선 이후 약 2개월이 지난 시점(6월 19일)에 투표율 분석결과를 발표하였다. 전국 1만 3,470개 투표구 중 무작위로 추출된 1,410개의 투표구와 각 투표구의 투표인 명부를 대상으로 한 분석이기에 가장 신뢰할 만한 조사이지만, 다른 한편으로 조사의 특성상 성별, 연령별, 지역별 투표 분석만이 가능하다는 한계를 가지고 있는 조사이다. 그 결과에 의하면, 먼저 성별의 경우, 남성(55.7%)이 여성(53.1%)보다 약간 높은 투표율을 보였으며, 다음으로 연령의 경우, 60세 이상(68.6%), 50대(62.4%), 40대(52.6%), 30대 후반(35-39세, 49.1%), 19세(47.2%), 20대 전반(20-24세, 45.4%), 30대 전반(30-34세, 41.8%), 20대 후반(25-29세, 37.9%)의 순으로 연령이 낮아질수록 투표율 또한 저하되는 경향성이 이 조사에서도 확인된다. 비록 앞에서도 지적하였듯이, 우리의 패널조사가 실제보다 훨씬 높은 표본 투표율을 보인다는 점에서 표본의 신뢰성에 의문을 제기할 수 있지만, 또 다른 한편으로 우리의 조사결과가 집단간 투표율의 절대적인 수치가 아닌 상대적인 우열의 관계를 왜곡하지는 않는다는 점은 유의할 만하다고 판단된다.

〈표 3-2〉 인구통계학적 · 사회경제적 속성에 따른 투표율 비교

		투표율 (%)	사례수 (명)
성별	남성	88.3	1,543
	여성	87.3	969
연령대	19-29세	71.7	439
	30대	86.1	534
	40대	89.8	541
	50대	93.6	528
	60대 이상	97.2	470
교육수준	중졸 이하	95.4	281
	고졸	88.9	685
	대학교 재학	72.2	205
	대졸 이상	88.3	1,329
	잘 모름	80.0	5
	무응답	85.7	7
직업군	농/임/어업	93.7	79
	자영업	90.1	444
	블루칼라	86.2	348
	화이트칼라	87.6	785
	가정주부	93.6	389
	학생	65.6	189
	무직/기타	92.0	275
	잘 모름/무응답	100	3
월평균 가구소득	100만 원 이하	93.8	211
	101-200만 원	85.2	324
	201-300만 원	87.4	475
	301-400만 원	88.9	487
	401-500만 원	88.2	356
	501만 원 이상	88.8	525
	잘 모름	73.3	86
	무응답	91.7	48
전체		87.9	2,512

외한 다른 집단들이 88.5%의 투표율을 보인 반면, 대학생 집단은 표에 나온 바와 같이 72.2% 수준에 머무르고 있다(t값=6.68). 직업군 비교에서도 역

시 비슷하게 학생집단이 다른 직업집단과 비교하여 매우 낮은 투표율을 보여주고 있다. 오히려 그 격차는 더욱 커져서 학생집단이 〈표 3-2〉에 제시된 바와 같이 65.6%의 투표율을 보여준 반면, 학생을 제외한 다른 직업집단은 89.7%의 투표율로 그 격차는 24.1%에 달한다(t값=9.98). 마지막으로 월평균 가구소득은 100만 원 이하의 저소득 가구가 많은 기존의 연구가 예상하는 것처럼 낮은 투표율을 보여주기보다는 오히려 가장 높은 투표율을 보여주는 것이 특징적이다.

이와 같은 양자비교의 결과를 종합하면, 이번 제19대 총선에서 저연령층, 그리고 학생(교육, 직업적인 측면 모두)집단이 다른 어떠한 인구통계학적·사회경제적 집단과 비교하여 특히 낮은 투표율을 보인 것으로 나타났다. 양자비교는 이처럼 개별변수와 관심변수(투표율) 사이의 관계를 보다 직관적으로 보여줄 수 있다는 장점을 가지고 있지만, 다른 한편으로 이러한 비교의 대상이 되는 속성 이외의 다른 제3의 차원이 양자관계에 어떤 영향을 미치는지를 통제할 수가 없다는 한계를 가지고 있다. 즉 19~29세의 연령, 대학에 재학 중이라는 학력, 그리고 학생이라는 직업신분은 모두 강한 상관성을 가지고 있기에, 우리는 이 중에 과연 무엇이 핵심적인 것인지, 과연 독립적인 영향은 존재하는지조차 알기 어렵다. 이를 구별하기 위해서는 다변인 분석(multivariate analysis)이 필요하다. 이는 심리학적 접근방법과 합리적 접근방법에서 제시하고 있는 변인군에 대한 검토가 이루어진 후 함께 수행될 것이다.

다음으로 심리학적 접근방법에서 제시해 온 변수들의 투표율에 대한 영향을 살펴보자. 심리학적 변수와 관련하여 한국의 유권자들에게서 미국 유권자들에서 발견되는 정당일체감 등에 상응하는 변수를 찾기는 힘들다. 그러나 관건은 인구통계학적·사회경제적 속성 등으로 온전히 설명되지 않는 개인의 심리적인 속성이라고 본다. 이에 우리는 관련변수로서 개인이 정치에 대해 가지는 관심도(정치관심도)[8]와 개인의 이념성향, 그리고 정치효능감[9]이라는 변수를 상정하고, 이들이 투표율과 가지는 양자관계를 살펴보도록 하겠다. 〈표 3-3〉은 그 결과를 보여준다.

우선 정치관심도와 관련하여 정치적 관심이 높을수록 투표율이 높아지는 것을 확인할 수 있다. 잘 모름과 무응답을 제외하고 유권자를 크게 관심층과 무관심층으로 범주화하면 관심층이 무관심층에 비해 26.1% 가량 높은 투표율을 보인다(t값=14.05). 이념성향의 경우 중도를 제외하고 진보성향이라고 스스로를 생각하는 유권자가 보수성향인 유권자에 비해 3.7% 가량 낮은 투표율을 보이는 것으로 나타난다(t값=2.22). 마지막으로 정치효능감의 경우 반(反)효능감을 묻는 질문에 하나라도 부정의 답변을 한 집단(즉, 효능감의 값이 1이상인 집단)과 모두 긍정의 답변을 한 집단(효능감의 값이 0인 집단) 간에 비교적 큰 차이가 존재함을 볼 수 있다.

이상의 심리학적 변수의 결과를 종합하면, 정치관심도와 효능감 모두 투표율에 긍정적인 상관관계를 맺는 것으로 확인된다. 그리고 이념성향과 관련해서 보수성향에 속하는 유권자들이 진보성향의 유권자들에 비해 상대적으로 많이 투표소를 찾았음을 알 수 있다.

---

8 총선 직전에 행해진 1차 패널조사는 "선생님께서는 이번 11일에 있을 국회의원 선거에 얼마나 관심이 있으십니까?"라는 문항을 포함하고 있다. 정치관심도는 이 문항에 대한 답을 바탕으로 구성되었다. 이 문항은 1차에만 포함되었기에, 사례수 또한 이에 상응하여 줄어들게 된다.
9 정치효능감의 코딩에 대해서는 〈표 3-3〉의 주 참조.

<표 3-3> 심리적 속성에 따른 투표율 비교

	투표율 (%)	사례수 (명)
정치관심도		
매우 관심이 많다(4)	96.8	978
대체로 관심이 많다(3)	89.1	941
별로 관심이 없다(2)	71.3	352
전혀 관심이 없다(1)	49.1	55
잘 모름/무응답	75.0	16
소계	88.6	2,342
이념성향		
진보	87.1	688
중도	87.7	860
보수	90.8	725
잘 모름/무응답	92.8	69
소계	88.6	2,342
정치효능감*		
3	90.8	316
2	90.7	1,070
1	86.2	695
0	77.5	142
소계	88.4	2,223

주) * 정치효능감은 총선 직전에 행한 1차 조사에 포함된 다음의 세 문항에 대한 부정적 답변(전혀 그렇지 않다/별로 그렇지 않다)의 합으로 구성되었다. "선생님께서는 다음 주장에 대해 어떻게 생각하십니까?" 우리나라에서는 대다수 국민들의 의사와 상관없이 소수의 사람이 정부와 정치를 좌우한다(문22). 우리 같은 사람은 정부가 하는 일에 대해 말할 자격이나 능력이 없다(문23). 투표는 아주 많은 사람들이 하기 때문에 내가 투표하는가 안 하는가는 중요하지 않다(문24)." 즉, 반(反)효능감을 묻는 질문에 대한 부정적 답변으로 유권자의 정치효능감을 측정한 것이다. 따라서 정치효능감은 0, 1, 2, 3의 값을 가진다.

마지막으로 합리적 선택이론에서 제시하는 변수가 투표율에 미치는 영향을 살펴보자. 이와 관련하여 특히 투표의 산술 함수에서, 유권자가 자신이 선호하는 후보와 그렇지 않은 후보의 당선에서 느끼는 편익(B_i)에 주목하고자 한다. 우리는 이를 위해서 2차 조사에 포함되어 있던 "'매우 싫어한다'를 0, '보통이다'를 5, '매우 좋아한다'를 10으로 했을 때, 선생님께서는 새누리당(민주통합당/통합진보당)에 대해서 어떻게 생각하십니까?"라는 질문(2차 조사의 문15, 문16, 문17)에 주목하여, 응답자의 답변을 '비선호'(0-3), '중립'(4-6), '선호'로 다시 코딩하였다. 이렇게 만들어진 변수를 새누리당(민주통합당/통합진보당) 호감도라고 했을 때, 예비적으로 새누리당 호감도와 민주통합당 호감도가 투표율과 맺는 관계를 교차비교표로 살펴보면 다음과 같다.

합리적 선택이론은 응답자가 경쟁하는 후보 간에 큰 효용의 차이를 느끼지 못할 때 투표율이 낮아지며, 역으로 큰 효용의 차이를 발견할 때, 투표하게 될 가능성이 크다고 예측한다. 〈표 3-4〉의 내용은 이러한 예측을 지지하고 있다. 즉 〈표 3-4〉의 왼쪽 위에서 오른쪽 아래로 이어지는 대각선상에 있는 셀은 새누리당과 민주통합당에 대하여 비슷한 정도의 선호/비선호를 가지고 있는 집단을 의미한다(예비조사의 단계이기에 통합진보당에 대한 선호는 잠시 예외로 한다). 역으로 교차하는 대각선의 양 끝단에 있는 두 셀은 둘 중 어느 하나를 선호하고, 다른 하나를 비선호하는 집단에 해당한다. 이 두 집단을 비교하면 후자의 집단에서 전자의 집단보다 훨씬 높은 투표율을 보여주고

〈표 3-4〉 새누리당 호감도와 민주통합당 호감도가 투표율에 미치는 영향: 교차비교표 (단위: %, (명))

		민주통합당 호감도			소계
		비선호	중립	선호	
새누리당	비선호	85.2 (128)	91.0 (398)	91.9 (307)	90.4 (833)
	중립	90.0 (231)	81.0 (537)	85.5 (173)	84.1 (941)
	선호	93.4 (335)	88.9 (270)	86.1 (72)	90.8 (677)
소계		90.8 (694)	86.1 (1,205)	89.1 (552)	88.1 (2,451)

있음을 확인할 수 있다. 〈표 3-4〉에서 또 하나 눈여겨볼 수 있는 점은 새누리당을 선호하고 민주통합당을 비선호하는 집단이 민주통합당을 선호하고 새누리당을 비선호하는 집단보다 더 높은 투표율을 보이고 있다는 점이다.

그러나 예비조사를 통해 확인된 규칙성을 본격적으로 검증하는 것은 그리 간단한 문제가 아니다. 그것은 이번의 선거가 통합진보당이라는 또 다른 하나의 정당을 중요한 경쟁자로 두고 있기에, 선호도의 조합만 27개에 달하기 때문이다. 그래서 우리는 선호의 강도가 보여주는 차이에 집중하여 세 개의 범주를 가지는 변수를 구성하였다. '선호의 강도차'라고 이름붙인 이 변수는 어느 하나의 정당에게 선호를 보이고, 다른 두 정당은 비선호하는 경우에 3의 값을 가진다. 그리고 하나의 정당에 선호, 다른 정당 중 하나 이상에 중립의 선호를 표현하였거나, 하나의 정당에 중립을, 그리고 다른 정당들에게 비선호를 표현한 경우에 2의 값을 가진다. 그리고 선호의 정도가 가장 높은 정당이 둘 이상인 경우에 1의 값을 가진다. 아래의 〈표 3-5〉는 이 변수가 투표율과 맺는 관계를 보여준다.

〈표 3-5〉의 결과는 앞서 예비조사의 단계에서 발견되었던 규칙성을 그대로 보여주는 것으로 판단된다. 가장 선호하는 정당과 그 다음 선호하는

〈표 3-5〉 합리적 선택이론에 따른 투표율 비교

		투표율 (%)	사례수 (명)
선호의 강도차	3	94.5	312
	2	89.4	801
	1	84.6	893
전체		87.9	2,281

주) 선호의 강도차 코딩에 대해서는 본문의 설명 참조.

정당 간에 상대적으로 격차가 큰 집단은 94.5%의 투표율을 보여주는 반면, 가장 선호하는 정당이 둘 이상인 집단, 그렇기에 누가 당선되든 효용의 차이를 크게 느끼지 못하는 집단은 이보다 약 10% 정도 낮은 84.6%의 투표율을 보이고 있다.

이상에서 우리는 인구통계학적 접근방법, 심리적 접근방법, 그리고 합리적 선택이론 접근방법이 제시하고 있는 변수들과 투표율의 관계를 양자비교를 중심으로 살펴보았다. 그러나 앞에서 설명하였듯이, 양자비교는 변수와 투표율의 관계를 직관적으로 보여준다는 장점이 있으나, 분석의 대상이 되는 변수 이외의 제3의 변수가 미치는 영향을 통제하기 힘들다는 단점이 있다. 다른 변수들의 영향을 통제한 상태에서 개별 변수들의 영향을 분석하기 위하여 우리는 다음의 로짓(logit) 모형을 이용한 다변인 분석(multivariate analysis)를 수행하였다.

결과를 제시하기에 앞서 변수들에 대해서 간략히 설명하면, 먼저 앞서의 양자비교에 이용된 성별 변수를 여성이라는 이항변수로 재코딩하였다. 다음으로 연령변수는 앞서의 연령대 대신에 원자료에 있는 응답자의 나이를 이용하고, 양자비교에서 나타난 관계의 특성을 반영하여 로그값을 취하였다. 이는 낮은 연령층에서는 투표율 상승의 효과가 비교적 급하게 나타나다가 일정 연령 이상으로 접어들었을 경우, 상승의 효과가 감소하는 관계를 표현하는 것이다. 다음으로 교육수준별 분류에 따른 학생집단과 직업분류에 따른 학생은 먼저 다른 집단과 구별하여 이항변수화하였지만, 두 변인이 높은 상관성을 보이며 다중공선성(multicollinearity)의 문제가 발생함에 따라 교육수준에 따른 학생집단을 제외하였다. 그리고 이념성향과 관련하여서는 보수성향의 유권자를 따로 이항변수화하였다. 그 외의 변수들은 앞서의 양자비교 분석에서 사용되었던 변수를 그대로 이용하였다. 〈표 3-6〉은 로짓모형의 분석결과를 보여주고 있다.

표를 통해서 연령(로그), 정치관심도, 정치효능감, 선호의 강도차 등이 95% 이상의 신뢰수준에서 통계적으로 유의미한 것으로 나타났음을 알 수 있다. 앞의 양자비교에서 유의미한 것으로 보였던 학생집단의 경우 비록 근접하기는 하지만 통계적으로 유의미하지는 않은 것으로 나타났다. 이는 앞의 결과가 연령이라는 변수의 영향으로 나타난 것이라는 해석을 가능하게 한다. 의외로 스스로 보수적인 이념성향을 가진 것으로 판단하는 유권자라고 해서 상대적으로 더 높은 투표율을 보이지는 않는 것으로 나타난다. 종합하면 이러한 결과는 이번 제19대 총선의 주된 투표층이 상대적으로 나이

〈표 3-6〉 로짓 모형에 의한 투표율 분석

		계수	표준오차	승산비 (odds ratio)[1]
인구통계학적	여성	0.13	0.16	1.14
	연령(로그)	1.85**	0.30	6.38
	학생(직업)	-0.37	0.27	0.69
	가계소득	0.07	0.05	1.08
심리학적 변수	정치관심도	1.04**	0.10	2.83
	보수성향	-0.01	0.18	0.99
	정치효능감	0.30*	0.10	1.35
합리적 선택이론변수	선호의 강도차	0.20*	0.08	1.22
	상수	-8.84**	1.17	
사례수		1,941		
log likelihood		-551.67		

주) *p〈0.01, **p〈0.001 †승산비(odds ratio)는 독립변수의 영향에 의해 발생할 수 있는 종속변수(투표참여)의 변화비(odds)를 추정하는 통계학 용어로서, 1을 기준으로 1보다 크면 종속변수에 해당하는 이벤트가 발생할 수 있는 가능성이 커지며, 1보다 작으면 그만큼 가능성이 낮아진다는 것으로 해석할 수 있다.

가 많으며, 정치관심도와 효능감이 높고, 경쟁하는 후보 간에 상대적 효용의 편차를 크게 느끼는 유권자였다는 것을 의미한다. 역으로 이는 기대에 미치지 못하는 투표율이 젊은 유권자층, 그리고 정치관심도와 효능감이 낮고, 후보들 간의 차이를 크게 느끼지 못하는 유권자들을 투표소로 이끌지 못했다는 것을 의미한다.

누가 투표의향을 바꾸었나?

글을 시작하면서 이번 총선의 결과가 의외로 받아들여지는 이유로 두 가지를 제시한 바 있다. 하나는 많은 투표율 상승요인이 있었음에도 불구하고 상대적으로 낮은 투표율을 보였다는 점이다. 이에 대해서는 위의 분석을 통해서 물론 다는 아닐지라도 어느 정도 해답을 위한 단초를 찾았다고 생각된다. 또 다른 물음은 역대 한국 선거의 경험에 비추어 야당의 초라한 성적, 여당의 압도적 승리라는 부분이 잘 설명되지 않는다는 점이다. 하나의 선거결과를 가지고 이러한 물음에 대한 대답을 시도하는 것은 물론 무리이다. 하지만 이번 아산정책연구원에 의해 실시된 조사는 패널조사로 구성되어 있기에, 이 물음의 해결에 부분적이나마 실마리를 얻을 수 있다고 생각한다. 그 이유는 총선 직전 실시한 1차 조사에 "선생님께서는 이번 국회의원 선거에 투표할 생각이십니까, 투표하지 않을 생각이십니까?"라는 문항이 포함되어 있기 때문이다. 선거 초반 많은 이들의 일반적인 전망은 여당의 여러 가지 악재에 의해 야당이 반사이익을 얻어 손쉬운 승리를 얻을 것이라는 것이었다. 그러나 선거운동이 끝으로 갈수록 민주당 김용민 후보의 막말 파문 등과 같은 악재에 의해 그 상황이 역전되어 가는 양상을 보이다, 결국에는 여당의 압도적인 승리로 귀결되었다. 이러한 상황을 보며, 많은 이들이 떠올린 의문의 하나는 "선거운동의 마지막 판세에서 발생했던 사건들에 의해서 야당을 지지하던 유권자들이 포기하면서 여당이 승리한 것인가, 아니면 투표에 소극적이었던 여당 지지자들이 적극적으로 투표에 참여함으로써 여당이 승리한 것인가?"라는 것이었다. 이 물음에 대한 답을 통해서 이번 총선에서 보여준 투표율과 여야의 선거승패의 관계에 대한 부분적인 실마리를 찾아보고자 한다.

먼저 총선직전에 실시된 조사에서 투표의향을 묻는 질문에 대한 응답자의 답변을 중심으로 각 집단별 (실제) 투표율을 살펴봄으로써, 투표의사 변경이 어떤 방향으로, 얼마나 일어났는지 살펴보자. 〈표 3-7〉은 그 양상을 보여준다.

표를 통해서 우리는 먼저 투표의향과 실제 투표 사이에 강한 상관관계가 존재함을 발견할 수 있지만, 관심의 초점은 그보다 투표의사 변경에 있다.

〈표 3-7〉 투표의향에 따른 투표율 비교

	투표율 (%)	사례수 (명)	투표자수 (명)
반드시 투표할 생각이다	95.9	1,776	1,703
가급적 투표할 생각이다	74.6	430	321
별로 투표할 생각이 없다	50.0	82	41
투표할 가능성이 전혀 없다	16.7	48	8
잘 모름	0	3	0
무응답	66.7	3	2
전체	88.6	2,342	2,075

표에서 우리는 투표의사 변경이 양방향으로 모두 있었음을 확인할 수 있다. 즉 적극적이건 소극적이건 투표에 긍정적인 입장을 보였던 유권자 중에 182명(8.37%)은 투표에 참여하지 않았고, 투표에 부정적인 입장을 보였던 유권자 중에 49명(37.7%)은 거꾸로 투표에 참여하였던 것이다. 이러한 투표의사 변경의 양상을 비례대표 투표 선호정당으로 새누리당과 민주통합당/통합진보당을 선택한 응답자와 대조하여 본 결과는 〈표 3-8〉과 같다.

〈표 3-8〉 비례대표 투표 선호정당과 투표의향, 그리고 투표율: 교차비교표 (단위: %, (명))

		투표의향		소계
		투표할 생각이다	투표할 생각이 없다	
비례대표 투표 선호정당	새누리당	93.6 (853)	40.5 (37)	91.3 (890)
	민주통합당/ 통합진보당	91.5 (1,043)	36.6 (41)	89.4 (1,084)
소계		92.4 (1,896)	38.5 (78)	90.3 (1,974)

표를 통해서 비록 통계적으로 유의미한 차이를 보이는 것은 아니지만, 투표에 참여할 의사를 밝혔던 유권자 중, 새누리당에 대한 지지를 밝혔던 유권자층이 민주통합당 혹은 진보통합당에 대한 지지를 밝혔던 유권자층보다 약 2.1% 높은 투표율을 보인 것을 알 수 있다. 즉 야당은 투표에 긍정적인 유권자들을 실제 투표장에 이끄는 데 여당보다 낮은 성과를 보인 것이다. 마찬가지로 (응답자 집단의 크기가 매우 작아서 통계적으로 유의미한 차이를 보이지는 않지만) 새누리당은 투표에 부정적이었던 지지자들을 투표장으로 유도하는 데 야당보다 성공적이었던 것으로 보인다. 비록 투표에 긍정적인 입장을 보인 유권자 집단과 부정적인 입장을 보인 유권자 집단 크기의 상대적 격차

가 매우 커서 조심스럽기는 하지만, 이를 종합하면 새누리당의 승리는 투표에 긍정적이었던 야당지지자들의 상대적으로 낮은 투표율, 그리고 투표에 부정적이었던 여당지지자들의 상대적으로 높은 투표율 모두에 기인한 것으로 보인다.

결론

이상에서 우리는 아산정책연구원에 의해 총선 직전과 직후의 2회에 걸쳐 실시된 패널조사를 바탕으로 19대 총선의 투표참여 양상과 투표참여 의사 변경 양상을 분석하여 보았다. 인구통계학적·사회경제적 접근방법, 심리학적 접근방법, 합리적 선택이론에 의한 접근방법에서 제시해 온 변수들을 활용한 투표참여 분석을 통하여 이번 19대 총선의 투표율이 특히 유권자의 연령, 정치효능감과 관심도, 그리고 경쟁하는 후보에 대해 가지는 유권자의 상대적 효용의 편차에 의해 설명될 수 있는 것으로 나타났다. 즉 유권자의 연령이 상대적으로 높을수록, 정치에 많은 관심을 가질수록, 자신의 투표에 대한 효능감이 높을수록, 그리고 후보들에 대한 선호도의 차이가 클수록 높은 투표참여 경향성을 나타낸 것이다. 그러나 스스로를 진보 혹은 보수로 파악하는 이념성향, 학생이라는 직업·교육집단으로서의 성격, 가계소득의 차이 등은 이러한 요인들의 영향력을 통제하면, 독립적인 영향을 미치지는 못하는 것으로 나타난다. 통계적으로 유의미한 양상을 보이는 변수들 중 특히 큰 영향을 가지는 것으로 보이는 변수는 연령이다. 이는 낮은 투표율이 정치적 영향력의 차등성을 악화시킬 수 있다는 논의에 비추어, 최근의 한국 선거에서 보이는 투표율 저하의 경향성이, 특히 연령집단별 혹은 세대 간의 정치적 영향력 격차의 확대, 그리고 이로 인한 정치적 갈등의 심화로 이어질 수 있음을 시사하는 것이다. 따라서 이를 극복하기 위한, 젊은 유권자의 투표참여를 독려하는 노력의 필요성을 상기시킨다.

또한 우리는 총선 직전과 직후의 패널자료 비교를 통하여, 선거운동 초반에 예상되던 야당의 우세가 결국 여당의 승리로 역전된 이면에는 투표에 긍정적인 입장을 보였던 야당지지자들이 여당지지자들에 비해 상대적으로 낮은 투표율을 보인 것과 아울러 투표에 부정적인 입장을 보였던 여당지지자들의 실제 투표율이 야당지지자들의 실제 투표율보다 높았던 현상이 있었음을 알 수 있었다. 비록 지면의 제약에 의하여 그와 같은 투표의사 변경의 원인에 대한 구체적이고 미시적인 분석을 수행하지는 못했지만, 이러한 결과는 최소한 여당인 새누리당이 자신의 지지자들을 투표장으로 유도하는 데 보다 효과적인 선거운동을 수행하였음을 의미하는 것으로 풀이된다.

참고문헌

김 욱. 1998. "투표참여와 기권: 누가, 왜 투표하는가?" 이남영 편. 『한국의 선거 II』. 199-254. 서울: 푸른길.
김재한. 1993. "투표참여의 합목적성: 14대 대선에서의 기권행태를 중심으로." 『한국과 국제정치』 9권 1호, 89-100.
박찬욱. 1992. "유권자의 선거관심도, 후보인지능력과 투표참여의사: 제14대 총선전 조사결과를 중심으로." 『한국정치학회보』 26집 3호, 153-174.
문우진. 2009. "정치정보, 정치참여와 민주주의." 『한국정치학회보』 43집 4호, 327-349.
이남영. 1992. "투표참여와 기권: 14대 국회의원 선거분석" 이남영 편. 『한국의 선거 I』. 21-47. 서울: 나남.
조성대. 2006. "투표참여와 기권의 정치학: 합리적 선택이론의 수리모형과 17대 총선." 『한국정치학회보』 40집 2호, 51-74.
Campbell, Angus, Philip E. Converse, Warren E. Miller, and Donald E. Stokes. 1960. The American Voter. New York: John Wiley.
Collier, David and Steven Levitsky. 1997. "Democracy with Adjectives: Conceptual Innovation in Comparative Research." *World Politics* 49(3), 430-451.
Cox, Gary W. and Michael C. Munger. 1989. "Closeness, Expenditures, and Turnout in the 1982 U.S. House Election." *American Political Science Review* 83(1), 217-231.
Davis, Otto A., Melvin J. Hinich, and Peter Ordeshook. 1970. "An Expository Development of a Mathematical Model of the Electoral Process." *American Political Science Review* 64(2), 426-448.
Downs, Anthony. 1957. An Economic Theory of Democracy. New York: Harper and Row.
Jacobson, Gary C. 1990. "The Effect of Campaign Spending in House Elections: New Evidence for Old Arguments." *American Journal of Political Science* 34(2), 334-362.
Lazarsfeld, Paul F., Bernard Berelson, and Hazel Gaudet. 1944. The People's Choice. New York: Columbia University Press.
Lijphart, Arend. 1997. "Unequal Participation: Democracy's Unresolved Dilemma." *American Political Science Review* 91(1), 1-14.
Powell, G. Bingham, Jr. 2000. Elections as Instruments of Democracy: Majoritarian and Proportional Visions. New Haven: Yale University Press.
Riker, William and Peter Ordeshook. 1968. "A Theory of the Calculus of Voting." *American Political Science Review* 62(1), 25-42.
Schmitter, Philippe C. and Terry Lynn Karl. 1991. "What Democracy Is... and Is Not." *Journal of Democracy* 2(3), 75-88.
Wolfinger, Raymond E. and Steven J. Rosenston. 1980. Who Votes? New Haven: Yale University Press.

한국 유권자의 정당호감도 결정요인과 그 효과

― 한정훈 ―

한국 유권자의 정당호감도
결정요인과 그 효과

20 12년 4월 11일 제19대 국회의원 선거 결과가 집계되던 저녁 시각 한국의 유권자들은 또다시 '지역'의 중요성을 발견했을지 모른다. 텔레비전을 통해 시시각각 변해 가는 각 당의 승리지역 집계판의 색깔이 점차적으로 노랗게 칠해진 한반도 서남부 전라도 지역을 제외하고는 온통 새누리당의 빨간색으로 점철되는 것을 목격한 것이다. 이와 같이 제19대 총선은 전라도는 노란색 민주통합당, 경상도는 빨간색 새누리당이라는 구도를 보이면서 출신지역에 따라 지지정당을 결정하는 기존의 투표행태를 재현한 듯이 보인다. 특히 주목할 만한 점은 제19대 총선 직전 각 정당이 당명을 개정하고 정당을 상징하는 색깔을 변경하는 등 정당의 정체성과 관련된 요인들의 변화를 꾀하였음에도 지역을 중심으로 한 정치적 대결양상에 거의 영향을 미치지 못한 것 같다는 점이다. 다시 말해 한국 유권자는 정당을 이해하기 위해 지역 이외의 요인을 고려하지 않는 듯이 보이는 것이다.

그러나 과연 한국의 선거는 지역대결의 굴레에서 벗어나지 못하고 있는 것인가? 최근 정치학계의 주장은 텔레비전을 통해 인상적으로 비춰지는 출신지역에 따른 정당에 대한 투표행태는 약화되고 있다는 것이다. 민주화 이후 상당기간 동안 한국 유권자들의 후보자에 대한 투표 또는 정당에 대한 투표에 지배적인 영향을 미쳤던 출신지역의 영향력이 '3김'이 정치권에서 완전히 퇴장한 2002년을 시발점으로 변화를 겪고 있다는 것이다. 이들은 출신지역보다는 거주지역, 또는 세대, 이념 등에 따른 유권자 이해관계의 차별성, 선거이슈 및 선거경쟁 상황 등을 고려하는 유권자의 합리성 등이 출신지역과 함께 유권자들의 투표행태에 중요한 영향을 미치고 있다고 주장한다(김 욱 2004; 최준영·조진만 2005; 김민전 2008; 강원택 2008, 2009a, 2009b; 지병근 2006; 이내영·정한울 2007; 한정훈·강현구 2009; 문우진 2012).

표면적으로는 여전히 아무런 변화가 없는 듯이 보이는 지역대결 양상이 내부적으로는 변화를 겪고 있다는 위와 같은 논의는 한편으로는 한국 사회 내 통합을 증진할 가능성을 보여주는 희망적인 메시지라 할 수 있다. 근대화 과정 가운데 발생한 특정 지역의 정치적 소외와 배제가 낳은 지역 간 배타성이 지역갈등의 한 원인이었다는 주장(최장집 1993)을 고려할 때 최근의 변화는 이를 극복해 나가는 한국 유권자들의 모습을 반영하는 것일 수 있다. 그러나 다른 한편으로 지역과 정당 사이의 연계성의 약화는 한국 정당정치의 위기를 노정하는 것이기도 하다. 서구 정당들과 달리 유권자와의 안정적 유대관계가 약한 상황에서 발전한 한국 정당들에게 그동안 지역은 지지를 동원할 수 있는 유일한 전략적 원천이었던 것이다. 따라서 지역 유권자들이 특정 정당을 지지하는 현상이 약화된다는 것은 한국 정당들이 새로운 지지기반을 마련하기 위한 전략수립과 노력을 경주할 필요성에 직면해 있음을 함의한다.

본 연구는 이러한 인식을 바탕으로 변화하는 한국의 선거경쟁 환경에서 지역과 정당과의 연계성 문제를 재검토하고, 지역이 유권자의 지지정당 결정행태에 미치는 영향이 약화되고 있는 상황에서 한국의 유권자들은 어떤 요인을 중심으로 심리적, 행태적 측면에서 특정 정당과의 연계성을 발전시키고 있는지를 살펴보고자 한다. 특히 유권자의 정당호감도[1] 및 정당지지행태가 지역이라는 제3의 매개요인 없이 정당내적요인을 통해서 형성되고 있는지를 살펴볼 것이다. 이를 위해 본 연구는 두 가지 측면에서 방법론적으로 기존 연구와는 차별적인 접근을 시도한다. 첫째, 분석대상을 전체 유권자가 아닌 비례대표 선거에서 새누리당과 민주통합당을 선택한 각각의 유권자 집단으로 삼았다. 이는 분석대상을 전체 유권자에 둠으로써 특정 정당에 대한 호감도의 변화요인을 분석할 수 없었던 기존 연구와 달리 각 정당을 지지한 유권자 집단 내부에서 정당호감도 및 지지행태의 안정성(stability)의 변화를 살펴보기 위함이다. 둘째, 유권자와 정당의 연계성(linkage)이 정당내적요인을 통해 발전하는지를 살펴볼 것이다. 정당내적요인이란 유권자들이 정당들 사이의 차별성을 인식할 수 있도록 각 정당이 유권자에게 제시하는 요인들을 의미한다. 각 정당들은 타 정당과의 차별성을 위해 다양한 요인들을 유권자에게 제시할 수 있을 것이다. 이 가운데 각 정당의 당헌, 당규 또는 공식문서 등을 통해 표출되는 각 정당의 '정책과 이념', 그리고 각 정당 '지도자의 능력과 자질'을 대표적인 정당내적요인[2]으로 간주하고 이들이 유권자들의 정당호감도, 지지정당 선택에 미치는 영향력을 살펴보고자 한다. 이는 지역이라는 제3의 매개요인을 통해 정당과 유권자의 연계성에 대해 논의되던 기존 연구와 차별적이라 할 수 있다. 연구에 사용된 자료는 아산정책연구원이 2012년 제19대 국회의원 선거 및 제18대 대통령 선거분석을 위해 기획한 총 7차에 걸친 패널조사 가운데 제19대 국회의원 선거 전후 시행된 제1, 2차 패널조사 자료이다.[3]

---

1 이 글에서 정당호감도와 정당일체감이란 용어를 구분하여 사용한다. 정당일체감이란 개별유권자가 특정 정당과 자신을 동일시하는 것을 의미한다. 정당일체감에 관한 연구가 발전한 서구의 경우, "일반적으로 당신은 대개 당신 자신을 매우 강한, 상당히 강한, 또는 강하지 않은 ○○○당원 가운데 어떤 ○○○당원이라고 생각하십니까?"와 같은 방식으로 개별유권자가 특정 정당의 당원으로 스스로 간주하는 강도를 통해 측정한다. 그러나 한국의 경우 당의 명칭이 빈번하게 변한다는 점을 고려할 때 특정 정당 명칭을 이용하여 정당일체감을 묻는 경우 정당일체감에 관한 자료를 이용하는 데 제약이 따른다. 따라서 한국 유권자에 대한 정당일체감의 측정은 개별유권자들이 지지하는 정당의 유무를 통해 간접적으로 측정하는 경향이 강하다. 이 글에서 이용한 정당호감도는 다음의 설문에 기반한 것이다: "'매우 싫어한다'를 0, '보통이다'를 5, '매우 좋아한다'를 10으로 했을 때, 선생님께서는 ○○○당에 대해 어떻게 생각하십니까? 0에서 10 사이의 숫자로 말씀해 주세요."
2 이 글에서 정당내적요인이란 각 정당이 유권자들이 자신을 타 정당으로부터 구분할 수 있도록 제시하는 요인들에 해당한다. 정당의 정책 및 이념, 중앙당 지도자나 지역 정당원들을 포함하는 정당내부 인력과 관련된 것들, 정당 명칭이나 상징 색깔과 같은 상징적인 요인 등이 이러한 정당내적요인에 해당한다고 볼 수 있다.
3 본 연구에 이용된 자료의 신뢰성 및 대표성 등에 관한 논의는 조사 방법론 부분을 참조할 것.

유권자의 정당호감도 및 정당지지 행태에 관한 이론적 논의 및 가설

최근 한국 선거분석의 흥미로운 결과 가운데 하나는 그동안 한국 유권자의 투표행태에 지배적인 영향을 미친 것으로 평가되던 출신지역의 영향력의 약화현상이다. 특히 지역을 대체하는 중요 요인으로서 유권자들의 인구사회학적 특성 및 정당 선호도, 선거캠페인 이슈에 대한 반응, 합리적 선택 등의 중요성이 제기되고 있다(김 욱 2004; 최준영·조진만 2005; 지병근 2006; 이내영·정한울 2007; 김민전 2008; 한정훈·강현구 2009; 강원택 2008, 2009a; 문우진 2012). 한국의 유권자들은 출신지역 이외에도 세대 및 이념의 차별성, 선거이슈나 선거경쟁도 등에 대한 차별적 인식 등에 따라 후보 및 정당의 선택을 달리하기 시작했다는 것이다.

위와 같은 연구는 한국 사회의 변화하는 선거환경을 반영할 뿐 아니라 지역주의의 영향력 감소에 대한 인식과 함께 선거경쟁의 역동성에 대한 흥미를 자극하고 있다. 이러한 기여에도 불구하고 최근의 연구는 두 가지 중요한 측면에 대한 논의를 간과하고 있는 것 같다. 우선 지역주의가 한국 유권자의 투표행태에 미치는 영향력을 적실하게 평가하기 위한 이론적 논의가 부족하다. 대부분의 연구는 지역별로 각 정당에 투표한 유권자의 비율과 같은 집합자료를 이용하여 지역별 각 정당의 득표율 변화를 지역주의 영향력의 감소로 해석하는 경향이 있다. 또한 개인 수준의 자료를 이용하는 경우에도 지역 이외의 변수가 유권자의 투표행태에 미치는 영향력의 유의미성을 지역주의의 영향력 감소로 해석하기도 한다. 그러나 집합적 수준에서의 득표율의 변화가 지역주의의 영향력 약화의 충분조건은 아니다. 예를 들어 민주통합당의 호남지역 득표율이 이전 선거에 비해 낮아진 경우 이는 지역주의의 감소가 아니라 일시적이고 단기적인 선거이슈의 영향 때문일 수도 있는 것이다. 개인 수준의 자료 분석에서 나타나는 지역 이외의 세대나 이념 등과 같은 변수의 유의미한 영향력 역시 선거 때마다 변하는 정당의 이미지를 고려할 때 안정적이지 못하다는 한계를 지닌다. 지역주의 영향력에 대한 논의가 하나의 결론에 도달하지 않은 채 다수의 학자들이 여전히 지역주의가 한국 유권자들의 지지정당 결정에 결정적 영향을 미치고 있다는 주장을 전개하고 있는 것(예를 들어, 이갑윤 1998; 이남영 1998; 최영진 2001; 김만흠 2003)도 이러한 이유 때문인 것으로 보인다.

둘째, 민주화 이후 한국 정당정치가 지역과 매개되었다는 점을 고려할 때, 지역주의가 한국 유권자들의 지지정당 결정에 미치는 영향력이 감소하였다는 주장은 한국의 정당들이 새로운 지지기반을 구축하기 위한 전략과 동시에 논의될 필요가 있다. 특히 한국의 정당들은 서구 사회의 정당들과 같이 인종, 종교, 언어 등과 같은 오랜 사회적 균열(social cleavage)로부터 지지기반을 발전시켜 왔다[4]고 보기 힘들다는 점에서 더욱 그러하다. 물론 김영태(2009)와 같이 1987년 민주화 이후의 선거경쟁이 지속적으로 지역 균열상을 반영한다는 점에서 지역주의를 정당일체감의 한국적 표출방식으로 이해하는 연구가 존재한다. 그러나 한국의 정당들이 지역을 한국 사회의 균열로 간주하고 그러한 균열의 한 축을 대표할 것을 표방하고 있지 않을 뿐 아

---

4 이에 관한 논의는 립셋과 로칸(Lipset and Rokkan 1967)을 참조할 것.

니라 한국 유권자들 역시 특정 정당을 특정 지역 대표로 간주하고 있다고 보기 힘들다.[5] 대표적으로 최장집(1993)의 연구 역시 한국의 지역주의는 언어, 종교, 인종과 같은 사회적 요인 때문이 아니라 한국의 근대화 과정에서 특정 지역이 겪은 정치적 배제나 소외에 따른 지역 유권자들의 타 지역민에 대한 배타성에 있음을 지적하고 있는 것이다.

한국 정당들의 새로운 지지기반 구축을 위한 전략에 대한 논의가 필요한 또 다른 이유는 한국 정당들의 지지기반이었던 지역이 유권자와 정당을 이어 주는 정치사회화(political socialization)의 장소였다고 보기 힘들기 때문이다. 캠펠과 그의 동료들(Campbell et al. 1954; 1960)이 정당일체감(party identification)이라고 명명한 유권자들의 당파적 태도는 유권자들이 성장하면서 부모나 학교 및 지역사회로부터의 정치사회화 과정을 통해 내면화함으로써 쉽게 변하지 않는 성향이 있다. 그러나 거주지역보다는 출신지역이 한국 유권자들의 지지정당 결정에 미치는 영향력이 강조되어 온 점을 고려할 때 지역이 정당일체감을 발전시키는 정치사회화의 주체였을 가능성 역시 낮은 것이다. 장 훈(1999) 역시 민주화 이후 한국 사회의 선거경쟁 과정에서 관찰되던 지역과 정당 사이의 연계성은 정당의 대표성과는 거리가 먼 피상적 성격을 지닌 것으로 간주하고 있다. 결국 한국 유권자들의 투표행태 결정에 관한 기존의 논의는 단기적이고 일시적인 요인분석에 국한되고 있는

---

5 제19대 총선의 표면적 결과 역시 정당의 지역대표성과는 거리가 먼 것으로 보인다. 우선 민주통합당과 새누리당 모두 전국 정당을 표방하며 거의 전 지역구에 걸쳐 후보자를 공천하였다. 전국 246개 지역구 가운데 새누리당은 230개 지역구에, 민주통합당은 209개 지역구에 후보자를 공천한 것이다. 둘째, 유권자들의 정당에 대한 인식을 간접적으로 해석할 수 있는 각 당의 당선자 분포를 살펴볼 때에도 민주통합당과 새누리당을 지역대표 정당으로 간주하기는 힘들다. 새누리당은 광주/전라/제주 지역을 제외한 전 지역구에서 후보자를 당선시켰으며, 민주통합당 역시 대구/울산/강원/경북 지역을 제외한 전 지역구에서 후보자를 당선시켰다. 따라서 특정 정당이 특정 지역을 대표한다고 보기 힘든 것이다.

반면, 한국 정당들이 오랜 기간에 걸쳐 안정적으로 유권자를 동원할 수 있었던 지역주의의 영향력이 감소하고 있는 상황에서 어떤 요소를 통해 한국 정당들이 유권자로부터의 안정적인 지지를 유지해갈 수 있을 것인가에 대한 논의가 부족한 실정이다.

본 연구는 지역주의 영향력의 감소가 내포하는 위와 같은 한국 정당정치의 문제점을 해결하기 위한 가능성을 서구 유권자들의 지지정당 재편(partisan realignment)의 경험으로부터 찾고자 한다. 다시 말해 최근 한국 유권자들이 보이는 출신지역에 따른 지지정당 결정으로부터의 이탈현상은 1950년대 중반 이후 미국 유권자들이 기존에 지지하던 정당으로부터 이탈하면서 발생했던 정당정치의 위기 상황과 일정 정도 유사성을 보인다고 할 수 있다. 우선 전통적 지지기반의 약화라는 측면을 생각해 볼 수 있다. 서구 정당들은 산업구조 및 유권자의 직업구조가 변화하면서 유권자들의 정당일체감이 감소하거나 정당으로부터의 이탈(Dalton 2001)이 발생하였고, 그 결과 무당파 혹은 소극적 정당지지자의 비율이 증가(Niemi and Weisberg 1976; Bartel 2000)한 경험을 지닌 것으로 알려졌다. 지역주의의 약화현상으로 묘사되는 최근 한국 선거환경의 변화상은 한국 정당들 역시 위와 유사한 유권자들의 지지정당 재편을 경험하고 있음을 보여준다. 한국 정당의 형성과정이 서구 정당과 같이 근대국가 건설과정에서 형성된 사회균열(social cleavage)이나 정치사회화를 통한 지지기반에 근거하고 있지 않다는 차별성에도 불구하고 최근 한국의 정당들은 오랜 기간 동안 안정적으로 자신을 지지하던 유권자의 이탈을 경험하고 있는 것이다.

둘째, 각 정당들이 지지기반의 약화에 대해 대응한 방식의 측면이다. 미국 학계에서는 유권자들 사이의 정당일체감의 약화와 지지정당의 변경에 따른 정당정치 위기의 원인을 두 가지 서로 다른 관점에서 제시하고 있다. 한편에서는 정당이 변화하는 유권자들의 선호에 대응하는 데 실패한 측면을 지적한다. 정치엘리트들이 추진한 정책 및 의회 내 입법행태가 유권자들의 동의를 구하지 못하면서 기존 지지정당으로부터 이탈이 발생했다는 것이다(Brady 1985; Hurley 1989). 다시 말해 유권자의 이탈은 유권자의 변화에 대응하지 못한 정당의 정책에 기인한다는 것이다. 다른 한편에서는 각 정당의 내적 변화가 기존의 지지층과 괴리를 발생시켰다는 점을 지적한다. 민주당과 공화당 사이의 사회적·경제적 차원의 이슈에 대한 기존의 균열축이 변화하면서 기존 지지층의 이탈이 발생했다는 것이다(Miller and Scofield 2003). 이러한 주장은 정당 자체의 이념과 정책의 변화가 유권자의 이탈을 유발하였다는 것으로 해석될 수 있다. 한국 정당들 역시 '3김'의 퇴장과 함께 지역의 영향력 감소 가능성의 증대와 현실화에도 불구하고 그러한 변화에 대한 대응의 실패가 출신지역에 따른 정당지지행태의 이탈을 더욱 심화시킨 것으로 볼 수 있다.

지역주의가 한국 유권자의 투표행태에 미치는 영향력의 감소현상을 유권자들의 지지정당 재편현상으로 이해한 위와 같은 논의에 따를 때 한국 정당들은 현재 이중의 과제를 안고 있는 것으로 생각할 수 있다. 하나는 변화하는 유권자에 대처하는 노력이다. 이미 언급하였듯이 한국 유권자의 투표행태에 관한 기존의 분석들은 한국 정당의 이러한 측면에 집중하고 있다. 다시 말해 산업화 및 직업구조의 변화에 따른 한국 유권자들의 인구사회학적 속성, 다양한 사회적 이슈에 대한 인식의 차별성 및 선거경합에 대한 고려 등 합리성과 같은 요인에 따라 한국 정당들의 득표율이 달라지고 있음을 보이고 있는 것이다. 본 연구에서는 한국 정당들의 득표율에 영향을 미치는 이러한 요인들이 변화하는 유권자의 수요(demand)에 대한 한국 정당들의 대응책에 해당한다는 점에서 유권자와 정당을 연계하는 정당외적요인으로 간주하고자 한다. 또한 수요(demand)의 시기적 · 지역적 변동성을 고려할 때 이들은 유권자와 정당 사이에 안정적이고 장기적인 연계성의 형성에는 미약한 영향을 지닌 것으로 간주한다.[6]

유권자의 지지정당 재편에 대응하기 위한 한국 정당들의 두 번째 과제는 정당의 내적정체성 재정립을 통해 새로운 안정적 지지기반을 확보하는 것이다. 다양한 요소가 정당의 내적정체성 형성과 관련될 수 있다. 여기서는 활용 가능한 자료의 제약으로 인해 두 가지 정당내적요인을 활용하고자 한다. 정당내적요인은 각 정당들에 의해 유권자에게 제시되는 사회적 대안(alternative)들로써 서구 정당의 태생적 배경이 되었던 사회균열의 한 축과 같이 정당이 대표하고자 하는 정당의 정체성과 관련된 요인들이라 할 수 있다. 서구 정당이 안정적 지지기반을 확보할 수 있었던 배경이 이러한 대안을 통해 유사한 정책적 선호를 지닌 유권자 집단을 동원했다는 점을 고려할 때 정당내적요인은 그만큼 장기적이고 지속적인 정당과 유권자의 연계성 발전에 기여할 것으로 보인다. 유권자의 정당일체감과 지지정당 결정에 영향을 미칠 것으로 예상되는 정당내적요인 가운데 본 연구에서 주목하는 요인은 각 정당의 '정책과 이념'과 '지도자의 능력과 자질'이다. 이 두 요

---

[6] 정당외적요인에 따른 유권자와 정당 사이의 연계성은 일시적이고 단기적임에도 불구하고 그러한 연계성이 일관성을 지니면서 일정한 패턴을 형성하는 정도로 축적되는 경우에는 정당의 안정적 지지기반 형성에 기여할 것으로 예상할 수 있다.

인에 초점을 두는 이유는 이들이 지닌 유권자에 대한 현시성(saliency) 때문이다. 루피아(Lupia 1994)에 따르면 유권자들은 선거 시기에 각 정당의 정책들에 대한 구체적인 정보를 획득하기보다는 다양한 정보를 요약적으로 (information shortcut) 해석하기 위해 정당 명칭(party label)을 이용한다. 유권자들은 자신들에게 쉽게 관측되는 정당 명칭을 통해 각 정당이 제시하는 구체적인 정책을 이해한다는 것이다. 그러나 한국과 같이 선거 때마다 정당 명칭이 빈번히 변경되는 경우 유권자들이 정당 명칭을 정보 요약처로 이용할 것인가는 경험적 검증이 필요한 문제일 것이다. 오히려 정보통신 기술의 발달로 인해 각 정당의 홈페이지에 대한 유권자들의 접근의 용이함 및 각 정당들이 '정책과 이념'의 선전 공간으로써 홈페이지를 이용한다는 점을 고려하여 정당내적요인 가운데 하나로 '정책과 이념'을 이용하고자 한다.

유권자들에 대한 현시성이 뛰어난 또 다른 정당내적요인으로는 '정당 지도자'를 들 수 있다. 한국은 후보자의 선출과정을 포함한 선거운동 전 과정을 통해 정당 지도자가 매스미디어 및 직접적 접촉을 통해 유권자에게 빈번하게 노출된다는 점에서 '지도자의 능력과 자질' 역시 유권자가 정당을 이해하는 중요한 정보가 될 것이라고 생각할 수 있는 것이다. 또한 한국의 정당들이 시민사회에 뿌리 내리지 못한 간부정당(cadre party)적 조직의 특성을 여전히 지니고 있다는 강원택(2008, 110)의 주장 역시 각 정당 '지도자의 능력과 자질'이 유권자들이 각 정당을 평가하는 중요한 정당내적요인이 될 수 있음을 보여준다.

그러면 정당내적요인과 정당외적요인들은 한국 유권자들의 정당호감도와 지지정당 결정행태에 어떠한 영향을 미치고 있는 것인가? 〈그림 4-1〉은 이에 대한 가설을 간단한 모형화를 통해 보여준다. 예를 들어 정당외적요인과 정당호감도, 또는 정당외적요인과 지지정당 결정행태 사이의 화살표 방향은 기존 연구를 통해 주장되었듯이 정당외적요인에 따라 한국 유권자들의 정당호감도 및 지지정당 결정행태가 변화할 수 있음을 의미한다.

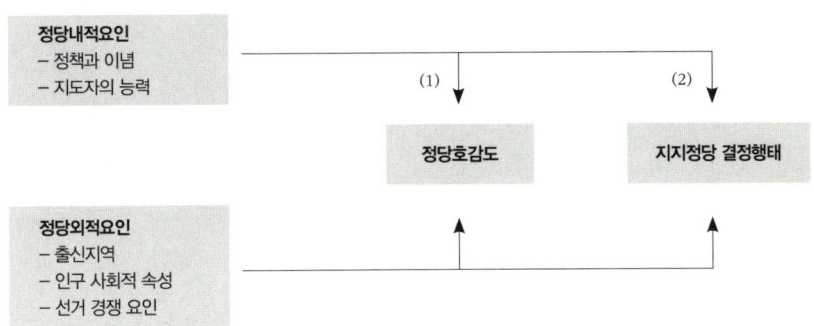

〈그림 4-1〉 유권자의 정당호감도 및 지지정당 결정행태의 동학

〈그림 4-1〉에서 본 연구의 핵심 가설을 (1)과 (2)로 표시하고 있다. 여기서 주의할 점은 각 가설에 고려되는 유권자들은 전체 유권자가 아닌 제19대 총선에서 각 정당에 투표한 유권자를 의미한다. 첫 번째의 가설은 정당내적요인에 따른 유권자의 정당호감도의 변화에 관한 것이다. 예를 들어, 특정 정당에 반대하는 유권자의 경우에도 선거에서 그 정당의 '정책과 이념'으로부터 강력한 영향을 받을 수 있을 것이다.[7] 이 경우 정당의 '정책과 이념'이 유권자 본인의 이념 및 정책적 선호와는 다르기 때문에 '정책과 이념'

---

7 '정책과 이념'의 영향력에 대한 유권자의 평가를 측정하기 위해 사용된 설문문항은 다음과 같다. "선생님께서 비례대표 정당으로 OOO당(문04의 응답)에게 투표하기로 결정하실 때, 'OOO당(문04의 응답)의 정책 및 이념'이 얼마나 영향을 주었습니까? '전혀 영향을 주지 않았다'를 0, '보통이다'를 5, '매우 많이 영향을 주었다'를 10으로 할 때, 0에서 10 사이의 숫자로 말씀해 주세요."

에 강하게 영향을 받은 경우일수록 그 정당의 당파성에 강하게 반대하게 된다. 이에 반해, 특정 정당을 지지하는 유권자의 경우 '정책과 이념'으로부터 강하게 영향을 받을수록 그 정당을 지지하는 당파적 입장을 강화, 견지할 것을 예상할 수 있다. 따라서 '정책과 이념' 및 '지도자의 능력과 자질'[8]과 같은 정당내적요인이 유권자에게 미치는 영향을 고려하는 경우 분석대상을 유권자 전체가 아닌 각 정당의 지지 유권자로 한정할 필요가 있는 것이다. 이와 같은 논의는 유권자의 정당호감도와 관련된 다음의 두 가지 핵심가설로 정리될 수 있다.

〈가설1: 정책과 이념과 정당호감도〉

민주통합당을 지지하는 유권자들을 비교할 경우, 민주통합당의 '정책과 이념'으로부터 더 강한 영향을 받을수록 민주통합당에 대한 호감도는 더 높아지는 경향을 보일 것이다. 새누리당을 지지하는 유권자들을 비교하는 경우에도 이와 유사한 예측이 가능할 것이다.

〈가설2: 지도자의 능력과 자질과 정당호감도〉

민주통합당을 지지하는 유권자들을 비교할 경우, 민주통합당의 '지도자의 능력과 자질'로부터 더 강한 영향을 받을수록 민주통합당에 대한 호감도는 더 높아지는 경향을 보일 것이다. 새누리당을 지지하는 유권자들을 비교하는 경우에도 이와 유사한 예측이 가능할 것이다.

---

[8] '지도자의 능력과 자질'의 영향력에 대한 유권자의 평가를 측정하기 위해 사용된 설문문항은 다음과 같다. "'OOO당 (문04의 응답) 지도부의 능력과 자질'이 비례대표를 뽑는 정당투표 결정에 얼마나 영향을 주었습니까? 0에서 10 사이의 숫자로 말씀해 주세요."

본 연구의 두 번째 핵심가설은 〈그림 4-1〉의 (2)에 나타난 것으로 정당내적요인이 유권자의 지지정당 결정행태에 미치는 영향에 관한 것이다. 이 경우 역시 정당내적요인의 영향력이 정당을 지지하는 유권자와 정당을 지지하지 않는 유권자 사이에 상반된 방향으로 작용한다는 점을 고려할 때, 유권자의 지지정당 결정행태와 관련한 다음의 두 가지 가설이 제기된다.

〈가설3: 정책과 이념과 지지정당 결정행태〉

민주통합당을 지지한 유권자를 비교할 경우, 민주통합당의 '정책과 이념'으로부터 더 강한 영향을 받을수록 민주통합당에 대한 정당 지지를 변경하지 않고 유지할 가능성이 더 높아지는 경향을 보일 것이다. 새누리당을 지지하는 유권자들을 비교하는 경우에도 이와 유사한 예측이 가능할 것이다.

〈가설4: 지도자의 능력과 자질과 지지정당 결정행태〉

민주통합당을 지지한 유권자를 비교할 경우, 민주통합당의 '지도자의 자질과 능력'으로부터 더 강한 영향을 받을수록 민주통합당에 대한 정당 지지를 변경하지 않고 유지할 가능성이 더 높아지는 경향을 보일 것이다. 새누리당을 지지하는 유권자들을 비교하는 경우에도 이와 유사한 예측이 가능할 것이다.

유권자의 정당호감도 및 정당지지 행태에 관한 경험적 분석

데이터 및 변수의 기술(description)

본 연구의 분석대상은 제1차 패널조사에서 제17대 대선 당시 지지한 후보에 대한 질문과 제2차 패널조사에서 제19대 총선에서 지지한 정당에 대한 질문에 동시에 응답한 1,732명의 유권자 가운데 민주통합당을 지지한 유권자는 587명(34.01%)과 새누리당을 지지한 유권자는 750명(43.59%)으로 이루어진 두 유권자 집단이다.[9]

본 연구에서 검증하고자 하는 네 가지 가설은 두 가지 서로 다른 종속변수를 가정하고 있다. 하나는 각 정당을 지지한 유권자들이 지지정당에 대해 지닌 정당호감도이며, 다른 하나는 제19대 총선에서 각 정당에 투표한 유권자가 제17대 대선에서 동일한 정당을 지지하였는가의 여부이다. 앞에서 언급하였듯이 유권자의 정당호감도는 0~10 사이의 각 정당선호 강도[10]를 통해 측정되었다. 민주통합당을 지지한 유권자 집단의 평균적 정당호감도는 6.24, 새누리당을 지지한 유권자 집단의 평균적 정당호감도는 7.42였다. 따라서 민주통합당과 새누리당을 지지한 유권자 집단 모두 각 정당에 대한 호감도가 상당히 강하다는 것을 알 수 있었다. 또한 두 집단 사이의 차이는 1.18로 새누리당을 지지하는 유권자 집단이 민주통합당을 지지하는 유권자 집단보다 더 강한 정당호감도를 지닌 것을 알 수 있었.

---

[9] 본 연구에 사용된 자료에서 민주통합당과 새누리당 지지유권자의 위와 같은 비율은 2012년 총선에서 실제 두 정당이 득표한 36.5%와 42.8%와 상당히 유사하다는 점에서 이용된 자료가 모집단에 대한 대표성이 높음을 보여준다.
[10] 0에 가까워질수록 정당호감도의 강도가 낮고, 10에 가까워질수록 정당호감도의 강도가 높음을 의미한다.

그러면, 각 정당에 투표한 유권자 집단 내에서 지역별로 차별적인 정당호감도를 보여주는가? 〈표 4-1〉의 결과는 두 가지 흥미로운 사실을 보여준다. 첫째, 모든 출신지역에 걸쳐 새누리당에 투표한 유권자 집단의 새누리당에 대한 정당호감도가 민주통합당에 투표한 유권자 집단의 민주통합당에 대한 정당호감도에 비해 높다. 특히, 대전/충청, 대구/경북, 부산/울산/경남 이렇게 세 지역 출신 유권자들의 경우 새누리당을 지지하는 유권자들의 새누리당에 대한 정당호감도는 민주통합당을 지지하는 유권자들의 민주통합당에 대한 정당호감도의 강도와 비교할 때 통계학적으로 유의미한 차이[11]를 보이고 있다. 둘째, 더욱 흥미롭게도 각 정당에 투표한 유권자집단 내에서는 출신지역별로 정당호감도의 유의미한 차별성이 목격되지 않았다. 예를 들어 민주통합당에 투표한 유권자 집단을 살펴보자. 일반적으로 지역주의 논의에 따르면, 광주/전라 출신으로 민주통합당에 투표한 유권자들의 민주통합당에 대한 정당호감도가 타 지역출신 민주통합당에 투표한 유권자들의 민주통합당에 대한 정당호감도보다 높을 것으로 예상할 수 있다. 그러나 민주통합당에 투표한 유권자들의 각 지역별 평균적 정당호감도의 수치는 광주/전라 출신이 가장 높지 않을 뿐 아니라 응답자의 수효 및 응답자 사이의 편차를 고려하여 계산된 정당호감도의 95% 신뢰구간은 광주/전라 출신 유권자와 타 지역 출신 유권자 사이에 유의미한 차이가 없음을 보여준

---

[11] 통계학적으로 유의미한지에 대한 여부는 〈표 4-1〉의 95% 신뢰구간을 통해 각 출신지역 유권자들 사이에 신뢰구간이 겹치는 부분이 있는지에 따라 판별할 수 있다. 만일 겹치는 부분이 있는 경우 평균에서 관찰되는 차이는 통계학적으로 유의미하지 않은 것인 반면 겹치는 부분이 없다면 평균에서 관찰되는 차이가 통계학적으로 유의미한 것이다. 예를 들어 민주통합당 지지유권자 집단 내에서는 모든 출신지역의 신뢰구간이 서로 겹치는 부분이 존재하기 때문에 평균에서 보이는 차이가 유의미하지 않은 반면, 새누리당 지지유권자 집단 내에서는 대구/경북 출신 유권자의 새누리당 호감도의 95% 신뢰구간과 서울 또는 광주/전라 출신 유권자의 95% 신뢰구간은 겹치는 부분이 없어 유의미한 평균적 차이를 보이는 것이다.

다. 동일한 결과가 새누리당에 투표한 유권자 집단 내에서도 관찰되었다. 이러한 결과는 한국 유권자의 정당일체감이 출신지역을 기반으로 형성되어 왔다는 기존의 주장(김영태 2009)과는 상당히 대치되는 결과라 할 수 있다

본 연구에서 사용하는 두 번째 종속변수는 제19대 총선의 비례대표 선거에서 투표한 정당을 기준으로 제17대 대선에서 투표한 후보의 정당과 일치하는 경우를 1, 일치하지 않는 경우를 0으로 코딩한 것이다. 이러한 코딩 방식은 대통령 선거와 국회의원 선거와 같은 선거유형이 달라지면서 작용할 수 있는 유권자들의 전략적 투표행태뿐만 아니라, 2표 병립제로 치러지는 한국 선거에서 비례대표 선거방식에 따른 정당지지에서 나타날 수 있는 전략적 투표(박찬욱 2009)를 고려하지 못하는 약점이 있다. 그럼에도 불구하고

〈표 4-1〉 출신지역별 각 당 지지유권자 사이의 정당호감도 평균 비교 (단위: 명)

	민주통합당		새누리당		차이
	평균1	95% 신뢰구간	평균2	95% 신뢰구간	평균(1-2)
서울	6.27 (82)	[5.89 : 6.64]	6.73 (82)	[6.29 : 7.17]	-0.46
인천/경기	6.30 (60)	[5.75 : 6.85]	7.17 (102)	[6.79 : 7.54]	-0.87
대전/충청	6.07 (70)	[5.58 : 6.51]	7.70 (110)	[7.28 : 8.12]	-1.63
광주/전라	6.33 (223)	[6.05 : 6.61]	6.94 (52)	[6.38 : 7.50]	-0.61
대구/경북	6.40 (43)	[5.80 : 6.99]	7.84 (194)	[7.55 : 8.12]	-1.44
부산/울산/경남	5.85 (74)	[5.43 : 6.27]	7.26 (149)	[6.95 : 7.57]	-1.41
강원/제주	6.88 (33)	[6.12 : 7.64]	7.79 (53)	[7.19 : 8.40]	-0.91
이북/기타/모름	6.00 (2)	[4.04 : 7.96]	7.50 (8)	[6.11 : 8.89]	-1.50

주) 0: 매우 싫다, 10: 매우 좋다

지지정당 변경 여부를 측정하기 위한 위와 같은 지표는 두 측면에서 본 연구에 더욱 부합하는 특징을 지닌다. 첫째, 제18대 총선과 제19대 총선에서 경쟁한 정당들의 명칭 및 수효의 변화로 인한 혼란을 피할 수 있다. 둘째, 제17대 대선과 제19대 총선 사이의 5년이라는 장기간에 걸친 지지정당의 변경 여부를 살펴볼 수 있는 장점을 지닌다.

〈표 4-2〉는 위와 같은 측정방안에 따른 정당지지행태의 변동 상황을 요약한 것이다. 총 분석대상인 1,732명의 유권자 가운데 지지정당을 변경한 유권자의 비율은 대략 43%에 해당하였다. 이러한 수치는 기타 군소정당을 포괄적으로 취급함으로써 지지정당을 변경한 유권자의 비율이 증가할 수 있음을 고려할 때 최소한의 비율이라고 할 수 있을 것이다. 40%가 넘는 유권자가 지지정당을 변경하였다는 사실은 제19대 총선결과 역시 이내영(2009, 40)의 주장처럼 한국 정당정치의 불안정성 및 선거정치의 변동성을 보여주고 있는 것이라 할 수 있다. 또 한 가지 흥미로운 점은 다른 정당들에 비해 새누리당 지지유권자들의 변동성(volatility)이 매우 낮다는 것이다.

〈표 4-2〉 정당지지 변동성: 제17대 대선 지지후보 정당과 제19대 총선 지지정당 (단위: %, (명))

제17대 \ 제19대	민주통합당	새누리당/한나라당	통합진보당/민주노동당	기타	합계
민주당	64.6 (281)	6.7 (29)	25.3 (110)	3.5 (15)	100 (435)
새누리당/한나라당	19.5 (181)	69.0 (640)	4.9 (45)	6.6 (61)	100 (927)
통합진보당/민주노동당	22.4 (15)	3.0 (2)	59.7 (40)	14.9 (10)	100 (67)
기타	37.0 (112)	27.7 (84)	24.8 (75)	10.6 (32)	100 (517)
합계	34.0 (589)	43.6 (755)	15.6 (270)	6.8 (118)	100 (1,732)

새누리당 지지유권자들의 경우 15% 정도의 변경비율을 보여줌으로써 전체 유권자의 변동비율에 비해 상당히 낮은 수치의 변동비를 보여주고 있는 것이다.

〈표 4-3〉은 제19대 총선에서 각 정당에 투표한 유권자 집단을 제17대 대선에서 투표한 후보의 정당을 살펴봄으로써 지지정당을 유지한 집단과 변경한 집단으로 구분한 것이다. 또한 각 정당의 지지유권자 집단에서의 이러한 구분을 출신지역별로 나눈 것이다. 〈표 4-3〉의 결과는 각 정당을 지지한 유권자들 내에서 지지정당을 유지한 집단과 변경한 집단의 지지정당에 대한 정당호감도가 출신지역에 따라 달라지지 않음을 보여준다. 예를 들어 제

〈표 4-3〉 출신지역에 따른 지지정당 변경 여부 및 정당호감도 (단위: (명))

	민주통합당 호감도		새누리당 호감도	
	지지정당 변경	지지정당 유지	지지정당 변경	지지정당 유지
서울	6.96 (51)	7.77 (31)	6.27 (11)	8.01 (72)
인천/경기	7.12 (33)	7.52 (27)	7.12 (17)	8.38 (85)
대전/충청	6.57 (37)	7.64 (33)	8.30 (23)	8.84 (88)
광주/전라	6.92 (83)	7.61 (141)	8.21 (14)	7.84 (38)
대구/경북	7.19 (26)	7.71 (17)	8.80 (20)	8.86 (175)
부산/울산/경남	6.98 (55)	6.75 (20)	8.40 (20)	8.24 (129)
강원/제주	7.68 (22)	8.27 (11)	7.20 (10)	9.25 (44)
이북/기타/모름	6.00 (1)	8.00 (1)		8.89 (9)
사례수	(308)	(281)	(115)	(640)

주) 0: 매우 싫다, 10: 매우 좋다

19대 총선에서 민주통합당에 투표한 유권자 집단의 경우 제17대 대선에서는 다른 정당 후보에 투표했던 유권자들은 6(이북/기타)에서 7.19(대구/경북)의 범위 안에서 민주통합당에 대한 호감도의 변화를 보여주지만 이러한 차별성이 통계학적으로 유의미하지 않았다. 이와 유사하게 두 선거를 통해 민주통합당에 대한 지지를 변경하지 않았던 유권자 집단에서 역시 출신지역별 차이가 발견되지 않았으며 제19대 총선에서 새누리당에 투표한 유권자들 가운데 지지정당을 변경한 유권자들과 유지한 유권자들 사이에서도 정당호감도는 출신지역에 따라 유의미한 차이가 드러나지 않았다.

지금까지 본 연구의 네 가지 가설 검증을 위해 이용될 두 종속변수인 정당호감도와 정당지지변경 여부를 유권자의 출신지역별, 지지정당별로 살펴보았다. 엄밀한 검증이 이루어지지 않았지만 위에서 제시된 자료의 분포 상황은 일반적으로 예상되는 것과 달리 각 정당의 지지유권자 집단 내에서 정당호감도는 출신지역에 따라 차별적이지 않다는 것을 보여준다는 점에서 매우 흥미로운 결과라 하겠다.

그러면 정당내적요인에 해당하는 두 가지 주요 독립변수인 '정책과 이념' 그리고 '지도자의 능력과 자질'로부터 유권자가 받은 영향력과 각 정당에 투표한 유권자 사이에 정당호감도 및 지지정당 변경 여부와의 관계는 어떠한가? 두 독립변수는 모두 거의 영향을 받지 않았음을 의미하는 0부터 매우 영향을 받았음을 의미하는 10 사이의 등간 척도(interval scale)를 이용하여 측정되었다. 〈그림 4-2〉는 각 정당을 지지한 유권자들이 지닌 정당호감도와 두 변수와의 관계를 산점도(scatter plot)로 표현한 것이다. 또한 각 산점도 내부에는 두 변수 사이의 최적합(fitting)의 관계를 직선으로 표현하였다. 〈그림 4-2〉의 위의 두 그림은 민주통합당을 지지한 유권자 집단 내에서 정당 호감도(DUP Identification)와 정책영향력(DUP Policy Impact)에 대한 유권자의 평가, 정당지도자 영향력(DUP Leader Impact)에 대한 유권자의 평가와의 관계에 해당하며, 〈그림 4-2〉의 아래의 두 그림은 새누리당을 지지한 유권자 집단 내에서의 두 가지 관계에 해당한다. 〈그림 4-2〉에 따르면, 각 정당에 투표한 유권자들은 각 정당의 정책과 지도자의 능력 및 자질로부터 영향을

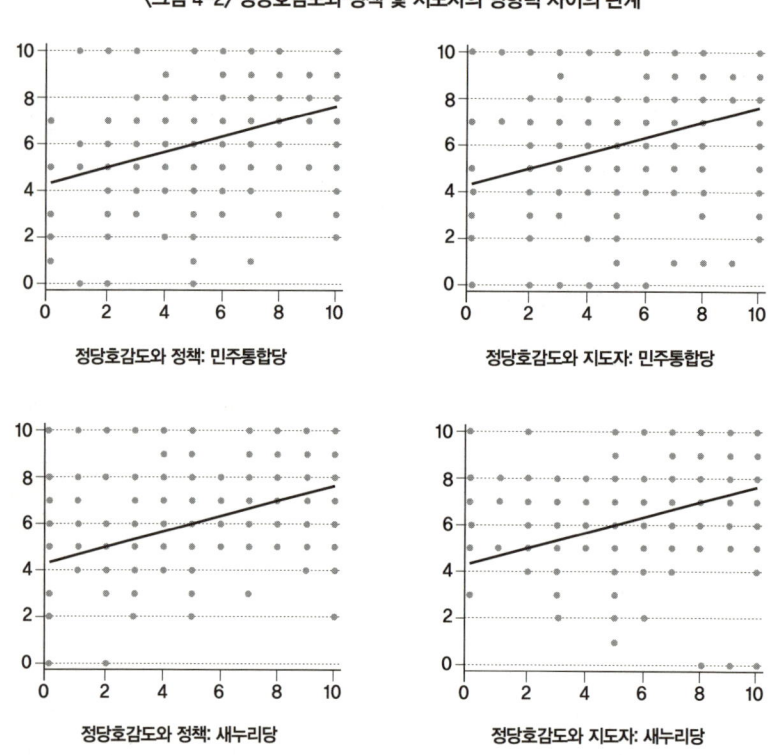

〈그림 4-2〉 정당호감도와 정책 및 지도자의 영향력 사이의 관계

주) 민주통합당에 대한 정당호감도(DUP Identification), 새누리당에 대한 정당호감도(NFP Identification), 정책영향력(DUP Policy Impact), 지도자영향력(DUP Leader Impact), 새누리당 정책영향력(NFP Policy Impact), 새누리당 지도자영향력(NFP Leader Impact)

받았다고 응답했을수록 지지정당에 대한 정당호감도가 높다는 것을 보여준다. 이러한 결과는 한국 유권자 사이에 정당호감도가 정당내적요인에 의해 형성되고 있는 가능성을 제시하고 있다.

〈표 4-4〉는 제19대 총선에서 민주통합당과 새누리당에 투표한 유권자 집단을 제17대 대선에서 투표한 후보의 정당으로부터 지지정당을 변경한 경우와 유지한 경우로 구분하고, 각각의 경우에 각 정당의 정책과 지도자로부터 받은 영향력의 평균을 비교한 것이다. 정책과 지도자의 영향력에 대한 유권자의 평가가 정당호감도와는 정(+)의 상관관계를 보인 것과는 달리, 〈표 4-4〉의 결과는 정당의 정책과 지도자의 능력과 자질이 유권자가 지속적으로 특정 정당에 투표하는 행태에 유의미한 영향력을 미치지 못하고 있음을 보여 준다.[12] 단지 새누리당 지지유권자 집단 내에서 지지정당을 변경한 유권자와 그렇지 않은 유권자 사이에 '정책과 이념' 영향력 평균의

〈표 4-4〉 각 정당의 정책과 지도자의 영향력 평균 비교

		정책과 이념 영향력		지도자의 능력과 자질의 영향력	
		사례수	평균 [95%신뢰구간]	사례수	평균 [95%신뢰구간]
민주통합당	정당지지 변경유권자	302	5.71 [5.44 : 5.98]	300	5.36 [5.12 : 5.61]
	정당지지 유지유권자	276	5.95 [5.68 : 6.23]	274	5.66 [5.38 : 5.94]
t검정 통계량		-1.25 (p<0.21)		-1.57 (p<0.12)	
새누리당	정당지지 변경유권자	111	6.19 [5.67 : 6.71]	112	6.83 [6.36 : 7.30]
	정당지지 유지유권자	617	6.78 [6.58 : 6.99]	616	6.88 [6.70 : 7.06]
t검정 통계량		-2.20 (p<0.03)**		-0.20 (p<0.84)	

주) ** p<0.05

[12] 통계학적 유의미성에 대해서는 각주 5와 동일한 방식을 적용해 볼 것.

차이만이 통계학적으로 유의미하였다.

아래에서는 정당내적요인과 정당호감도 및 지지정당 변경 여부와의 위와 같은 관계가 정당외적요인인 지역 변수 이외에 인구사회학적 변수, 선거경쟁 맥락과 관련된 변수를 통제한 후에도 관찰되는지를 살펴보도록 하겠다.

통계학적 분석 결과

정당내적요인이 유권자의 정당호감도 및 지지정당 변경 여부에 미치는 영향력을 검증하기 위하여 두 가지 서로 다른 회귀분석을 시행하였다.[13]

〈표 4-5〉는 각각 정당내적요인이 각 정당에 투표한 유권자들 사이의 정당호감도의 변화에 미치는 영향력을 검증한 것이다. 〈표 4-5〉는 정당외적요인 가운데 유권자의 인구사회학적 속성 및 출신지역과 선거경쟁 맥락을 반영하는 변수들을 고려한 선거경쟁모형, 그리고 정당내적요인의 영향력을 추가한 정당모형 각각에 대한 결과를 보여준다. 각 분석의 정당모형에서 분석개체수가 다른 모형에 비해 달라지는 이유는 '정책과 이념'이나 '지도자의 능력과 자질' 변수에서 결측값(missing observations)이 발생했기 때문이다.

〈표 4-5〉의 결과는 여섯 가지 흥미로운 결과를 보여준다. 우선 〈표 4-5〉의 결정계수(R-Squared statistic)는 두 정당 모두에서 선거경쟁모형에 비해 정

[13] 정당내적요인이 각 정당 지지유권자들의 정당호감도 변화에 미치는 영향력을 분석하기 위해서는 보통최소제곱회귀분석법(Ordinary Least Square Regression Method, OLS)을, 지지정당 변경 여부에 미치는 영향력을 분석하기 위해서는 로짓회귀분석(Logit Regression)을 시행하였다.

당내적요인을 고려함으로써 각 정당 지지자들의 정당호감도의 변량에 대한 설명력이 상당히 높아짐을 보여준다. 특히 민주통합당을 지지한 유권자들의 정당호감도의 경우 선거경쟁모형에 비해 정당모형이 15% 이상의 정당호감도의 변량을 더 설명할 수 있었다.

둘째, 인구학적 변수 가운데 성별은 민주통합당에 투표한 유권자들 사이의 정당호감도의 변화에 유의미한 영향력을 미치는 것으로 드러났다. 성별 변수가 갖는 정(+)의 회귀계수(regression coefficient) 값은 민주통합당에 투표한 유권자 가운데 남성이 여성에 비해 민주통합당에 대한 정당호감도가 강한 경향이 있음을 의미한다. 반면 이러한 성별의 영향력이 새누리당 지지유권자들 사이에서는 관찰되지 않았다. 또 다른 인구학적 변수로서 최근 한국 선거분석에서 제기되었던 연령효과(최준영·조진만 2005)는 본 연구를 통해 관찰되지 않았다. 각 당에 투표한 유권자들 사이에서 지지정당에 대한 호감도는 나이에 따라 큰 변화가 없는 것이다.

셋째, 각 정당에 투표한 유권자들 사이의 정당호감도의 변화는 선거경쟁 맥락을 반영하는 일시적 요인들도 중요하게 작용하고 있음을 알 수 있었다. 지지정당 결정시기 변수의 회귀계수가 보이는 음(-)의 값은 각 당에 투표한 유권자들 가운데 지지할 정당을 투표일 직전에 근접하여 결정할수록 정당호감도가 낮다는 사실을 보여준다. 또한 민주통합당에 투표한 유권자들의 경우 야권연대에 반대할수록 정당호감도가 낮은 반면 새누리당에 투표한 유권자들의 경우 야권연대에 반대할수록 정당호감도가 높다는 것을 알 수 있었다. 단지 민주통합당에 투표한 유권자들 가운데 제19대 총선이 이명박 정권에 대한 심판이라고 생각하는 사람과 그렇지 않은 사람 사이에 정당호감도는 유의미한 차이가 관찰되지 않았다. 이는 특정 야당에 투표하는 유권자들의 정당호감도는 여당 또는 여당 출신 대통령의 수권능력 평가에 의해 영향 받지 않음을 의미한다.

넷째, 지역주의와 관련하여 〈표 4-5〉의 민주통합당에 투표한 유권자들 사이에는 출신지역별로 정당호감도의 차별성이 목격되지 않았다. 반면 새누리당에 투표한 유권자들 사이에는 대구/경북 지역을 제외하고는 다른 모든 지역 출신 유권자들은 충청/강원/제주/이북이라는 비교 기준 지역에서 새누리당에 투표한 유권자보다 새누리당에 대한 정당호감도가 낮은 것으로 나타났다. 이는 비교집단으로 활용되고 있는 충청/강원 출신으로 새누리당에 투표한 유권자의 정당호감도 평균이 7.7, 이북 출신으로 새누리당에 투표한 유권자의 정당호감도 평균이 7.5로 다른 지역 출신으로 새누리당에 투표한 유권자보다 상대적으로 높은 정당호감도를 보였던 설문자료의 특성에서 기인한 것으로 보인다. 오히려 여기서 간과해서 안 될 점은 각 정당에 투표한 유권자들의 정당호감도에 근거할 때 호남-민주통합당, 영남-새누리당과 같은 방식으로 지역과 정당을 등치시키는 기존의 주장은 타당하지 않다는 것이다.

마지막으로 가장 중요한 결과로서 본 연구의 첫 번째와 두 번째 가설이 지지됨을 알 수 있었다. 〈표 4-5〉의 결과는 제19대 총선에서 민주통합당과 새누리당에 투표한 유권자 모두에게서 각 당의 '정책과 이념', '지도자의 능력과 자질'에 영향을 많이 받은 유권자일수록 투표한 정당에 대한 정당호감도가 증가하고 있음을 알 수 있었다. 또한 민주통합당에 투표한 유권자의 정당호감도는 '정책과 이념', '지도자의 능력과 자질'로부터 동일한 정도의

<표 4-5> 정당호감도 결정요인: OLS 회귀분석

변수		민주통합당 지지자 정당호감도		새누리당 지지자 정당호감도	
		선거경쟁모형	정당모형	선거경쟁모형	정당모형
		계수 (표준오차)	계수 (표준오차)	계수 (표준오차)	계수 (표준오차)
정당내적요인					
	정책과 이념		0.21 (0.04)**		0.15 (0.03)**
	지도자의 자질과 능력		0.21 (0.04)**		0.07 (0.04)*
정당외적요인					
출신지역	서울	-0.30 (0.30)	-0.11 (0.27)	-0.76 (0.24)**	-0.74 (0.24)**
	인천/경기	-0.02 (0.32)	-0.03 (0.30)	-0.46 (0.22)**	-0.51 (0.22)**
	광주/전라	-0.01 (0.24)	-0.05 (0.22)	-0.75 (0.28)**	-0.84 (0.29)**
	대구/경북	-0.13 (0.36)	-0.03 (0.33)	-0.06 (0.19)	-0.18 (0.19)
	부산/경남	-0.51 (0.30)*	-0.30 (0.28)	-0.47 (0.20)**	-0.60 (0.20)**
선거경쟁 맥락	정권심판/집권당 만족	0.11 (0.03)**	0.01 (0.03)	0.36 (0.03)**	0.25 (0.04)**
	지지결정시기	-0.21 (0.07)**	-0.20 (0.06)**	-0.22 (0.05)**	-0.17 (0.06)**
	야권연대 반대	-0.34 (0.10)**	-0.40 (0.10)**	0.23 (0.08)**	0.15 (0.08)*
인구사회적 속성	성별	0.42 (0.17)**	0.29 (0.16)*	0.09 (0.14)	0.08 (0.14)
	나이	-0.06 (0.08)	-0.09 (0.07)	0.07 (0.06)	0.08 (0.06)
	교육수준	-0.18 (0.08)**	-0.21 (0.08)**	0.03 (0.06)	-0.00 (0.06)
	소득수준	0.08 (0.05)	0.06 (0.05)	-0.03 (0.04)	-0.01 (0.04)
	유권자 이념	-0.02 (0.11)	0.08 (0.10)	0.05 (0.09)	0.07 (0.09)
	상수	6.62 (0.67)**	5.38 (0.65)**	4.12 (0.55)**	3.72 (0.55)**
사례수		587	568	750	716
R-Squared 통계량		0.09	0.24	0.28	0.33

주) * $p<0.1$, ** $p<0.05$

영향을 받고 있는 반면, 새누리당에 투표한 유권자의 경우는 '정책과 이념' 이 '지도자의 능력과 자질'보다 두 배 정도 강하게 정당호감도에 영향을 주고 있는 것으로 나타났다.

결국 〈표 4-5〉의 결과는 제19대 총선에서 새누리당과 민주통합당에 투표한 각 유권자 집단 내에서 정당호감도의 변화는 성별, 교육수준 및 지역과 같이 기존 문헌을 통해 주장되었던 변수들의 영향을 받을 뿐 아니라 더욱 중요하게는 각 정당의 '정책과 이념' 및 '지도자의 능력과 자질'과 같이 각 정당이 유권자에게 제시하는 대안들로부터 영향을 받는 정도에 따라 유권자들의 정당호감도가 달라진다는 점을 보여준다. 이러한 결과는 민주화 이후 한국 정당들이 조직적으로 성숙화하는 과정에서 일정 정도 유권자들과 심리적인 연계성을 발전시킬 수 있는 대안을 마련해 가고 있음을 함의하는 것이라 하겠다.

그러나 〈표 4-5〉의 결과는 정당내적요인이 유권자의 투표행태에도 직접적으로 영향을 미치고 있다는 것을 의미하지는 않는다. 이를 위해서는 유권자의 지지정당 변경 여부에 관한 독립적인 분석이 필요하다. 〈표 4-6〉은 유권자의 지지정당 결정행태에 영향을 미치는 정당외적요인들의 영향을 통제한 채 정당내적요인의 독자적인 영향력을 검증한 것이다. 특히 세 번째와 네 번째 가설을 검증하기 위하여 제19대 총선에서 민주통합당과 새누리당을 지지한 유권자들 각각이 제17대 대선 당시 지지한 후보가 소속한 정당으로부터 이탈했는지의 여부를 종속변수로 이용하였다.

정당외적요인의 영향력을 살펴볼 때 〈표 4-6〉의 결과는 기존 문헌의 발견과 거의 동일한 결과를 보여주고 있음을 알 수 있다. 우선 인구사회학적 요인을 살펴볼 때 제19대 총선에서 민주통합당에 투표한 유권자들은 교육수준과 소득수준으로부터 유의미한 영향을 받는 것으로 나타났다. 특히 교육변수의 음(-)의 회귀계수는 제19대 총선에서 민주통합당에 투표한 유권자들 가운데 교육수준이 높은 유권자일수록 제17대 대선에서는 민주당 출신 후보에게 투표했을 확률보다 투표하지 않았을 확률이 더 크다는 것을 의미한다. 이는 제19대 총선에서 교육수준이 높은 유권자일수록 민주통합당

〈표 4-6〉 지지정당 결정행태 분석 로짓 모형

지지정당 변동 (=0), 유지(=1) 변수		민주통합당 투표유권자		새누리당 투표유권자	
		계수 (표준오차)	승산비 (odds ratio)	계수 (표준오차)	승산비 (odds ratio)
정당내적요인					
	정책과 이념	-0.01 (0.05)	0.99	0.08 (0.05)*	1.09
	지도자의 자질과 능력	0.04 (0.05)	1.04	-0.09 (0.06)	0.92
정당외적요인					
출신지역	서울	-0.14 (0.32)	0.87	0.59 (0.40)	1.80
	인천/경기	0.29 (0.34)	1.33	0.32 (0.36)	1.38
	광주/전라	0.94 (0.26)**	2.56	-0.23 (0.41)	0.79
	대구/경북	-0.04 (0.39)	0.96	0.73 (0.33)**	2.08
	부산/경남	-0.58 (0.34)*	0.56	0.57 (0.33)*	1.77
선거경쟁 상황	지지 결정시기	-0.24 (0.08)**	0.78	-0.14 (0.09)	0.87
	야권연대에 부정적	-0.19 (0.12)	0.83	-0.01 (0.14)	0.99
	야당견제에 동의	-0.28 (0.17)*	0.76	0.65 (0.24)**	1.92
인구사회적 속성	성별	0.07 (0.19)	1.07	-0.26 (0.22)	0.77
	나이	0.10 (0.08)	1.10	0.30 (0.10)**	1.35
	교육수준	-0.22 (0.09)**	0.80	0.03 (0.10)	1.02
	소득수준	0.10 (0.06)*	1.10	0.02 (0.07)	1.02
	유권자 이념	-0.09 (0.12)	0.92	0.14 (0.15)	1.15
상수		0.79 (0.77)		-0.79 (0.96)	
사례수		568		715	
Log Likelihood		-358.21		-285.92	

주) * p<0.1, ** p<0.05

지지로 돌아섰을 확률이 더 높다는 사실을 반영할 뿐 아니라 제19대 총선에서 민주통합당에게 투표한 유권자 가운데 교육수준이 낮은 유권자들은 쉽게 지지를 변경하지 않을 가능성이 더 높은 경향이 있음을 함의한다. 이에 반해 제19대 총선에서 새누리당에 투표한 유권자들은 교육보다는 나이와 관련이 높았다.

정당외적요인 가운데 선거경쟁 이슈 역시 지지정당 결정행태에 유의미한 영향을 미치고 있었다. 특히 〈표 4-5〉의 정당호감도 분석결과와 유사하게 제19대 총선에서 민주통합당에 투표한 유권자들 가운데 지역구 선거에서 지지할 후보를 일찍 결정했을수록 제17대 대선에서 민주당 후보에게 투표한 경향이 높음을 알 수 있었다. 반면에 제19대 총선에서 새누리당에 투표한 유권자들의 경우 제19대 총선에서 거대야당의 등장을 견제해야 한다는 주장에 동조할수록 제17대 대선에서 새누리당 후보에게 투표했음을 알 수 있었다. 이러한 결과는 정당에 대한 지지가 확고할수록 선거경쟁의 이슈에 의해 지지정당을 변경하기보다는 지속적으로 한 지지정당을 지지하는 경향이 있음을 보여준다.

정당외적요인 가운데 가장 흥미로운 변수는 지역변수에 해당한다. 제19대 총선에서 민주통합당과 새누리당에 투표한 유권자들 모두 출신지역에 따라 지지정당의 변경 여부가 확연히 다르다는 점을 보여준다. 민주통합당에 투표한 유권자들은 광주/전라지역 출신일수록 비교의 기준으로 삼은 충청/강원지역 출신 유권자들에 비해 민주통합당에 대한 지지를 변경하지 않을 확률이 변경할 확률에 비해 2.56배 높으며, 새누리당에 투표한 유권자들은 대구/경북지역 출신일수록 비교대상 지역인 충청/강원지역 출신 유권자들에 비해 새누리당에 대한 지지를 변경하지 않을 확률이 변경할 확률에 비해 2.08배 높았다. 특히 부산/경남 출신 유권자들의 결과가 흥미롭다. 민주통합당에 투표한 유권자들 가운데 부산/경남 출신이 보여주는 0.56의 승산비(oods ratio)는 충청/강원지역 출신 유권자들에 비해 민주통합당에 대한 지지를 유지했을 확률이 변경했을 확률보다 낮음을 의미한다. 이는 민주통합당의 부산/경남지역에서의 선전을 의미하는 것으로 제19대 총선에서의 민주통합당에 대한 부산/경남지역 유권자들의 투표는 충청/강원지역 유권자들의 투표와 비교할 때 제17대 대선에서 민주당 후보에게 투표하지 않았던 유권자들로부터 이루어졌음을 의미한다.

　마지막으로 본 연구에서 제시된 세 번째와 네 번째 가설의 검증과 관련하여 〈표 4-6〉의 결과는 각 정당의 정책 및 지도자의 자질과 같은 정당내적요인이 지지정당 변경 여부와 같은 유권자의 행태적 측면에 미치는 영향력은 미미함을 보여준다. 민주통합당 지지유권자와 새누리당 지지유권자 양자 모두에서 각 당의 '지도자의 능력과 자질'은 유권자들의 지지정당 변경 여부에 유의미한 영향력을 미치지 않았다. 예를 들어 새누리당 지도자의 능력과 자질이 제19대 총선에서 새누리당에 투표하는 데 큰 영향을 미쳤다고 평가한 유권자를 가정해 보자. 〈표 4-6〉의 결과는 이 유권자의 새누리당 지도자의 능력과 자질에 대한 평가가 제17대 대선과 제19대 총선에서 새누리당에 대한 지지를 유지하거나 변경하는 데 유의미한 영향력을 미치지 못했음을 보여준다. 반면 정당내적요인 가운데 새누리당에 투표한 유권자들에게서 '정책과 이념'에 대한 평가는 실질적으로 그 영향력이 크진 않으나 유일하게 통계학적으로 유의미한 영향을 지니고 있었다. '정책과 이념'의 승산비 1.09

는 제19대 총선에서 새누리당에 투표한 유권자들 가운데 새누리당의 '정책과 이념'이 자신의 지지정당 결정에 큰 영향을 미쳤다고 대답한 유권자들일수록 그렇지 않은 유권자들에 비해 제17대 대선과 제19대 총선 모두 새누리당에 투표했을 확률이 두 선거에서 지지정당을 변경했을 확률의 1.09배였음을 의미한다.

결론

본 연구는 민주화 이후 한국 선거분석의 지배적인 논리였던 지역과 정당의 등치현상이 최근 선거결과를 통해 약화되면서 예상되는 정당정치의 문제를 다루었다. 특히 유권자와 정당 사이의 직접적인 연계성이 약한 한국의 정당정치 발전의 역사를 고려할 때 한국 정당들의 지역기반 상실에 따른 한국 정당들의 새로운 지지기반 구축 가능성을 탐구하였다.

이를 위해 본 연구는 두 가지 측면에서 기존 연구와 차별적인 접근을 시도하였다. 첫째, 전체 유권자를 분석대상으로 하지 않고 제19대 총선에서 각 정당에 투표한 유권자 집단을 분석대상으로 하였다. 이러한 분석대상의 세분화는 한국 유권자들이 각 정당에 대해 지닌 정당호감도의 변화와 지지정당에 대한 투표행태의 변화에 대한 기존의 논의를 확대할 수 있을 것으로 보인다. 둘째, 한국 정당들이 지역과 정당 사이의 연계성 약화에 대응할 수 있는 두 가지 방식을 변화하는 유권자의 수요(demand)를 충족시키는 단기적 방식과 정당의 내적정체성 재정립에 따라 유권자를 동원하는 장기적

방식으로 구분하고 논의의 초점을 후자에 두었다. 이는 최근 다수의 연구가 유권자의 인구사회학적 속성 및 선거경쟁 환경의 변화에 따라 한국 정당들의 지지기반이 강화 또는 약화되는 현상을 다루고 있는 반면 정당의 정체성 재정립에 따른 유권자 동원에 대한 관심이 부족하다는 인식에 따른 것이다.

본 연구의 목적은 한국 정당의 전통적 지지기반이었던 지역의 역할이 감소하면서 정당의 내적정체성이 유권자들의 정당호감도 및 지지행태 유지에 기여할 것인가를 검증하는 것이었다. 정당의 내적정체성과 관련된 정당내적요인으로는 각 정당의 '정책과 이념'과 '지도자의 능력과 자질'이 유권자들의 지지정당 결정에 미치는 영향력을 활용하였다. '정책과 이념'은 각 정당이 당헌, 당규를 포함하여 선거경쟁 과정에서 유권자에게 제시하는 정책적 대안의 의미를 지닌다. 또한 '지도자의 능력과 자질' 역시 한국 선거 과정에서 각 정당 지도자의 역할을 고려할 때 유권자들이 정당들 사이의 차별성을 인식할 수 있는 요인에 해당하는 것이다. 이러한 두 요인은 또한 유권자가 쉽게 접근할 수 있을 뿐 아니라 언론매체 등을 통해 현시성이 두드러진 것으로 간주할 수 있다는 점에서 중요한 정당내적요인이라고 할 수 있는 것이다.

구체적으로 본 연구는 제19대 총선 과정에서 민주통합당과 새누리당에 투표한 유권자 집단 각각을 대상으로 정당내적요인이 정당호감도와 지지정당 변경 여부에 미치는 영향력을 분석하였다. 기존의 자료를 통해 획득하기 힘든 정당내적요인과 관련된 변수를 확보하기 위해 아산정책연구원에서 제19대 총선 및 제18대 대선 분석을 위해 기획한 패널조사 자료의 '정책과 이념'과 '지도자의 능력과 자질'로부터의 영향력에 대한 유권자의 평가에 관한 설문문항을 이용하였다. 그리고 이 두 변수가 제19대 총선에서 각 정당에 투표한 유권자들의 정당호감도의 변화와 지지정당 변경 여부에 미치는 독립적인 영향력을 검증하기 위해 기존 연구를 통해 한국 유권자들의 투표행태에 결정적 영향을 미치는 것으로 알려진 유권자의 출신지역, 유권자의 인구사회학적 요인, 선거경쟁 환경적 요인의 영향력을 통제하였다.

본 연구의 결과는 다음과 같이 간략히 정리될 수 있다. 첫째, 한국 정당들은 '정책과 이념', '지도자의 능력과 자질'을 통해 유권자들의 정당호감도와 같은 심리적 당파성 형성에 일정 정도 역할을 수행하고 있다. 반면 특정 정당을 지지한 유권자들을 사이에 출신지역별로 정당호감도의 차별성은 관찰되지 않았다. 둘째, 각 정당의 정책 및 지도자의 자질과 같은 정당내적요인은 유권자들의 지지정당 결정과 같은 투표행태에까지는 영향을 미치지는 못한다. 특정 정당에 대한 지속적인 투표행태는 기존의 발견과 유사하게 유권자의 출신지역에 따른 차별성이 관찰된다. 또한 선거캠페인 이슈와 같은 단기적 요인이 유권자의 투표행태에 유의미한 영향을 미치고 있는 것으로 나타났다. 그러나 본 연구 결과는 유권자의 투표행태에서 관찰되는 유권자의 출신지역과 지지정당 사이의 연계성은 피상적인 연계성을 의미할 뿐이라는 기존의 주장(장훈 1999)을 지지한다. 다시 말해 한국 유권자들의 지역에 따른 지지정당 결정행태는 출신지역이 지지정당에 대한 유권자의 심리적 호감도에 긍정적 영향을 미치고 그 결과로 발생하는 인과성을 지니고 있지 못하다는 것이다.

위와 같은 발견을 종합할 때 현재 한국의 정당들이 획득하는 지지율은 유권자들이 정당 자체에 대해 지닌 심리적 당파성에서 기인한다고 보기 힘들다. 오히려 유권자의 출신지역의 차별성이 일시적이고 단기적으로 특정 정당과 결합되면서 나타난 거품의 성격이 강하다. 다시 말해 출신지역에 따라 정당지지를 결정했던 한국 유권자들의 투표행태가 지속적으로 유지될 수 있는 토대가 약하다고 볼 수 있는 것이다. 이는 서구 사회에서 전통적 사회균열의 완화가 일정 정도 정당일체감의 감소를 가져왔음에도 불구하고 그 감소의 폭이 크지 않았던 사례와 대조적으로 한국 정당들이 현재 겪고 있는 출신지역에 따른 지지 유권자층의 약화현상은 매우 급격하고 광범위하게 확산될 가능성이 있는 것이다. 다만 본 연구의 발견 가운데 정당내적요인이 정당호감도와 같은 유권자들의 심리적 당파성 형성에 유의미한 영향을 미치고 있다는 사실은 이와 같은 잠재적인 정당정치의 위기 가능성에 희망을 주는 부분이라 하겠다.

참고문헌

강원택. 2008. "지역주의는 변화했을까." 이현우 · 권혁용 공편. 『변화하는 한국 유권자2: 패널조사를 통해 본 2007년 대선』, 67-96. 서울: 동아시아연구원.
강원택. 2009a. "2007년 대통령 선거와 네거티브 캠페인의 효과." 『한국정치학회보』 43집 2호, 131-146.
강원택. 2009b. "386세대는 어디로 갔나? 2007년 대선과 2008년 총선에서의 이념과 세대." 김민전 · 이내영 공편. 『변화하는 한국 유권자3』, 69-98. 서울: 동아시아연구원.
김만흠. 2003. "제16대 대선과 지역주의." 김세균 편. 『제16대 대선의 선거 과정과 의의』, 181-204. 서울: 서울대학교 출판부.
김민전. 2008. "2007 대선, 그리고 정치균열의 진화." 이현우 · 권혁용 공편. 『변화하는 한국 유권자2: 패널조사를 통해 본 2007년 대선』, 39-66. 서울: 동아시아연구원.
김영태. 2009. "지역주의와 정당, 그리고 인물: 전남 목포." 한국정당학회 편. 『제18대 총선 현장 리포트: 18인 정치학자의 참여관찰』, 254-282. 서울: 푸른길.
김 욱. 2004. "한국 지역주의의 지역별 특성과 변화가능성: 대전, 충청 지역을 중심으로." 『21세기 정치학회보』 14집 1호, 83-105.
문우진. 2012. "대통령 지지도의 필연적 하락의 법칙." 『한국정치학회보』 46집 1호, 175-201.
박찬욱. 2009. "Effects of a Two-Vote Mixed-Member Majoritarian System on Citizens' Voting Behavior in the Korean National Assembly Elections." 『한국정치학회보』 43집 5호, 93-111.
이갑윤. 1998. 『한국의 선거와 지역주의』. 서울: 오름.
이남영. 1998. 『한국의 선거 II: 15대 대통령 선거를 중심으로』. 서울: 푸른길.
이내영 · 정한울. 2007. "이슈와 한국 정당지지의 변동." 『한국정치학회보』 41집 1호, 31-55.
이내영. 2009. "18대 총선의 정당지지 재편: 일시적 현상인가, 구조적 변화인가?" 김민전 · 이내영 공편. 『변화하는 한국 유권자3: 패널조사를 통해 본 18대 국회의원 선거』, 33-68. 서울: 동아시아연구원.
장 훈. 1999. "민주화와 시민-정당-정부의 민주적 연계." 『한국정치학회보』 32집 4호, 389-398.
지병근. 2006. "Ideology and Voter Choice in Korea: An Empirical Test of Viability of Three Ideological Voting Models." 『한국정치학회보』 40집 4호, 61-83.
최영진. 2001. "제16대 총선과 한국 지역주의 성격." 『한국정치학회보』 35집 1호, 149-165.
최장집. 1993. 『한국민주주의 이론』. 서울: 한길사.
최준영 · 조진만. 2005. "지역균열의 변화가능성에 대한 경험적 고찰." 『한국정치학회보』 39집 3호, 375-394.
한정훈 · 강현구. 2009. "유권자의 합리적 선택과 정치엘리트의 전략적 행위가 투표율 변화에 미치는 영향: 제18대 국회의원 선거 사례분석." 『한국정치연구』 18집 1호, 51-82.
Bartels, Larry M. 2000. "Partisanship and Voting Behavior, 1952-1996." *American Journal of Political Science* 44(1), 35-50.
Brady, David W. 1985. "A Reevaluation of Realignments in American Politics: Evidence from

the House of Representatives." *American Political Science Review* 79(1), 28–49.
Campbell, Angus, Gerald Gurin, and Warren E. Miller. 1954. The Voter Decides. Evanston: Row, peterson.
Campbell, Angus, Philip E.Converse, Warren E. Miller, and Donald E. Stokes. 1960. The American Voter. New York: John Wiley.
Dalton, Russell J. 2002. "The Decline of Party Identifications." Russell J. Dalton and Martin P. Wattenberg, eds. Parties Without Partisans: Political Change in Advanced Industrial Democracies. New York: Oxford University Press.
Hurley, Patricia A. 1989. Partisan Representation and the Failure of Realignment in the 1980s. *American Journal of Political Science* 33(1), 240–261.
Lipset, S. M., and S. Rokkan. 1967. "Cleavage Structures, Party Systems and Voter Alignments: An Introduction." S. M. Lipset and S. Rokkan, eds. Party Systems and Voter Alignments: Cross-National Perspectives. New York: Free Press.
Lupia, Arthur. 1994. "Shortcuts versus Encyclopedias: Information and Voting Behavior in California Insurance Reform Elections." *American Political Science Review* 88(1), 63–76.
Miller, Gary and Norman Scofield. 2003. "Activists and Partisan Realignment in the United States." American Political Science Review 97(2), 245–260.
Niemi, Richard G., and Herbert F. Weisberg. 1976. "Are Parties Becoming irrelevant?" Richard G. Niemi and Herbert F. Weisberg, eds. Controversies in American Voting Behavior. San Francisco: W. H. Freeman and Company.

야권연대와 분할투표

— 강원택 —

야권연대와 분할투표

2012년 총선에서 여러 가지 주목할 만한 사건들이 많았지만 그중 하나가 민주통합당과 통합진보당 간 이른바 야권연대의 결성이다. 이는 보수정당인 새누리당에 맞서는 진보 진영의 후보를 단일화함으로써 새누리당 반대표를 최대한 결집시키겠다는 의도에서 시도한 선거연대(electoral alliance)이다. 그런데 야권의 선거연대는 민주통합당과 통합진보당 입장에서는 새누리당과 이명박 정부에 반대하는 유권자들을 단일 후보의 지지로 묶어 낼 수 있다는 점에서 유리한 선거 전략으로 볼 수 있지만, 역으로 유권자들로서는 일종의 선택의 강요라고도 볼 수 있다. 경우에 따라서는 야권 지지 성향의 유권자라고 해도 자신은 민주통합당을 지지하는데 지역구에 통합진보당 출신이 단일 후보로 나서게 될 수도 있고, 또 통합진보당을 지지하는데 민주통합당 출신이 자신의 지역구에 단일 후보로 나설 수도 있다. 이럴 경우 유권자들은 지역구 투표에서는 야권연대로 인해 강요된 선택을 수용할 수밖에 없다고 해도, 비례대표제로 선출하는 정당투표에서는 자신의 선호대로 투표할 수 있다. 즉 야권연대에도 불구하고 지역구 투표와 정당투표 간에 서로 상이한 선택을 하는 분할투표 (split-ticket voting)가 발생할 수 있다.

사실 이런 상황적 요인이 아니더라도 우리나라와 같은 혼합형 선거제도(mixed member electoral system) 하에서는 전략적 고려에 의해 분할투표가 발생할 수 있다. 그 까닭은 혼합형 선거제도에서 지역구 선거는 대체로 다수제 방식에 의해 실시되기 때문에 제도적 속성상 소정당들이 선거제도상의 진입장벽(electoral threshold)을 쉽사리 넘어서기는 어려울 수밖에 없다. 따라서 유권자들로서는 당선 가능성이 없는 소정당에게 투표하기보다 자신의 차순위 선호의 거대 정당 후보를 선택함으로써 자신의 표가 사표화(wasted vote)되는 것을 피하려고 할 가능성이 크다. 뒤베르제(Duverger 1964)는 전자를 다수제 선거제도의 기계적 효과(mechanical effect)라고 했고, 후자를 심리적 효과(psychological effect)라고 불렀다. 그러나 일정한 법적 요건만을 넘기면 의석 배분이 가능한 비례대표 선거제도에서는 이와 같은 제도적·심리적 제약이 없기 때문에 유권자는 자신이 원하는 정당에게 자유롭게 표를 던질 수 있다. 따라서 분할투표는 지역구 투표에서는 대체로 양대 정당 중 하나에게, 정당투표에서는 소정당에게 투표하는 경우가 많이 발생한다.

이 글에서는 2012년 국회의원 선거에서 발생한 분할투표의 패턴과 특성에 대해 살펴보는 것을 목표로 한다. 새누리당과 다른 정당 간의 분할투표도 존재하겠지만, 여기서는 야권연대가 결성되었다는 상황적 요인을 감안하여, 민주통합당과 통합진보당 사이에 지역구와 정당투표에서 어떠한 표의 분할이 이뤄졌는지에 대해 살펴볼 것이다. 분할투표는 기본적으로 유권자의 전략적 고려가 포함되어 있다는 것이 이 글의 전제이다. 민주통합당과 통합진보당 사이에 분할투표를 행한 이들은 누구이고 어떤 패턴을 보이며 어떤 이유에서 그러한 선택을 하였는지 분석할 것이다.

이론적 검토

분할투표는 한 선거에서 둘 이상의 공직을 동시에 선출할 때 발생한다. 예컨대 미국처럼 대통령 선거를 하면서 연방 상하원 의원을 동시에 선출한다면 분할투표가 발생할 수 있다. 대통령은 민주당 후보를 선택하면서 하원의원은 공화당을 찍었다면 분할투표를 행한 것이다. 물론 같은 정당을 선택하는 일관투표(straight-ticket voting)를 행하는 유권자들도 많을 것이다. 미국과 같은 동시선거의 경우가 아니라면, 분할투표는 혼합형 선거제도 하에서 발생할 수 있다. 혼합형 선거제도는 독일, 뉴질랜드와 같은 혼합형 비례대표제(Mixed Member Proportional: MMP)와 일본, 우리나라, 이탈리아와 같은 혼합형 다수제(Mixed Member Majoritarian: MMM)로 나뉠 수 있지만, 그 형식은 모두 의회 선거에서 지역구 선출과 정당명부에 기초한 비례대표 선출 방식을 같이 사용하는 것이다. 따라서 한 유권자가 지역구 선출에서는 A당에 투표하고 정당투표에서는 B당에 표를 던졌다면 분할투표가 발생하는 것이다. 우리나라에서는 2001년 7월 헌법재판소가 1인 1표에 의해 지역구 의원과 정당명부에 의한 의원 선출을 같이 해 온 공직선거법에 대해 한정위헌 결정을 내리면서, 2004년 국회의원 선거 직전인 2004년 3월에 현행과 같은 1인 2표제 방식의 선거제도를 도입하였다. 우리 선거에서 분할투표에 대한 논의가 시작된 것은 바로 1인 2표제 방식이 처음 도입된 2004년 국회의원 선거에서부터였다.

우리보다 앞서 1인 2표제를 실시한 국가의 경험은 우리에게도 시사하는 바가 적지 않을 것이다. 우선 분할투표의 비율을 보면 독일의 경우 1998년 선거조사에서 24.8%, 뉴질랜드는 1996년 선거조사에서 37.8%, 그리고 일본은 1996년 선거조사에서 30.1%의 응답자가 분할투표를 행한 것으로 나타났다(김영태 2002, 229-231). 적지 않은 수의 유권자들이 혼합형 선거제도 하에서 분할투표를 실시하고 있음을 알 수 있다. 또한 이들 3개국에서의 분할투표의 결정 요소는 연정 구성의 가능성, 곧 정당 간 이념적 친화성과 관련이 있다. 예컨대 독일의 경우, 소수당인 자민당에 정당투표를 한 유권자들은 주요 정당의 경우 사민당보다 기민당 소속 후보에게 투표를 한 유권자의 비율이 과반을 차지한다. 마찬가지로 정당투표로 녹색당을 지지한 유권자의 대다수는 녹색당의 연정 파트너인 사민당을 선택하는 경우가 많다(김영태 2002, 229-231). 그러나 미국처럼 연정에 의존하지 않는 대통령제 국가에서는 연정의 구성보다 공화당과 민주당 간 균형유지라는 측면에서 분할투표가 발생할 수 있다. 즉 대통령 후보자를 선택한 후 의회 선거에서는 그 후보자의 정당과 다른 정당의 후보를 선택함으로써 양대 정당 간에 견제와 균형이 이뤄지도록 하려 한다는 것이다(박찬욱 2005, 137-138).

또한 앞서 지적한 뒤베르제의 법칙처럼 실제로도 거대 정당은 지역구 득표율이 높은 반면, 군소정당들은 그 반대의 경향을 보인다. 독일의 예를 다시 들면 기민당, 사민당은 정당명부 득표율보다 지역구 득표율이 높은 반면 군소정당들은 정당명부 득표율에 대한 의존도가 크다. 그리고 이런 특성은 일본에서도 마찬가지로 확인되고 있다(박찬욱 2005, 133-134). 그렇다면 2012년 한국 국회의원 선거에서 우리나라 유권자들의 분할투표는 과연 어떤 양상으로 나타났는지 살펴보기로 한다.

분석

 이 글에서 주목하는 분할투표 현상은 2012년 총선을 앞두고 민주통합당과 통합진보당 사이에 결성된 이른바 야권연대와 관련이 있다. 우선 궁금한 점은 과연 얼마나 많은 유권자들이 실제로 분할투표를 행했을까 하는 점이다. 〈표 5-1〉은 지역구 투표에서 민주통합당과 통합진보당에 투표한 이들이 정당투표에서는 어느 정당을 선택했는지 그 비율을 조사한 것이다. 앞서 말한 대로 야권연대에 1차적 관심이 있기 때문에 지역구 투표에서 새누리당을 지지한 이들은 제외했다.

 〈표 5-1〉에서 보듯이, 민주통합당 지지자 중 21.8%가 새누리당이나 통합진보당에 정당투표를 행했다. 통합진보당의 경우 23.2%가 새누리당이나 민주통합당에 정당투표를 행했다. 박찬욱(2005, 159)은 2004년 국회의원 선거 분석을 통해 20-25% 정도가 분할투표를 행한 것으로 보고 있는데, 여기서의 비율도 이와 크게 다르지 않음을 알 수 있다. 다만 새누리당에 대한 분할투표는 그 비율이 낮고 또한 이 글에서 주목하는 부분이 야권연대와 관련된 것이기 때문에 여기에 대해서는 더 이상 논의하지 않기로 한다. 한편, 비율로는 통합진보당 투표자 중 민주통합당에 정당투표를 행한 이들의 비율이 그 역의 경우보다 상대적으로 다소 크지만, 지역구 투표에서 각 정당 지지자의 총 수(n)의 차이가 크기 때문에 현실적으로는 통합진보당이 분할투표를 통해 상당한 혜택을 본 것으로 볼 수 있다. 앞에서 논의한 대로, 지역구 투표에서 대정당, 정당투표에서 군소정당의 공식이 여기서도 적용되고 있다.

민주통합당과 통합진보당 간의 지역구 투표와 정당투표를 행한 이들은 네 가지 집단으로 구분할 수 있다. 두 투표 모두 민주통합당에 한 경우(민주-민주 투표자), 두 투표 모두 통합진보당에 한 경우(진보-진보 투표자), 지역구는 민주통합당, 정당투표는 통합민주당에 한 경우(민주-진보 투표자), 그리고 지역구는 통합진보당, 정당투표는 민주통합당에 한 경우(진보-민주 투표자) 등이다. 이 가운데 민주-진보 투표자, 진보-민주 투표자가 분할투표를 행한 이들이며, 나머지 두 집단은 일관투표를 행한 경우이다. 그런데 지역구 투표에서 통합진보당을 선택한 유권자들 가운데 19.9%가 민주통합당을 선택한 것으로 나타났지만, 표본의 수가 너무 적어(n= 30) 통계적인 분석에 충분하지 않아 제외하기로 하고, 나머지 세 집단을 대상으로 한 분석을 통해 분할투표 집단의 특성을 밝히기로 한다. 앞에서도 언급한 대로 사실 혼합형 선거제도를 채택한 국가에서 일반적으로 나타나는 현상은 다수제 선거제도를 취하는 지역구에서는 당선 가능성이 높은 거대 정당 중 하나를 선택하고 비례대표제인 정당투표에서는 소정당 중 하나를 선택하는 패턴이므로, 진보-민주 투표자보다는 민주-진보 투표자에 대한 분석이 보다 중요하다고 볼 수 있다. 따라서 이 글에서도 주목하는 분할투표 집단은 지역구 선거에

〈표 5-1〉 민주통합당, 통합진보당 지역구 투표자의 정당투표 (단위: %, (명))

		정당투표			
		새누리당	민주통합당	통합진보당	합계 (사례수)
지역구 투표	민주통합당	5.4 (57)	78.2 (822)	16.4 (172)	100 (1,051)
	통합진보당	3.3 (5)	19.9 (30)	76.8 (116)	100 (151)

주: 두 정당 이외의 지역구 투표는 분석에서 제외하였음.

서 민주통합당을 선택하고, 정당투표에서는 통합진보당을 선택한 유권자들이다.

분할투표를 행하기 위해서는 일단 투표하려고 하는 정당에 대한 긍정적 평가가 필요할 것이다. 이를 알아보기 위해 〈표 5-2〉에서는 세 투표 집단별로 각 정당에 대한 호감도를 측정했다. 세 정당에 대해 모두 세 투표 집단별 호감도가 통계적으로 다르다는 점이 분산분석 결과 확인되었다. 새누리당에 대한 호감도는 세 집단 모두 진보적 성향을 지닌 만큼 낮을 것으로 예상했지만 집단별로 차이가 나타났다. 민주-민주 투표 집단에서 2.91로 상대적으로 가장 높았고, 그 다음으로는 뜻밖에도 1.82인 진보-진보 투표 집단이었다. 민주-진보 분할투표를 한 집단에서 새누리당에 대한 호감도가 가장 낮은 1.30으로 나타났다. 이 집단이 새누리당에 대한 거부감이 큰 집단이라는 사실을 시사해 주고 있다.

한편 민주통합당에 대해서는 민주-민주 투표 집단이 6.24로 역시 호감도가 가장 높고, 그 다음으로 민주-진보 투표 집단, 그리고 진보-진보 투표 집단이 가장 낮은 것으로 나타났다. 통합진보당에 대해서는 민주통합당

〈표 5-2〉 세 투표 집단별 정당호감도

지역구-정당투표	정당호감도		
	새누리당	민주통합당	통합진보당
민주-민주	2.91	6.24	4.96
민주-진보	1.3	5.51	6.6
진보-진보	1.82	5.15	7.1
ANOVA	$F=32.3\ p<0.00$	$F=17.5\ p<0.00$	$F=55.7\ p<0.00$

주) 0: 매우 싫다, 10: 매우 좋다

의 경우와는 역으로 민주-민주 집단에서 가장 낮고 역시 진보-진보 투표 집단에서 가장 높게 나타났다. 민주-진보 분할투표 집단은 그 사이에 위치해 있지만, 평균값은 진보-진보 집단에 가까운 편이었다. 〈표 5-2〉의 결과는 민주-진보 분할투표 집단이 새누리당에 대한 강한 거부감과 함께 통합진보당에 일정한 호감을 지니고 있는 이들이라는 사실을 알게 한다.

〈표 5-2〉에서의 특성을 다시 확인해 보기 위해서 세 투표 집단별로 이명박 대통령에 대한 평가를 비교해 보았다. 〈표 5-3〉에서 볼 수 있듯이, 매우 흥미롭게도 이명박 정부에 대해서 가장 비판적인 집단은 다름 아닌 민주-진보 분할투표 집단이었다. 이명박 대통령 국정수행 평가에서 세 집단 중 부정적인 평가가 3.73으로 매우 높았으며, 이명박 대통령에 대한 호감도에서도 민주-민주 2.41, 진보-진보가 1.32인 데 비해 민주-진보 집단에서는 0.93으로 가장 낮았다. 세 집단 모두 이명박 대통령에 대한 평가가 부정적으로 나타났지만, 민주-진보 분할투표 집단의 경우에는 부정적 평가가 거의 극단적 지점에 놓일 정도로 부정적 평가의 강도가 컸다. 앞에서 새누리당에 대한 부정적 평가가 강했다는 사실을 고려할 때, 이들 분할투표 집단

〈표 5-3〉 투표 집단별 이명박 대통령 평가

지역구-정당투표	이명박 대통령 평가	
	국정수행 평가*	호감도**
민주-민주	3.41	2.41
민주-진보	3.73	0.93
진보-진보	3.64	1.32
ANOVA	$F=15.9\ p\langle 0.00$	$F=32.4\ p\langle 0.00$

주) * 국정수행 평가 - 1: 매우 잘했다, 2: 다소 잘했다, 3: 다소 못했다, 4: 매우 못했다
　　** 호감도 - 0: 매우 싫다, 10: 매우 좋다

이 현 정부와 여당에 대해서 민주통합당이나 통합진보당에 일관된 투표를 행한 이들보다 더욱 큰 불만을 갖는 집단이라는 점을 알 수 있다.

앞의 분석을 통해 민주–진보 분할투표 집단이 정파적으로 보다 강한 반새누리, 반이명박 정서를 갖는 이들이라는 것을 알게 되었다. 그렇다면 이들은 이념적으로는 어떤 입장일까? 〈표 5-4〉는 크게 두 차원으로 이념적 요인을 구분하고 있는데 하나는 응답자가 주관적으로 평가하는 이념적 위치에 대한 것이다. 여기에는 본인의 이념성향, 새누리당, 민주통합당, 통합진보당 등 각 정당이 위치해 있다고 생각하는 이념 지점에 대한 평가를 포함하고 있다. 두 번째 부분은 이념 거리인데, 본인이 스스로 평가한 자신의 이념 위치와 세 정당의 이념 위치 간 차이의 절대값을 평균 낸 것이다.

주관적 이념 평가에서 민주–진보 분할투표 집단은 4.12로 민주–민주 투표 집단에 비해서는 이념적으로 보다 진보적으로 나타났지만, 진보–진보 투표 집단보다는 진보성은 덜 한 것으로 나타났다. 민주–진보 분할투표 집

〈표 5-4〉 세 집단별 주관적 이념성향

이념 평가		지역구–비례 투표 정당			
		민주–민주	민주–진보	진보–진보	ANOVA
주관적 이념 평가	본인	4.46	4.12	3.63	$F=9.3\ p<0.00$
	새누리당	7.08	8.00	7.56	$F=8.7\ p<0.00$
	민주통합당	4.42	4.83	4.96	$F=5.7\ p<0.01$
	통합진보당	3.73	3.15	3.10	$F=7.4\ p<0.01$
본인과의 이념 거리	새누리당	3.66	4.59	4.71	$F=14.7\ p<0.00$
	민주통합당	1.74	1.74	2.03	$F=1.4\ p=0.24$
	통합진보당	2.07	1.80	1.91	$F=1.6\ p=0.21$

주) 0: 매우 진보, 10: 매우 보수

단은 민주통합당이나 통합진보당의 이념 위치에 대한 평가에서도 다른 두 집단의 중간 위치였지만, 민주-민주 투표자들보다는 진보-진보 투표 집단에 보다 가까운 평가를 내렸다. 여기서도 흥미로운 점은 새누리당의 이념 위치에 대한 평가인데, 민주-진보 투표 집단은 민주-민주 투표 집단, 진보-진보 투표 집단보다 새누리당의 이념성을 더욱 보수적으로 평가하는 것으로 나타났다. 한편 본인과의 이념 거리에서는 민주통합당과 통합진보당의 경우 세 집단 간 통계적으로 유의미한 차이가 확인되지 않았다. 그러나 새누리당에 대해서는 민주-진보 분할투표 집단은 민주-민주 투표 집단보다는 이념적 거리감을 크게 느끼고 있는데 진보-진보 집단과 매우 비슷한 거리감을 보이고 있다.

박찬욱(2005, 121)은 2004년 국회의원 선거의 경우 유권자들이 진보적일수록 확연하게 분할투표 가능성이 높아지는 선형관계가 발견되었다고 분석했는데, 여기서도 민주-진보 분할투표자들은 민주-민주 투표자들보다 본인에 대한 주관적 이념 평가가 보다 진보적이었다. 그러나 진보-진보 투표 집단보다는 덜 진보적이었다. 보다 중요한 점은 민주-진보 분할투표 집단이 현 정부의 국정 운영에 대해 가장 비판적인 집단이라는 사실이다.

이번에는 투표 집단별로 이슈와 관련된 태도에 대해서 살펴보았다. 〈표 5-5〉에는 2012년 국회의원 선거운동 과정에서 자주 제기된 다섯 가지 이슈가 포함되어 있다. 한미 FTA, 총선의 의미, 남북관계, 복지정책 그리고 국무총리실의 민간인 사찰 사건 등이다. 전반적으로 볼 때, 민주-진보 분할투표 집단에서 매우 강한 진보적 태도, 그리고 매우 강한 현 정부에 대한 비판적 태도가 여기에서도 확인되고 있다. 우선 한미 FTA에 대해서는 81.2%

〈표 5-5〉 세 투표 집단별 이슈 태도 (단위: %, (명))

이슈 태도		지역구-정당투표			교차분석
		민주-민주	민주-진보	진보-진보	
한미 FTA	차질 없이 추진	48.6	18.8	30.3	x^2=52.0, p<0.00, Phi 0.23
	폐기	51.4	81.2	69.7	
	합계 (사례수)	100 (718)	100 (149)	100 (109)	
총선 의미	정권 심판	88.1	98.8	91.2	x^2=17.9, p<0.00, Phi 0.13
	야당 규탄	11.9	1.2	8.8	
	합계 (사례수)	100 (771)	100 (167)	100 (113)	
남북관계	지원, 대화, 설득	66.4	93.0	75.2	x^2=50.3, p<0.00, Phi 0.21
	변화 전 지원 반대	33.6	7.0	24.8	
	합계 (사례수)	100 (812)	100 (172)	100 (113)	
복지정책	보편적 복지	40.6	76.0	59.5	x^2=76.1, p<0.00, Phi 0.27
	선별적 복지	59.4	24.0	40.5	
	합계 (사례수)	100 (803)	100 (167)	100 (111)	
민간인 사찰	현 정부만 잘못 아님	12.5	1.2	10.5	x^2=19.2, p<0.00, Phi 0.13
	현 정부 잘못	87.5	98.8	89.5	
	합계 (사례수)	100 (783)	100 (171)	100 (114)	

가 폐기되어야 한다고 응답했는데, 이러한 높은 응답률은 민주-민주 투표자는 말할 것도 없고, 진보-진보 투표 집단보다도 10% 이상 높은 것이다. 총선의 의미에 대해서도 사실상 민주-진보 투표 집단에 포함된 이들 거의 모두가 정권 심판의 의미를 갖고 있으며 따라서 야당을 지지해야 한다고 응답했다. 제1야당인 민주당에 일관투표를 한 이들보다 10% 이상 이러한 응답의 비율이 높았다. 향후 남북관계에 대해서도 압도적 다수인 93%가 북한

에 대한 경제적 지원과 함께 대화, 설득으로 나아가야 한다고 응답했다. 이러한 입장은 김대중 정부 이래 전통적으로 민주당의 대표적인 정책 방향이었지만 민주-민주 투표자 집단에서의 응답률은 66.4%에 불과했다. 진보-진보 집단에서도 75.2%로 민주-진보 투표자 집단보다 낮았다. 복지정책에 대해서도 뚜렷한 진보성을 보이는데, 민주-진보 집단에서 76%가 보편적 복지를 선호한다고 응답했다. 이는 진보-진보 투표 집단의 59.5%보다 16.5%나 높은 응답률이며 민주-민주 투표 집단보다는 무려 35.4%나 높은 응답률이다. 민간인 사찰 문제에 대해서도 다른 집단과 뚜렷한 차별성을 나타내고 있다. 민간인 사찰이 현 정부의 잘못이라는 평가는 민주-진보 투표자 집단에서 98.8%로 나타나, 사실상 모두가 공감을 나타냈다. 민주-민주 투표 집단이나 진보-진보 투표 집단에 비해 대체로 10% 정도 높은 응답률이었다.

전체적으로 볼 때, 민주-진보 분할투표 집단은 이념적으로는 진보-진보 투표 집단보다는 진보성이 강하지는 않지만, 민주-민주 투표 집단보다는 진보적이고 정파적인 태도나 현실정치와 관련된 사안에 대해서는 이들 두 집단보다 더 강한 비판적 태도를 취하고 있는 유권자들임을 알 수 있다. 반새누리당, 반이명박 정서가 매우 강하며, 선거 무렵의 주요 이슈에 대해서도 매우 비판적인 태도를 취하는 경향을 보였다.

그렇다면 민주통합당과 통합진보당이라는 두 정당에 '나눠서' 투표를 한 이들은 어느 정당에 일체감을 느끼고 있을까? 〈표 5-6〉은 세 투표 집단별 정당일체감의 비율을 보여주고 있다. 세 집단별로 그 차이가 뚜렷하게 확인된다. 민주-민주 투표 집단은 역시 민주통합당에 정당일체감을 갖고 있는 이들이다. 88.9%가 민주통합당에 가깝다고 느끼고 있었다. 또한 진보-진보 투표 집단 역시 통합진보당에 정당일체감을 갖는 이들이 거의 대부분이었다. 86.2%가 통합진보당에 가깝다고 느끼고 있었다. 일관투표를 한 이들의 대다수는 역시 그 정당에 일체감을 느끼는 것으로 나타났다. 그러나 민주-진보 투표 집단은 이에 비해서는 복합적이다. 지역구 투표를 민주통합당에 했지만 그 정당에 일체감을 느끼는 이들은 25%에 불과했으며, 그 비율보다 두 배가 넘는 64%가 통합진보당에 가까움을 느끼고 있었다.

이런 특성은 민주-진보 투표 집단이 통합진보당을 선호하지만 지역구 투표에서의 낮은 당선 가능성 때문에 민주통합당 후보를 지지하고 정당투표에서는 통합진보당을 선택한 이들이 많을 것이라는 사실을 추정하게 한다. 그러나 동시에 이들 분할투표 집단이 아주 동질적인 집단으로 보기 어렵다는 점도 느끼게 한다. 민주통합당에 정당일체감을 느끼는 25%의 이들은, 현 정부에 대한 이들 집단의 매우 비판적 태도나 반새누리당 정서를 감안할 때, 선거운동 과정에서 민주통합당 지도부나 후보에게 실망하면서 통합진보당이 보다 선명하고 강력하게 현 정부에 반대할 것을 기대하여 표를 던졌을 수도 있을 것이다. 그리고 이와 같은 복합적 구성이 이들 집단의 이

〈표 5-6〉 세 집단별 정당일체감 (단위: %, (명))

	새누리당	민주통합당	통합진보당	기타	없음/무응답	합계 (사례수)
민주-민주	1.5	88.9	3.8	0.4	5.3	100 (822)
민주-진보	0.6	25.0	64.0	4.1	6.4	100 (172)
진보-진보	0	6.0	86.2	1.7	6.1	100 (116)

념적 특성이 민주-민주 투표 집단보다는 진보적이지만, 진보-진보 투표 집단보다는 덜 진보적인 모습을 갖게 한 것으로 보인다.

이러한 정당일체감의 특성을 조금 더 살펴보기 위해서 이번에는 2007년 대통령 선거 때 각 집단별로 지지한 후보에 대해서 분석했다. 〈표 5-7〉에서 보듯이, 민주-진보 분할투표 집단의 투표 패턴은 민주-민주 투표 집단보다 진보-진보 투표 집단에 보다 가까운 모습을 보인다. 진보 진영의 유력 후보였던 정동영에 대한 지지율은 각 집단마다 차이가 있지만 대체로 30%대로 나타났다. 흥미로운 점은 민주-민주 투표 집단에서 2007년 당시 24%가 이명박 후보를 지지했다는 점인데, 민주-진보 투표 집단과 진보-진보 투표 집단에서 그 비율은 대체로 10% 적은 14%에 달했다. 2007년 대선에서 이명박 후보가 이전의 정파적 지지와 무관하게 상당히 고른 지지를 받았다는 것을 알 수 있다.

한편 주목할 만한 차이는 문국현 후보에 대한 지지율이다. 민주-진보 분할투표 집단은 지난 2007년 대통령 선거에서 18.6%가 문국현에게 표를 던졌다. 진보-진보 투표 집단 역시 그와 유사한 19%가 문국현을 선택했다. 여기서도 민주-진보 분할투표 집단은 진보-진보 투표 집단과 보다 유사한

〈표 5-7〉 2007년 대통령 선거 때 세 집단별 지지후보 (단위: %, (명))

	정동영	이명박	권영길	문국현	기타	투표 안 함/ 투표권 없음	무응답/ 모름	합계 (사례수)
민주-민주	38.7	24.0	2.3	7.8	6.7	15.9	4.7	100 (822)
민주-진보	34.9	14.0	8.7	18.6	6.4	14.6	2.9	100 (172)
진보-진보	32.8	14.7	4.5	19.0	4.3	11.2	4.3	100 (116)

투표행태를 보인다. 반면에 민주-민주 투표 집단에서 문국현에 대한 투표율은 7.8%에 불과했다. 그런데 당시 문국현을 지지한 이들의 주관적 이념 평균은 4.36으로 정동영 지지자 4.61보다 진보적인 이들이었다는 점을 감안할 때(강원택 2010, 205), 민주-진보 분할투표 집단이 민주통합당에 일관투표를 행한 이들과 다른 투표행태를 보인 원인을 쉽게 짐작할 수 있다.

이번에는 세 집단별로 주요 정치인에 대한 호감도의 평균을 비교해 보았다. 박근혜 새누리당 비상대책위원장에 대한 호감도에서 다시 흥미로운 차이를 찾아볼 수 있는데, 민주-민주 투표 집단에서 평균이 4.11인 데 비해서, 민주-진보 분할투표 집단의 평균은 2.11로 매우 낮았다. 이 수치는 진보-진보 투표 집단의 2.72보다 더 낮은 것이다. 앞서 이명박 대통령, 새누리당에 대한 평가가 민주-진보 분할투표 집단에서 가장 낮았던 것과 유사한 결과라고 할 수 있다. 한명숙 대표의 경우, 민주-민주 투표 집단에서 가장 평가가 후했고 민주-진보 분할투표의 경우에도 중간점인 5 이상이라는 점에서 긍정적 평가가 내려졌다. 진보-진보 일관투표 집단에서는 4.68로 한명숙 대표에 대한 평가가 가장 낮았다. 〈표 5-8〉에서 가장 주목할 만한 부분은 바로 문재인 전 노무현재단 이사장에 대한 평가이다. 안철수 교

〈표 5-8〉 세 집단별 정치인 호감도의 평균

지역구-정당투표	정치인 호감도			
	박근혜	한명숙	문재인	안철수
민주-민주	4.11	5.42	6.74	7.33
민주-진보	2.11	5.07	7.56	7.21
진보-진보	2.72	4.68	6.76	6.97
ANOVA	F=42.0 p〈0.00	F=6.1 p〈0.01	F=10.1 p〈0.00	F=1.1 p=0.31

주) 0: 매우 싫다, 10: 매우 좋다

수를 제외하면 세 집단에서 모두 전반적으로 호감도가 높은 편이었다. 그런데 민주-민주 일관투표 집단과 진보-진보 일관투표 집단에서 문재인에 대한 호감도의 평균은 6.74, 6.76으로 대체로 유사했다. 이에 비해 민주-진보 분할 집단에서 문재인에 대한 평가는 7.56으로 호감도가 유독 높게 나타났다. 한편 안철수 서울대 교수의 경우 민주-민주 투표 집단에서 7.33, 민주-진보 투표 집단에서 7.21, 진보-진보 투표 집단에서 6.97로 모두 긍정적인 평가를 내렸다. 그러나 집단 간 평균의 차이는 통계적으로 유의미하게 나타나지 않았다.

〈표 5-9〉에서 본 이런 특성을 보다 분명하게 보기 위해서 이들 세 집단이 다가올 대통령 선거에서 어느 후보를 지지할 의향을 가지고 있는지 비교해 보았다. 민주-민주 투표 집단에서 가장 큰 기대를 걸고 있는 잠재적 후보는 안철수 교수였다. 이 집단의 39.9%가 안철수 교수에게 투표할 의향이 있다고 밝혔다. 이에 비해 민주-진보 분할투표 집단과 진보-진보 투표 집단에서 가장 많은 응답자들은 문재인을 예상 지지후보라고 밝혔다. 특히 민주-진보로 분할투표를 행한 집단에서는 절반이 넘는 55.3%의 응답자들이 문재인을 예상 지지후보로 선택했다. 안철수에 대한 전반적인 호감이 큰 상

〈표 5-9〉 세 집단별 2012년 대통령 선거에서의 예상 지지후보 (단위: %, (명))

	박근혜	문재인	안철수	유시민	기타	모름/무응답	합계 (사례수)
민주-민주	9.0	27.6	39.9	1.7	6.5	15.3	100 (644)
민주-진보	2.6	55.3	27.6	3.3	3.3	7.9	100 (152)
진보-진보	2.2	45.1	33.0	2.2	4.3	13.2	100 (91)

황에서 민주-진보 분할투표 집단에서 50%를 훌쩍 넘는 비율로 문재인을 차기 대선 지지후보로 선택한 것은 매우 주목할 만한 부분이다.

연령별로 봐도 흥미로운 결과가 나타난다. 일반적으로 진보적이라면 젊은층을 생각하기 쉽지만 〈표 5-10〉에서 보듯이, 민주-진보로 분할투표를 한 집단은 30~40대가 71.5%로 대부분을 차지하고 있다. 30대가 40.1%로 가장 높고 그 다음으로 40대로 31.4%를 차지했다. 19~29세의 비율은 11% 밖에 되지 않아 다른 투표 집단과 뚜렷한 차이를 보이고 있다. 민주-민주 투표 집단에서 비교적 고르게 연령별로 분포되어 있는 것과도 분명한 차이를 보인다. 진보-진보 투표 집단은 30대에서 41.4%로 가장 높고 그 다음으로 19~29세, 40대 순으로 대체로 20% 수준이었다. 이현우(2004)는 2004년 총선 분석에서 젊은층으로 갈수록 분할투표 비율이 높아지고 50대 이상에서 그 비율이 가장 낮았다고 분석했는데, 여기서는 30~40대의 비율이 두드러지게 높았다.

이번에는 정치효능감에 대해서 이들이 어떻게 느끼고 있는지 살펴보았다. 정치효능감을 보기로 한 것은 두 개의 투표선택을 상이하게 한 만큼, 투

〈표 5-10〉 투표 집단에 따른 연령별 구성 (단위: %, (명))

	19~29세	30대	40대	50대	60대 이상	합계 (사례수)
민주-민주	19.3	24.3	24.9	17.3	14.1	100 (822)
민주-진보	11.0	40.1	31.4	14.5	2.9	100 (172)
진보-진보	22.4	41.4	20.7	13.8	1.7	100 (116)
교차분석	x^2=57.4 p 〈 0.00 Phi 0.23					

표참여의 의미나 효용을 보다 크게 느끼고 있다는 가정이 가능해 보였기 때문이다. 〈표 5-11〉에는 '소수가 정치를 좌지우지한다'는 외적 정치효능감과 '나 같은 사람은 정부의 일에 대해 말할 자격이 없다', '많은 사람이 투표하기 때문에 내 한 표는 중요하지 않다'의 내적 정치효능감에 대한 각 투표 집단별 반응을 정리해 두었다.

민주-진보 분할투표를 한 집단은 여기서도 흥미로운 특성을 보인다. 소수가 정치를 좌우한다는 외적 정치효능감에 대해서는 진보-진보 투표 집단과 함께 긍정의 답이 90% 이상 높게 나왔다. 앞에서 본 것과 같이 현실 정치에 대한 상당한 불만이 여기서도 확인되고 있다. 한편 '나 같은 사람은 정부의 일에 대해 말할 자격이 없다', 그리고 '많은 사람이 투표하기 때문에 내 한 표는 중요하지 않다'는 내적 정치효능감은 다른 투표 집단과 비교할

〈표 5-11〉 투표 집단별 정치효능감 (단위: %, (명))

효능감		지역구-정당투표			
		민주-민주	민주-진보	진보-진보	교차분석
소수가 정치 좌지우지한다	그렇다	81.9	90.6	90.5	x^2=12.1, $p<0.01$, Phi 0.11
	그렇지 않다	18.1	9.4	9.5	
	합계 (사례수)	100 (805)	100 (171)	100 (116)	
나 같은 사람 정부 일 말할 자격 없다	그렇다	41.5	25.3	34.5	x^2=16.5, $p<0.00$, Phi 0.12
	그렇지 않다	58.5	74.7	65.5	
	합계 (사례수)	100 (809)	100 (170)	100 (116)	
내 한 표는 중요하지 않다	그렇다	14.5	8.7	13.0	x^2=4.09, $p=0.13$, Phi 0.06
	그렇지 않다	85.5	91.3	87.0	
	합계 (사례수)	100 (814)	100 (172)	100 (115)	

때 부정적인 응답이 민주-진보 분할투표 집단에서 가장 높았다. 말하자면 정치에 적극적인 참여 의사가 있고, 또 그 역할과 영향력을 중요하게 생각하는 이들이라는 것이다. 박찬욱(2005), 이현우(2004) 등은 2004년 국회의원 선거 분석을 통해 정치에 대한 지식과 관심이 높은 유권자들 사이에서 분할투표 성향이 상대적으로 강하다고 분석했는데, 그런 특성은 여기서도 마찬가지로 확인되고 있다.

그렇다면 이와 같이 분할투표를 한 이들의 사회경제적 특성은 어떠할까? 이를 보기 위해 이항 로지스틱 회귀분석을 실시했다. 사회경제적 변수로는 학력, 소득, 연령, 성별 등을 포함했고, 민주통합당 지지와 관련이 있다는 점에서 호남 거주와 그 이외 지역 거주를 더미 변수로 포함했다. 이 밖에 앞에서 살펴본 대로, 민주-진보당 분할투표자들이 정치효능감을 크게 느끼고, 이명박 정부에 대해 비판적이라는 점을 고려해서, 선거 관심도, 민주주의 만족도와 이명박 대통령에 대한 호감도를 변수로 포함했다. 그 결과가 〈표 5-12〉에 정리되어 있다.

우선 민주-진보 분할투표 집단과 민주-민주 투표 집단을 비교하면, 학력, 성별, 선거 관심도, 이명박 대통령 호감도가 통계적으로 유의미하게 나타났다. 민주-민주 투표 집단에 비해 학력이 높을수록, 선거에 관심이 클수록, 이명박 대통령에 대한 호감도가 낮을수록 그리고 남성일수록 지역구에서 민주통합당에 투표하고 정당투표에서 통합진보당에 투표할 확률이 높아지는 것으로 나타났다. 이에 비해 연령이나 호남 거주 여부는 통계적으로 유의미한 차이가 발견되지 않았다. 한편 민주-진보 분할투표 집단과 진보-진보 투표 집단 간에는 소득과 호남 거주 여부만이 통계적으로 유의미

〈표 5-12〉 이항 로지스틱 모델

	민주-진보 (1), 민주-민주 (0)		민주-진보(1), 진보-진보 (0)	
	계수	승산비 (odds ratio)	계수	승산비 (odds ratio)
학력	0.4***	1.50	0.21	1.24
소득	0.05	1.05	0.2**	1.23
연령	-0.01	1.00	0.02	1.02
남성 (1)	0.4*	1.49	0.43	1.54
호남 거주 (0)	0.14	1.15	0.86**	2.36
민주주의 만족도	-0.07	0.94	0.03	1.03
선거 관심도	-0.74***	0.48	-0.35	0.71
이명박 호감도	-0.22***	0.80	-0.09	0.91
상수	-1.45		-2.39	
사례수 (명)	757		236	
모형 평가	Nagelkerke R^2= 0.20 -2Loglikelihood= 645.3 예측적중률 79.5%		Nagelkerke R^2= 0.12 -2Loglikelihood= 289.8 예측적중률 66.1%	

주) *** p<0.01, ** p<0.05, * p<0.1

하게 나타났다. 앞에서 본 대로 두 집단 간 상대적인 유사성이 더 크기 때문으로 보인다. 진보-진보 투표 집단에 비해 소득이 높을수록 민주-진보 분할투표가 높아지는 것으로 나타났고, 호남 지역에 비해 호남 이외의 지역에서 민주-진보 분할투표가 많았다.

결론

 이제까지 2012년 국회의원 선거에서, 지역구에서 민주통합당에 투표하고 정당투표로 통합진보당을 선택한 분할투표자들을 민주통합당과 통합진보당에 대해 각각 일관투표를 행한 유권자 집단과 비교하여 그 특성에 대해 살펴보았다. 분석을 통해 매우 흥미로운 결과가 도출되었다.
 우선 이념적으로 민주-진보 분할투표 집단은 진보-진보 투표 집단만큼 진보적이지는 않지만 민주-민주 투표 집단보다는 이념적 진보성이 뚜렷하게 확인되었다. 무엇보다 이들 분할투표 집단을 다른 투표 집단과 분명하게 구분되게 한 것은 이명박 대통령과 새누리당, 박근혜 비상대책위원장에 대한 강한 부정적 평가이다. 민주통합당이나 통합진보당 일관투표자들보다 부정적 평가의 정도가 훨씬 강했다. 연령적으로 30~40대에 분할투표자들이 많다는 점도 이전의 분석과 다른 발견이었다. 이들은 또한 정치적 지식과 관심이 크고 정치효능감도 크게 느끼는 이들이었다.
 종합적으로 본다면 분할투표를 행한 이들은 다른 나라의 사례에서 나타나듯이, 통합진보당에 정치적 일체감을 느끼지만 이 정당 소속 후보들이 지역구 투표에서 당선 가능성이 낮기 때문에 민주통합당 후보를 선택한 경우가 적지 않은 것으로 보인다. 사표 방지를 위한 차순위 선호를 선택하는 전략적 투표(strategic voting)를 행한 것이다. 그러나 이와 함께 민주통합당에 정치적으로 가까움을 느끼지만 선거운동 과정에서 민주통합당에 실망하거나 혹은 통합진보당이 이명박 정부나 새누리당에 보다 효과적으로 맞설 수 있는 보다 '강력한 반대당'으로 성장할 수 있을 것이라는 기대감을 갖는 이들도 적지 않게 포함되어 있었다.

　2012년 총선에서 야권연대의 결성이 분할투표를 자극하는 측면이 없지 않았을 것으로 생각한다. 그러나 사실 야권연대가 아니었더라도 이러한 형태의 분할투표는 나타났을 것으로 보인다. 이명박 정부에 대한 강한 불만을 갖는 유권자들로서는 보다 효과적인 반대를 위한 방안으로 분할투표를 고려했을 것이다. 그러나 민주-진보 분할투표가 가능했던 것은 민주통합당과 통합진보당이라는 두 진보 진영 정당의 상대적인 이념적 친화성 때문이다. 과거 2004년에 있었던 열린우리당과 민주노동당 간의 분할투표 경우도 이와 마찬가지라고 할 수 있다. 혼합형 선거제도 하에서 적실성을 갖는 제3정당이 존재하는 경우라면 언제라도 분할투표는 발생할 수 있다. 우리 선거에서 분할투표는 이제 결코 낯선 현상이 아닌 것이다.

참고문헌

강원택. 2010. 『한국 선거 정치의 변화와 지속: 이념, 이슈, 캠페인과 선거참여』. 서울: 나남.
강원택. 2012. "2010 지방선거에서의 분할투표: 서울 지역을 중심으로." 『한국과 국제정치』 26권 4호, 1-26.
김영태. 2002. "1인 2표제의 제도적 효과와 정치적 영향: 독일, 뉴질랜드, 일본의 경험과 시사점." 진영재 편. 『한국의 선거제도 I』, 205-250. 서울: 한국사회과학데이터센터.
김왕식. 2006. "1인 2표제 도입의 정치적 효과." 어수영 편. 『한국의 선거 V: 제16대 대통령 선거와 제17대 국회의원 선거』, 155-184. 서울: 오름.
박찬욱. 2005. "제17대 총선에서 2표 병립제와 유권자의 분할투표: 선거제도의 미시적 효과 분석." 박찬욱 편. 『제17대 국회의원 총선거 분석』, 137-176. 서울: 푸른길.
박찬욱. 2009. "Effects of a Two-Vote Mixed-Member Majoritarian System on Citizens' Voting Behavior in the Korean National Assembly Elections." 『한국정치학회보』 43집 5호, 93-111.
박찬욱·홍지연. 2009. "제18대 국회의원 총선거에서 한국유권자들의 분할투표행태에 관한 분석." 『한국정치연구』 18집 1호, 1-28.
어수영. 2011. "혼합선거제도 도입에 따른 정치적 효과 분석." 『선거연구』 1권 1호, 7-36.
이현우. 1999. "동시선거제도와 유권자의 선택." 조중빈 편. 『한국의 선거 III: 1998년 지방선거를 중심으로』, 207-292. 서울: 푸른길.
이현우. 2004. "정당투표제 도입의 정치적 효과." 한국정치학회 총선 분석 특별학술회의. 서울. 4월.
Duverger, Maurice. 1964. Political Parties: Their Organization and Activity in the Modern State. Trans by Barbara and Robert North. London: Metheun.

무당파의 선택은?

— 조원빈 —

무당파의 선택은?

본 장에서는 현재 한국 정치에서 무당파(independents)는 누구이며 이들의 선택이 지난 19대 총선 결과에 어떤 영향을 미쳤는가를 살펴본다. 지난 4.11 총선 직전인 2012년 4월 6일부터 10일까지 5일간 행해진 아산정책연구원 패널조사 1차 자료에 따르면 9%의 응답자가 지지하는 정당이 "없다"고 대답했다. 이들은 19대 총선 캠페인 과정을 통해 다수의 유권자들이 바로 다가올 19대 국회의원 선거에서 지지정당을 결정한 후임에도 여전히 무당파로 남아 있는 아주 '순수한' 무당파이다. 선거와 거리를 두고 행해지는 여론조사 결과에 따르면, 무당파들은 많게는 45%, 적어도 20% 이상으로 조사됐다(김상욱 외 2011). 이들은 스스로를 무당파로 인식함에도 불구하고 선거일에는 자신의 투표권을 행사했다. 이번 19대 총선 직후 4월 12일부터 18일까지 일주일 동안 실시되었던 아산정책연구원 패널조사 2차에서 무당파 중 78%의 응답자는 19대 총선에 투표했다고 대답했다. 이는 지지하는 정당이 있는 유권자들이 투표했다고 대답하는 경우(평균

90%)보다 낮은 비율이다.

19대 총선에서 복수의 미디어가 행한 출구조사의 예측을 어렵게 했을 정도로 아주 막상막하의 투표 결과를 보여준 다수의 선거구들이 있었다. 이처럼 박빙의 승부를 벌이는 국회의원 선거구에서 무당파의 선택은 입후보자의 당락에 커다란 영향을 미칠 수 있다. 이들 무당파들이 누구인가를 살펴보고 그들이 지닌 특성이 정당지지자들과 무엇이 다른가를 분석하는 것은 우리가 현재의 한국 정치를 이해하고 다가올 12월 대통령 선거에서 정당지지자뿐만 아니라 지지하는 정당이 없는 무당파가 어떠한 대선후보를 선호하는지 이해하는 데 도움을 준다.

정당정치는 민주주의 정치체제가 제대로 작동하는 데 반드시 필요한 요소들 중 하나이다. 정당은 권력 획득이라는 공통의 정치적 목적을 가진 사람들의 다양한 연합이라고 정의할 수 있다(Aldrich 1995). 잘 작동하는 정당정치는 정당의 제도화 수준이 높고 정당 지도부와 평당원의 유기적 관계뿐만 아니라 일반 시민의 정당에 대한 일체감도 어느 정도 안정적이어야 한다. 한국의 현실 정치에서 여야를 불문하고 정당에 대한 국민들의 불신은 현저히 높다. 이처럼 국민들이 기존 정치 엘리트들과 그들의 정치행태에 대한 실망이 밖으로 표출된 대표적인 사례가 '안철수 신드롬'이다. 안철수 서울대 교수는 정당을 기반으로 활동하는 정치인이 아니다. 그는 공공부문에서 일하는 관료의 경험도 없고 직접 정치현장에 뛰어들어 정치를 해본 적도 없다. 그렇지만 안철수 신드롬은 지난 서울시장 보궐선거에서 무소속 후보로 출마한 박원순 후보가 당선되는 데 결정적인 역할을 했다. 그 이후로 대부분의 언론사들이 행하는 유력 대선후보에 대한 여론조사에 항상 그 이름이 포함되어 있으며 안철수 교수는 양자대결 조사에서 박근혜 의원과 함께 가장 많은 유권자의 지지를 얻고 있다.

　다수의 언론과 몇몇 정치학자들에 따르면, 안철수 신드롬과 무소속 박원순 시장의 당선 뒤에는 기존 정당 정치에 불신과 염증을 느끼는 무당파가 존재한다. 다가올 12월 대통령 선거에서 누가 이들 무당파의 지지를 얻어내느냐가 선거의 승패에 주요한 변수가 될 수 있다. 몇몇 여론조사에 나타나는 무당파는 전체 유권자의 40%가 넘는 것으로 조사되기도 한다. 그럼에도 불구하고 기존 정당의 지지자들을 무시하고 무당파의 지지만으로 대통령 선거에서 승리할 수 없다. 예를 들어 김영삼 정부 때 아주 강력한 대선 후보로 인식되었던 박찬종 변호사나 2007년 대선에서 잠시 돌풍을 일으켰던 문국현 유한킴벌리 전 사장 등이 무당파만의 지지만으로는 대통령 선거에서 성공할 수 없다는 것을 보여줬다. 따라서 기존 정당지지자들의 지지와 더불어 어떻게 무당파의 지지를 얻어내 시너지 효과를 낼 수 있는지 여부가 12월 대선 승리의 주요한 변수가 될 것이다.

　본 장은 우선 무당파가 지난 19대 총선에서 어떠한 역할을 수행했는지 그들의 투표성향을 통해 알아본다. 다음으로 과연 19대 총선에서 무당파는 누구였는지 이해하기 위해 그들의 이념 분포와 연령대 구성, 주요 선거 이슈들에 대한 그들의 견해, 이명박 대통령에 대한 지지도, 주요 대선후보들에 대한 호감도 등을 중심으로 기존 정당지지자들과 비교한다. 19대 총선 전후로 행해진 아산정책연구원 패널조사 1~2차 자료에 따르면, 무당파는 다양한 면에서 새누리당 지지자들과 민주통합당 지지자들 사이에 위치하며 이명박 정부와 여당인 새누리당에 비판적인 견해가 강한 이들이었다.

무당파의 19대 총선 투표성향

본 장에서 다루고 있는 여론조사 자료는 지난 2012년 4월 19대 국회의원 선거 전후 시행된 아산정책연구원 1~2차 패널조사의 결과이다. 제1차 패널조사에 참여한 응답자들 중 제2차 패널조사에 참여한 2,342명을 분석대상으로 한다. 이들 중 제1차 패널조사에서 자신의 지지정당을 새누리당이라고 응답한 유권자는 37%, 민주통합당을 지지한다는 유권자는 31%, 통합진보당을 지지한다는 유권자는 10%, 지지하는 정당이 "없다"고 응답한 무당파 유권자는 9%였다.[1] 이 밖에도 4%의 응답자가 군소정당을 지지한다고 대답했으며 2%는 "잘 모름", 1%는 응답이 없었다. 본 장에서 무당파로 규정한 유권자들은 제1차 패널조사에서 지지하는 정당이 "없다"고 응답한 9%의 응답자들이다.

지난 2012년 4월 11일에 있었던 19대 총선에서 무당파들은 누구에게 투표했을까? 앞서 언급했듯이 자신을 무당파라고 대답한 응답자들 중 78%의 응답자들이 투표에 참여했다고 답했다. 〈그림 6-1〉은 무당파와 더불어 정당일체감을 묻는 질문에서 새누리당을 지지한다는 응답자, 민주통합당을 지지한다는 응답자, 통합진보당을 지지한다는 응답자들이 자신이 속한 지역구 국회의원 후보들 중 어느 당 후보자에 투표했는지 대답한 결과를 보여주고 있다.

---

[1] 본 장에 포함된 모든 통계수치는 제2차 패널조사 가중치를 포함한 수치이다. 그리고 "잘 모름" 혹은 무응답 응답자들은 이후의 분석에서 제외한다.

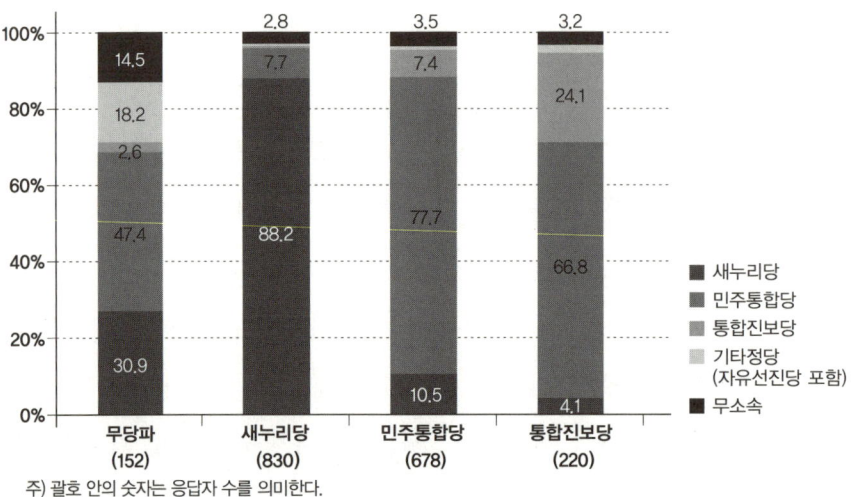

〈그림 6-1〉 무당파와 정당지지자들의 지역구 국회의원 투표성향 비교 (단위: %, (명))

주) 괄호 안의 숫자는 응답자 수를 의미한다.

우선 무당파가 그와 다른 지지정당이 있는 유권자들과 눈에 띄게 다른 투표성향을 보이는 것은 무소속에 대한 지지성향이 강하다는 점이다. 특정 정당을 지지하는 유권자들이 무소속 후보에 투표했다는 대답은 3% 정도였는데, 무당파들 중 무소속 후보에 투표했다고 대답한 이들은 14.5%나 되었다. 이는 기존 정당들이 무당파들의 이해관계나 이념, 관심 있는 이슈들에 대해 매력적으로 비춰지지 않은 결과라 해석될 수 있다. 이와 유사한 투표성향은 무당파들 가운데 18.2%가 기타정당의 지역구 후보에 투표했다고 답한 데서 찾을 수 있다. 특정 정당을 지지하는 유권자들은 평균적으로 1% 정도만 기타정당 지역구 후보에 투표했다고 답했다.

둘째, 무당파들 중 47.4%가 지난 19대 총선에서 자신들의 지역구 후보들 중 민주통합당의 후보에 투표했다고 대답했다. 이에 비해 30.9%가 새누리당의 지역구 후보에 투표했다고 답했다. 그리고 통합진보당 지역구 후보자에게 투표했다는 2.6%의 무당파들을 민주통합당 지역구 후보에 투표한 무당파들과 합하면 50%나 된다. 이는 지난 19대 총선에서 여당이 주장했던 '거대야당 견제론'보다 야당들이 강조했던 '정권 심판론'이 무당파들에게 좀 더 설득력 있게 다가갔다고 해석할 수 있다.

   이 밖에도 정당지지자들의 지역구 후보 투표성향을 보면, 90%에 가까운 응답자들이 각자가 지지하는 정당의 지역구 후보에 투표했다고 대답한다. 민주통합당과 통합진보당을 지지하는 이들 중 각각 77.7%와 66.8%가 자신이 지지하는 정당의 지역구 후보자에게 투표했다고 대답했다. 지난 19대 총선을 통해 민주통합당과 통합진보당은 선거연대를 결의해 가능한 한 두 정당의 지역구 후보가 동시에 동일한 지역구에 출마하는 것을 방지했다. 따라서 민주통합당을 지지하는 이들은 자신의 지역구에 민주통합당 후보가 없지만, 통합진보당 후보에게 투표할 가능성이 높고 통합진보당을 지지하는 유권자들도 마찬가지로 민주통합당의 지역구 후보에 투표했을 가능성이 높을 것으로 기대된다. 이 둘을 합하면, 민주통합당 지지자들 중 85%가 자신들이 지지하는 정당의 지역구 후보나 통합진보당 출신의 지역구 후보에 투표했다고 답했다. 비슷한 이유로, 통합진보당 지지자들 중 91%가 두 당 출신의 지역구 후보자에게 투표했다고 답했다. 이러한 결과는 19대 총선에서도 유권자들의 지역구 국회의원 투표에서 자신의 지지정당 후보에 투표하는 성향이 강했다는 것을 보여준다. 이는 유권자의 투표행태를 분석하는 주장들 중 정당일체감의 영향력을 강조하는 이론과 일치한다. 이와 더불어 자신이 지지하는 정당이 "없다"고 응답한 무당파들도 선거에서는 다수가 투표에 참여하며 이들 중 많은 무당파들이 기존 정당의 지역구 후보자에 자신의 표를 행사한다는 것을 보여준다.

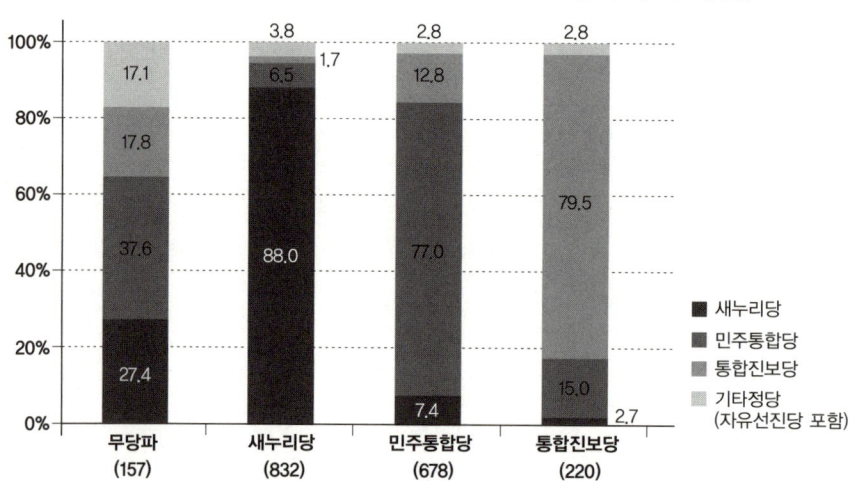

〈그림 6-2〉 무당파와 정당지지자들의 비례대표 국회의원 투표성향 비교 (단위: %, (명))

국회의원 선거에서 유권자들은 자신이 속한 지역구 국회의원을 선출할 뿐만 아니라 54석을 차지하는 비례대표 국회의원을 선출하기 위해 자신이 선호하는 정당에 표를 행사한다. 19대 총선 결과 비례대표 의석수는 새누리당이 42.8%의 득표율로 25석을, 민주통합당이 36.5%의 득표율로 21석을, 통합진보당이 10.3%의 득표율로 6석을, 자유선진당이 3.2%의 득표율로 2석을 차지했다. 본 연구에서 사용된 아산정책연구원 선거연구 패널조사 2차 자료에서 비례대표를 뽑는 정당투표 문항에 대한 응답자들의 분포도 실제 투표율과 크게 다르지 않았다. 응답자 중 42.8%가 새누리당에 정당투표했다고 답했고 35.3%의 응답자는 민주통합당에, 15.2%의 응답자는 통합진보당에, 2%의 응답자는 자유선진당에 정당투표했다고 답했다. 실제 득표율에 비해 통합진보당에 정당투표했다고 답한 이들이 많았다.

〈그림 6-2〉는 비례대표 국회의원 후보자들에 대한 무당파와 정당지지자들의 투표성향을 비교해서 보여준다. 〈그림 6-1〉에 제시된 것처럼 무당파들 중 17.1%가 비례대표 국회의원 투표를 기타정당에 했다고 대답했다. 지지하는 정당이 있는 응답자들이 기타정당에 투표했다고 대답한 비율은 4% 미만이었다.

한국의 민주화 이후 가장 오래 지속되었던 정당인 한나라당이 당명을 바꾸면서까지 당의 개혁을 추진하며 야당의 정권 심판론에 대비했지만, 무당파들에게는 그 모습이 그리 설득력 있게 비춰지지 않았던 것으로 나타났다. 무당파 중 27.4%만이 비례대표 국회의원 정당투표에서 여당인 새누리당을 찍었다고 답했다. 무당파 중 37.6%는 비례대표 국회의원 투표에서 민주통합당을 찍었고 17.8%는 통합진보당에 투표했다고 답했다. 이처럼 무당파 중 73%가 비례대표 국회의원 투표에서 야당에 투표했다고 답한 것이 단순히 정부 여당이 지난 4년 동안 행한 일련의 업적에 대한 불만족에서 비롯된다고 해석할 수 있지만, 이들 무당파들이 기존 정당에 대해 자신의 표를 행사했다고 답한 정당투표의 분포는 다른 정당지지자들과 다른 성향을 보여준다.

〈그림 6-2〉에서 시선을 멈추게 하는 것이 또 하나 있다. 비례대표 국회의원 투표는 후보자가 아닌 정당에 투표하는 것임에도 불구하고 12.8%의 민주통합당 지지자들이 통합진보당에 투표했고, 15%의 통합진보당 지지자들

이 민주통합당에 투표했다고 답했다. 지난 4.11 19대 총선 직후 일주일 동안 행해졌던 아산정책연구원 패널조사 2차 자료에 따르면, 지역구에서 민주통합당 후보에 투표한 유권자들 중 25%가 비례대표 국회의원 투표에서 통합진보당에 투표했다고 답했다. 그리고 지역구 국회의원 투표에서 통합진보당 후보에게 투표한 유권자들 중 41%가 비례대표 국회의원 정당투표에서 민주통합당에 투표했다고 답했다. 이처럼 지역구 국회의원 투표와 비례대표 국회의원 투표에서 서로 다른 정당이나 정당 후보에 투표한 경우는 부분적으로 지난 19대 총선에서 민주통합당과 통합진보당이 합의한 선거연대에 따라 두 당의 지역구 의원을 단일화함으로써 초래되었다. 특히 통합진보당을 지지하는 유권자들 중 자신의 지역구에 통합진보당 후보 대신 민주통합당 후보가 출마한 경우가 많아 〈그림 6-1〉이 보여주듯이 66.8%의 통합진보당 지지자들이 지역구 국회의원 투표에서 민주통합당 후보자에 투표했다고 답했다. 이러한 현상은 민주통합당과 통합진보당의 선거연대의 결과일 뿐만 아니라 부분적으로는 소수정당을 지지하는 이들에게 빈번히 관찰되는 분할투표(split voting) 성향으로도 해석된다.

    비례대표 국회의원 투표의 경우 정당투표로 이루어지며 국회의원 의석 배분이 각 정당의 득표율에 따라 이루어진다. 따라서 새누리당이나 민주통합당처럼 주요정당을 지지하는 유권자나, 통합진보당이나 자유선진당처럼 소수정당을 지지하는 유권자 모두 자신이 가장 선호하는 정당에 투표할 가능성이 높다. 이에 비해 지역구 국회의원 투표에서 유권자들은 정당이 아니라 정당의 후보자에게 투표한다. 이때 주요정당을 지지하는 유권자들과 소수정당을 지지하는 유권자들은 서로 다른 생각을 할 수 있다. 전자는 자신이 지지하는 주요정당의 후보자가 지역구에서 당선될 가능성이 높다고 판단해 자신이 가장 선호하는 정당의 후보자에게 투표할 가능성이 높다. 하지만 소수정당을 지지하는 유권자의 경우 당선 가능성을 고려할 때 자신이 가장 선호하는 정당의 후보자에게 일관되게 투표하는 것은 그 후보자의 당선 가능성이 낮기 때문에 자신의 표를 무의미한 것(a wasted vote)으로 만들 수 있다고 생각할 수 있다. 이에 소수정당을 지지하는 유권자들은 비교적 당선 가능성이 높은 주요정당의 후보자들 중 자신을 가장 잘 대변할 것으로 생각되는 후보자에게 투표할 가능성이 높다.

〈그림 6-3〉은 19대 총선 이후 이루어졌던 아산정책연구원 제2차 패널조사에서 유권자들의 선거 결과에 얼마나 만족하는지 지지정당별로 구분하여 비교한다. 구체적인 질문은 "선생님께서는 이번 국회의원 선거 결과에 얼

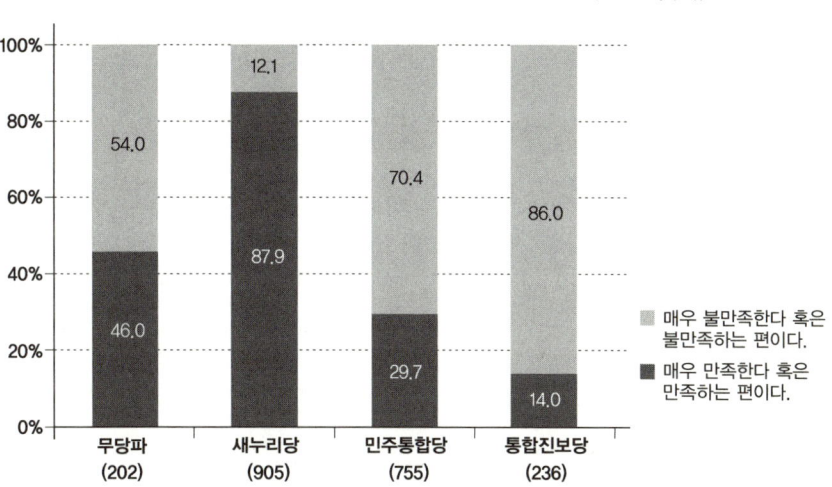

〈그림 6-3〉 무당파와 정당지지자들의 19대 총선 결과 만족도 (단위: %, (명))

마나 만족하십니까?"였다. 지지하는 정당이 없다고 대답한 무당파 중 54%가 "매우 불만족하다" 혹은 "불만족하는 편이다"라고 답했다. 이에 비해 새누리당 지지자들 중 오직 12.1% 만이 불만족하다고 답했고 야당인 민주통합당을 지지하는 응답자 중 70.4%가, 통합진보당을 지지하는 응답자 중 86%가 불만족하다고 답했다. 무당파들 중 다수가 19대 총선 결과에 대해 불만족하다고 대답했지만, 그 정도는 주요 야당지지자들에 비해 현저히 적은 수준이며 그 분포는 여당지지자와 야당지지자의 분포 사이에 위치한다. 이는 무당파들이 자신의 이해관계를 제대로 반영하는 정당이 없어서 지지하는 정당이 없을 뿐, 정기적으로 이루어지고 비교적 공정하며 다수의 정당이 참여하는 선거의 정당성에 대해 문제를 제기하는 집단이 아님을 분명히 보여준다.

지금까지 지난 19대 총선에서 무당파들이 지역구 국회의원 투표와 비례대표 국회의원 투표, 19대 총선 결과에 대한 만족도 등에서 정당지지자들과 비교해 그들의 투표성향이 어떠한 특징을 보이는지 살펴보았다. 간략하게 정리하면, 무당파들은 기존의 정당지지자들과 다르게 지역구 국회의원 투표에서는 무소속 후보에게 투표하는 경향이 강하고 비례대표 국회의원 투표에서는 기타정당에 투표하는 경향이 눈에 띄게 강했다. 그럼에도 불구하고 지지하는 정당이 없다고 대답한 무당파 중 78%가 지난 19대 총선에서 기존 정당이나 그 후보자를 선택했다고 대답했다. 다만 이들 투표에 참가한 무당파 중 70%가 넘는 유권자들이 야당에 투표했다고 답했다. 그리고 무당파 중 다수인 54%가 지난 19대 총선 결과에 대해 불만족하다고 대답했지만, 이는 야당지지자들의 불만 정도에 비해 아주 낮았다. 이처럼 기존 정당지지자들과 다른 투표성향을 보이면서 정당지지 분포에 있어 새누리당을 지지하는 여당지지자와 야당, 특히 민주통합당 지지자 사이에 위치하는 '순수한' 무당파는 누구인가? 이하에서는 무당파가 누구인지 살펴보기 위해 그들의 이념뿐만 아니라 사회경제적 배경과 주요 정책이슈에 대한 그들의 태도를 중심으로 분석한다.

무당파는 누구인가?

본 연구에서 무당파는 지난 19대 총선 바로 전에 이루어진 아산정책연구원 제1차 패널조사에서 "어느 정당도 지지하지 않는다"고 대답한 응답자들(9%)을 일컫는다. 앞에서도 언급했듯이 제1차 패널조사가 지난 19대 국회의원 선거 며칠 전에 이루어져 자신이 지지하는 정당이 없다고 답한 이들의 비율이 매우 적게 나타났다. 일반적으로 선거와 선거 사이에 이루어지는 여론조사에서 지지하는 정당이 없다고 대답하는 응답자들은 많게는 50%에 가깝거나 적어도 20% 이상이었다(김상욱 외 2011). 시민들의 정치행태를 연구하는 문헌에 따르면(Erikson and Tedin 2011), 특히 미국의 경우 무당파(independent)라고 답하는 이들 중 적지 않은 수의 응답자들이 사실은 공화당에 좀 더 가까운 무당파와 민주당에 좀 더 가까운 무당파, 순수한 무당파로 나뉠 수 있다고 한다. 그리고 이 경우 순수한 무당파는 전체 응답자의 10%에 못 미친다. 본 연구가 분석대상으로 하는 응답자의 9%인 무당파는 '순수한' 무당파라고 할 수 있다.

유권자들의 투표를 결정하는 요인은 다양하다. 예를 들어 유권자가 어떤 사회집단에 속해 있는지가 그들의 투표결정에 결정적인 영향을 미친다고 주장하는 컬럼비아 학파(Berelson et al. 1954), 그리고 유권자의 투표선택에서 쟁점의 중요성을 강조하고 전망적·회고적 투표성향을 구분하는 합리적 선택이론(Downs 1957), 이 밖에도 유권자 개인의 인지구조에 초점을 맞추거나 각 나라의 선거제도가 투표행태에 어떠한 영향을 미치는지 분석하는 이론들도 존재한다. 이 중에서도 '미시간 학파(Michigan School)'라고 불리는 연구집단들에 따르면, 정당일체감(party identification)이 유권자의 투표선택에 중요한 영향을 미친다(Campbell et al. 1960). 정당일체감은 '유권자 개인이 하나의 정당에 대해 느끼는 애착심'으로 정의되며, 선거에서 후보자 선택이나 쟁점에 대한 유권자 자신의 평가에 커다란 영향을 미친다.

모든 유권자들이 선거에 출마한 모든 후보자들의 경력이나 공약에 정통하지 않다. 정당에서 적극적으로 활동하는 이들마저도 다른 정당의 후보자에 대한 정보는 제한적으로 보유한다. 이때 유권자는 출마한 후보자들의 경력이나 공약에 대해 많은 시간을 들여 이해한 뒤 한 후보자를 선택하기보다, 유권자 개인이 가깝다고 느끼는 정당의 후보자가 자신의 이해관계를 가장 잘 대변해 주리라 믿으면서 그 후보자를 선택하는 경향이 강하다. 이러한 정당일체감은 한 개인이 사회화과정을 통해 가족이나 친구, 그 당시 전반적인 사회분위기 등에 영향을 받으며 성인이 된 후에도 젊었을 때 획득한 정당일체감은 쉽게 변하지 않는다. 유권자들이 투표를 결정할 때 가장 중요한 요소들 중 하나인 정당일체감이 없다고 대답하는 무당파 유권자들은 정당일체감을 보유한 정당지지자들과 어떻게 다를까?

무당파의 이념성향

〈그림 6-4〉는 응답자의 이념을 진보와 중도, 보수로 나누어 무당파와 정당지지자들의 이념성향을 비교한다. 아산정책연구원 제1차 패널조사에서 응답자들은 '0(매우 진보적이다)'에서 '10(매우 보수적이다)' 사이의 숫자들 중 하나를 선택해 자신의 이념성향에 답했다. 이를 다시, 0에서 4까지 대답한 응답자를 '진보'로 칭하고, 5라고 대답한 응답자를 '중도'로 6에서 10까지 대답한 응답자를 '보수'로 분리했다. 이번 1~2차 패널조사 결과 응답자 중 27%가 '진보', 35%가 '중도', 28%가 '보수'로 구분되었다.

〈그림 6-4〉에서 보듯이 무당파의 이념 분포는 새누리당을 지지하는 응답자와 민주통합당을 지지하는 응답자 사이에 놓이며 후자에 좀 더 비슷하다.

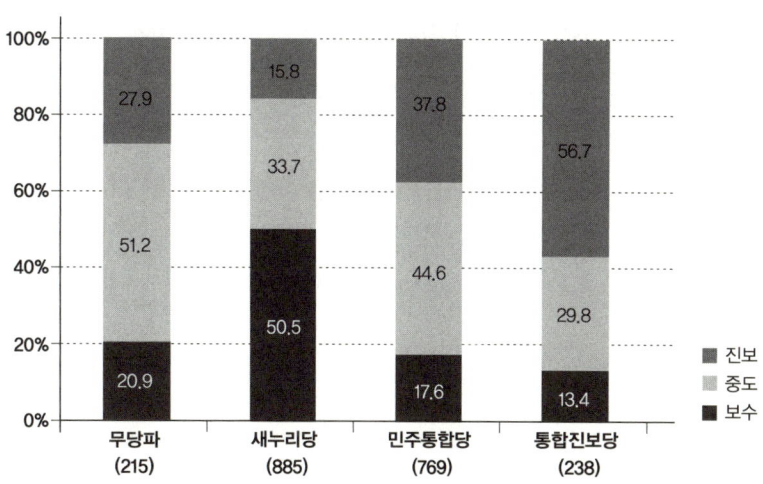

〈그림 6-4〉 무당파와 정당지지자들의 이념성향 비교 (단위: %, (명))

주) "잘 모름/무응답"은 제외되었다.

무당파 중 51.2%가 중도를 표방한다. 무당파 중에는 중도라고 답하는 응답자뿐만 아니라 보수라고 답한 응답자도 20.9% 있고 진보라고 답한 응답자도 27.9% 있다. 〈그림 6-4〉에서 분명히 관찰되듯이 지지하는 정당이 없는 무당파뿐만 아니라 정당지지자들의 개인적인 이념성향을 보면 각 집단의 개인적인 이념성향은 다양하다. 우리가 일상적으로 접하는 언론에 의해 보수정당으로 규정된 새누리당을 지지하는 응답자들 중에는 보수라고 답하는 이들이 50.5%로 가장 많지만, 이에 못지않게 33.7%의 응답자들은 중도라 대답했으며 심지어는 15.8%의 응답자들이 자신의 이념성향을 진보라 답했다. 이러한 다양한 이념성향 분포는 민주통합당을 지지하는 응답자와 통합진보당을 지지하는 응답자들에게서도 공통적으로 보인다. 민주통합당 지지자 중 가장 많은 응답자인 44.6%가 중도를 그 다음으로 37.8%가 진보를 단지 17.6%만이 보수를 자신의 이념성향이라 답했다. 물론 진보를 대변한다고 주장하는 통합진보당을 지지하는 응답자들 중 과반이 넘는 56.7%의 응답자가 자신의 이념성향을 진보라 답했다. 다른 정당지지자와 마찬가지로, 통합진보당을 지지하는 이들 중에는 중도를 표방하는 응답자가 29.8%였고 심지어 보수라고 답하는 이들도 13.4%였다.

0에서 10까지의 숫자로 표현된 이념성향을 무당파와 정당지지자들의 평균값을 보면 〈표 6-1〉과 같다. 이번 여론조사 자료에 따르면, 새누리당을 지지한다는 응답자들의 평균값은 7.14이며 민주통합당을 지지하는 응답자들의 평균값은 5.49, 통합진보당을 지지하는 응답자들의 평균값은 4.91로 조사됐다. 지지하는 정당이 없는 무당파의 경우 응답자들의 평균값은 〈그림 6-4〉에서 간접적으로 보여주듯이 새누리당 지지자들과 민주통합당 지지자들 사이에 위치한 값인 5.82로 조사됐다. 이는 새누리당을 지지하는 응답자들의 평균값과 1.28 차이이며, 민주통합당을 지지하는 응답자들의 평균값과 0.33 차이를 보인다. 즉 〈그림 6-4〉에서도 관찰되듯이 평균적으로 무당파의 이념성향은 새누리당을 지지하는 응답자들보다 민주통합당을 지지하는 응답자들의 이념성향에 더 가깝다. 그럼에도 불구하고 이러한 평균값은 각각의 정당지지자 집단이 포함하는 유권자들의 다양한 이념적 스펙트럼을 보여주지 못하는 한계를 갖고 있다. 즉 자신이 이념적으로 진보라 생각하는 적지 않은 새누리당 지지자가 있는가 하면 스스로가 이념적으로 보수라 생각하는 통합진보당 지지자도 적지 않은 수가 존재한다는 것을 간과할 수 있다. 참고로 지난 19대 총선 비례대표 국회의원 투표에서 정당투표자들의 이념성향의 평균값을 보면 〈표 6-1〉과 같다. 비례대표 투표에서 새누리당에 투표했다고 응답한 이들의 이념성향의 평균값은 7.16이며 민주통합당에 투표했다는 이들의 평균값은 5.54, 통합진보당에 투표했다고 응답한 이들의 평균값은 4.99로 조사됐다. 지지정당을 중심으로 살펴본 이념적 평균값과 정당투표 중심으로 살펴본 이념적 평균값 사이에는 그리 큰 차이가 없다.

〈표 6-1〉 정당지지 집단별 이념성향 평균값

정당일체감	평균값 (0-10점)	19대 총선 비례대표 정당투표	평균값 (0-10점)
새누리당	7.14	새누리당	7.16
민주통합당	5.49	민주통합당	5.54
자유선진당	5.77	자유선진당	5.97
통합진보당	4.91	통합진보당	4.99
무당파	5.82		

주) 0: 매우 진보, 10: 매우 보수

무당파의 연령대 구성 비율

〈그림 6-5〉는 무당파와 정당지지자들의 연령대별 분포를 비교한다. 무당파는 20~30대의 분포가 49.4%로 새누리당의 22.3%보다 훨씬 많은 부분을 차지하고 민주통합당의 46.8%보다 많은 부분을 차지한다. 통합진보당을 지지한다고 응답한 유권자들 중 20~30대는 58.4%를 차지해 무당파의 동일한 연령대 분포와 유사하다. 앞서 정당일체감 형성이 사회화과정을 통해 이루어진다고 설명했었다. 마찬가지로 무당파 중에 특히 22.9%를 차지하는 19~29세의 젊은 유권자들은 아직도 정당일체감을 형성하는 과정에 있다. 사회화 과정을 통해 형성된 정당일체감이 50대 이상의 유권자들에게서 바뀔 가능성은 아주 특별한 사회적 충격이 존재하지 않는 한 아주 낮다. 새누리당을 지지하는 유권자들 중 50대 이상은 56.9%를 차지하고 있으며 이들의 정당일체감은 계속해서 유지될 가능성이 높다.

새누리당을 지지하는 유권자들 중 20~30대가 차지하는 비율은 22.3%로 다른 정당들에 비해 매우 작다. 이는 향후 20~30년 후에 현재의 젊은 유권자들이 정당일체감에 변화를 경험하거나 현재 무당파의 다수를 차지하는 20~30대 유권자들이 보수정당을 선호하는 방향으로 정당일체감을 형성하지 않으면, 한국 정치에서 보수정당의 위상이 지금처럼 안정적이지 않을 수 있음을 암시한다. 물론 젊은 세대가 세월이 흘러 기성세대로 다시 노년 세대로 옮겨가면서 비교적 진보적 이념성향에서 점차 보수적인 방향으로 이념성향이 변하고 그 결과 보수정당을 지지하는 경향이 강해질 수 있다. 그럼에도 불구하고 현재 보수 정당인 새누리당을 지지하는 응답자 중 다수를 차지하는 50~60대 지지자들이 과거 자신들이 20대에 경험하면서 형성된 이념성향이나 정당 선호 경향은 현재 20대들이 경험하는 사회화·정치화 과정과는 확연이 다르다. 1960~70년대 한국의 경제발전 수준과 이 당시 20대를 보낸 세대의 교육수준 또한 현재의 20대가 누리는 경제발전 수준과 교육수준에 비해 현저히 낮다. 현재의 20대 유권자들이 경험하는 사회화·정치화 과정은 한국의 미래 정치 상황에 중요한 변수가 될 수 있다. 20대들은 한국 정치 발전에 미칠 중요성에도 불구하고 다른 세대와 비교해 정치에 관심을 덜 가지며 투표와 같은 정치적 행동에도 가장 소극적이다. 이와 더불어 한국 사회에는 정치와 이에 참여하는 정치인들에 대한 부정적 평가가 광범하게 퍼져 있어 그렇지 않아도 정치적으로 소극적인 20대 유권자들이 사회화·정치화 과정을 통해 성숙된 시민으로 어떻게 정치에 참여할지에 대해서는 주의 깊은 관찰이 필요하다.

더욱이 지난 10.26 서울시장 보궐선거에서 표면화되기 시작한 2040세대의 복지 열망을 어떻게 기존 정당들이 만족시켜 줄 수 있는지가 다가오는 12월 대통령 선거뿐만 아니라 한국의 정치변동에 커다란 영향을 미칠 수 있다. 구체적으로 현재 20대 중 다수는 대학 등록금과 청년실업이라는 문제에 직면해 있으며 30대는 비정규직과 보육, 40대는 교육과 주거, 노후준비 문제로 어려움을 겪고 있다. 이에 대해 야당뿐만 아니라 여당인 새누리당까지도 과거의 성장 중심의 정책담론에서 벗어나 분배를 중시하는 방향으로 전환하려 한다. 2040세대의 복지 열망이 과거에는 개인적인 문제로 인식하고 자신들이 마주하는 어려움을 극복하려 했다. 그러나 지난 10.26 서울시장 보궐선거에서 뚜렷하게 나타났듯이 2040세대의 복지 열망은 집단적인 저항의식으로 표출되기 시작했고 이는 선거에서 표로 이어지고 있다. 이처럼 변화된 젊은 세대의 저항의식이 정치참여로 이어지고 이에 대한 반응으로 기존 정당들에게는 자신들의 지지기반 확대를 통해 선거에서 득표수 증가로 연결시키기 위해 정책방향을 성장보다 분배를 강조하는 쪽으로 전환하고 있다. 아산정책연구원 패널조사 1~2차 자료에 따르면, 새누리당 지지자들 중 2040세대가 43%인 데 비해, 민주통합당 지지자들 중 2040세대는 71%, 통합진보당 지지자들 중에는 84%를 차지하고 있다. 여전히 여당인 새누리당이 2040세대에게 매력적으로 다가서지 못하고 있다.

또 하나, 무당파 중 50대 이상의 유권자들이 31.8%를 차지한다. 과연 이들이 어떤 사회화 과정을 경험했기에 비교적 견고한 정당일체감을 보이는 동일 세대의 다른 유권자들과 달리 여전히 지지하는 정당이 없게 되었는지

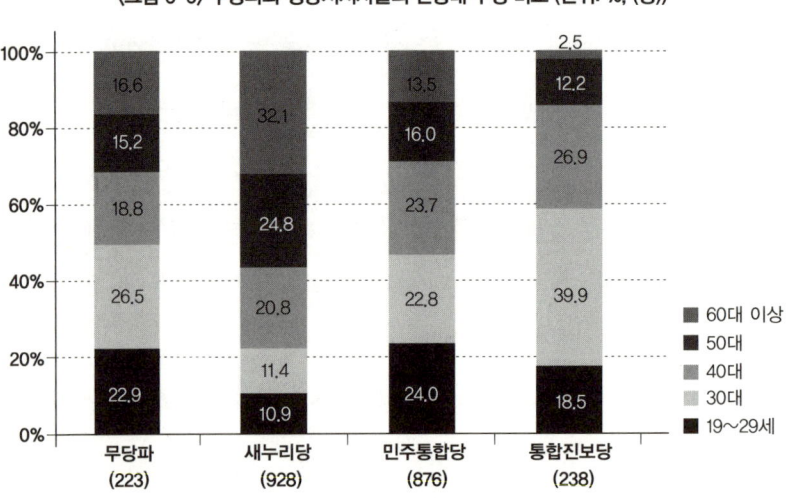

〈그림 6-5〉 무당파와 정당지지자들의 연령대 구성 비교 (단위: %, (명))

출처: 중앙선거관리위원회(2012)

궁금하다. 아산정책연구원 패널조사 1~2차 자료에 따르면, 전체 50대 유권자들 중 8%의 응답자가 지지하는 정당이 없다고 답했으며, 60대 이상 유권자들 중 8%가 마찬가지로 지지정당이 없다고 답했다. 이는 40대 유권자에서 무당파가 차지하는 비율과 비슷하며 30대(13%)와 20대(12%)에서 무당파가 차지하는 비율보다 낮다.

주요 이슈들에 대한 무당파의 견해

지난 19대 총선에서 주요하게 다루어졌던 네 가지 이슈들에 대해 무당파의 견해와 정당지지자들의 견해를 비교한다. 본 장에서 다루는 네 가지 주요 이슈들은 '한미 FTA'와 '대북정책', '복지정책', '재벌규제' 등이다. 결론적으로 말하면 네 가지 주요 쟁점들에 대한 무당파의 견해 분포는 새누리당을 지지하는 유권자의 견해 분포와 민주통합당을 지지하는 유권자의 견해 분포 사이에 놓인다.

〈그림 6-6〉은 한미 FTA에 대한 무당파와 정당지지자들의 견해 분포를 비교한다. 무당파 중 "한미 FTA는 차질 없이 추진되어야 한다"고 답한 이들이 65.6%로 새누리당 지지자들의 92.3%와 민주통합당 지지자들의 47.9% 사이에 있다. 패널조사 1~2차 자료에 따르면 응답자 중 57%가 "한미 FTA는 차질 없이 추진되어야 한다"고 답했다. 19대 총선에서 통합진보당은 "한미 FTA 폐기"를, 민주통합당은 "한미 FTA 재협상 관철"을 각각 선거 공약으로 유권자들에게 제시했다. 19대 총선 과정에서 선거연대를 결성한 민주

통합당과 통합진보당은 "한미 FTA 폐기 혹은 재협상"을 주요 이슈로 다루었지만, 이 이슈는 민주통합당 내에서도 의견이 정리되지 못했으며 무당파 유권자들로부터 표를 이끌 만한 이슈로 작동하지 못했다.

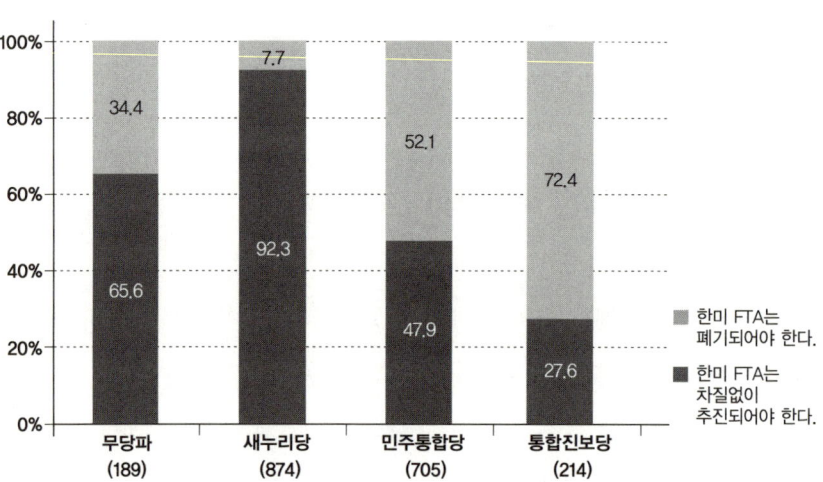

〈그림 6-6〉 이슈 1: 한미 FTA (단위: %, (명))

〈그림 6-7〉은 대북정책에 대한 무당파와 정당지지자들의 견해 분포를 비교한다. 무당파 중 "경제적 지원 및 대화와 설득을 통해 북한의 변화를 이끌어내야 한다"고 답한 이들은 53.1%였다. 이는 한미 FTA 이슈와 마찬가지로 새누리당을 지지하는 응답자들(37.7%)과 민주통합당을 지지하는 응답자들(64.2%)의 견해 분포 중간에 위치한다. 새누리당을 지지하는 응답자들 중 37.7%가 대북포용 정책에 찬성했으며 민주통합당 지지자들을 비롯해 통합진보당 지지자들, 무당파 중 50% 이상의 응답자가 대북포용 정책을 지지했다. 아산정책연구원 패널조사 1~2차 자료에 따르면, 패널조사에 참여한 응

답자 중 49%가 대북포용 정책을 지지한다고 대답한 반면, 42%의 응답자가 "북한이 변화하기 이전에는 경제적 지원을 재개하면 안 된다"는 데 동의했다. 이러한 견해의 분포는 무당파가 보여주는 대북정책에 대한 견해의 분포와 비슷하다. 즉 어느 한 입장이 지배적이지 않았으므로 대북정책의 견해 차이가 여당인 새누리당이나 혹은 야당으로 표가 쏠리는 현상이 없었음을 알 수 있다.

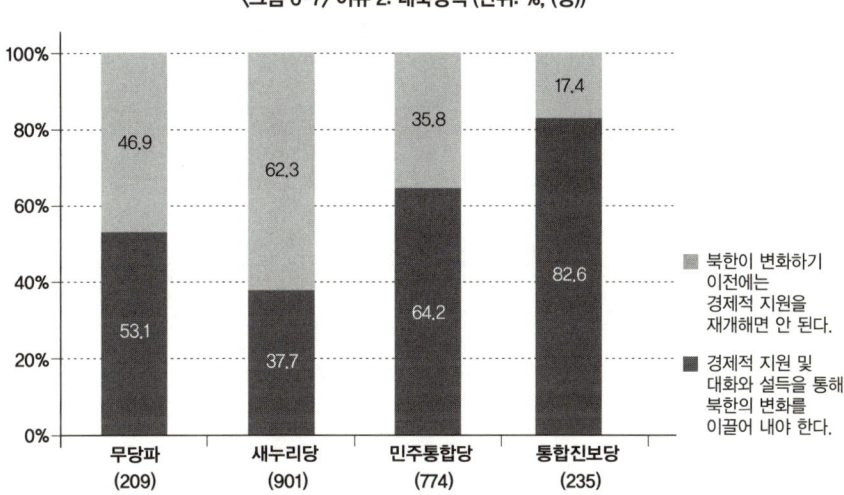

〈그림 6-7〉 이슈 2: 대북정책 (단위: %, (명))

〈그림 6-8〉은 복지정책에 대한 무당파와 정당지지자들의 견해 분포를 비교한다. 무당파 중 "세금이 낭비될 수 있으므로 복지혜택은 꼭 필요한 사람에게 집중되어야 한다"고 답한 이들이 67.8%를 차지했다. 이는 앞서 두 쟁점들에서 무당파들의 견해가 보여준 것처럼 새누리당 지지자들 중 동일한 견해를 보인 응답자 비율(82%)과 민주통합당 지지자들 중 동일한 견해를 보

인 응답자 비율(60.1%) 사이에 있다. 민주통합당이 "빈곤층, 장애인, 실업자, 노인 등 취약계층에게는 집중적인 보장을 하고, 무상급식, 무상보육, 무상의료, 반값등록금, 일자리복지, 주거복지 등 '보편적 복지 3+3' 정책을 통해 보편적 복지를 실현한다"는 선거 공약을 발표했음에도 불구하고, 민주통합당을 지지하는 응답자들 중 39.9%만이 "세금을 더 내더라도 가능한 한 많은 사람이 동일한 복지혜택을 누려야 한다"는 데 동의하고 있다.

아산정책연구원 패널조사 1~2차 자료에 따르면, 62%의 응답자가 "세금이 낭비될 수 있으므로 복지혜택은 꼭 필요한 사람에게 집중되어야 한다"는 데 동의했다. 19대 총선을 준비하면서 새누리당도 "보수에서 중도 쪽으로 좌클릭했다"는 비판을 받을 정도로 성장보다 분배를 더 강조하는 복지정책들을 제시했다. '평생 맞춤형 복지' 정책 내용들에는 고교 교육 의무화뿐만 아니라 경제활동을 하고 있는 노인 중에서 연소득 1,300만 원 이하인 만 60

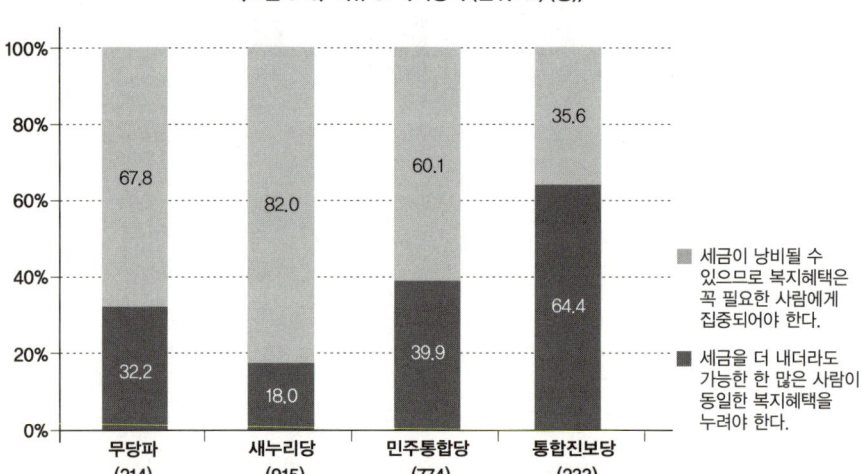

〈그림 6-8〉 이슈 3: 복지정책 (단위: %, (명))

세 이상 노인에게 연 최대 70만 원을 지급한다는 내용 등이 포함되어 있다. 선거 캠페인 기간 동안 주요정당들이 쏟아 놓은 복지정책들이 여론이 무엇을 바라는지 제대로 고민했던 결과인지 다시 한 번 생각해 볼 일이다. 유권자들의 관심이 과거와는 달리 성장보다 분배에 더 많은 관심을 기울이고 있지만 여전히 어떻게 분배할 것인가에 대한 논의가 더 필요하다.

〈그림 6-9〉는 정부의 재벌규제 정책에 대한 무당파와 정당지지자들의 견해 분포를 비교한다. 재벌규제 정책은 최근 다가오는 12월 대통령 선거를 준비하는 주요정당이나 각 정당의 후보자들이 예외 없이 강조하는 "경제 민주화"의 주요한 내용 중 하나이다. 아산정책연구원 제2차 패널조사에서 응답자에게 "재벌개혁은 시장기능에 맡기고 가능한 한 간섭하지 말아야 한다"는 의견과 "재벌에 대한 정부의 규제를 더욱 강화해야 한다"는 의견 중 어느 의견에 동의하는지 물었다. 조사 결과에 따르면, 63%의 응답자가 정

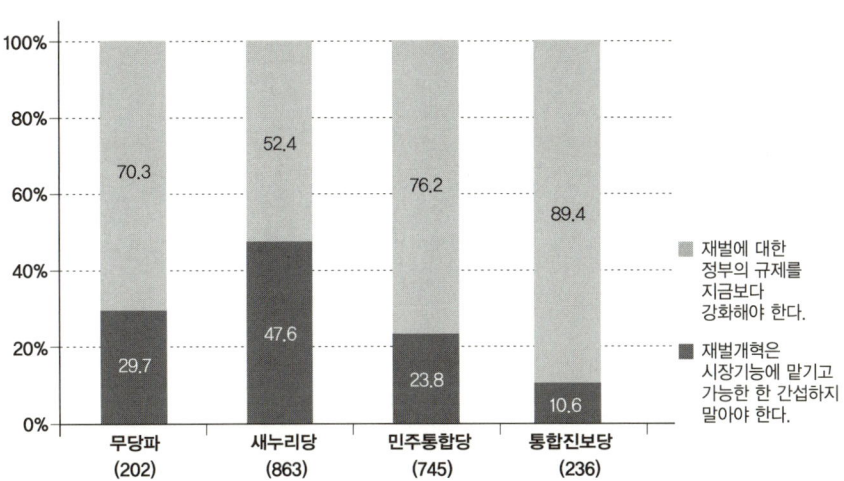

〈그림 6-9〉 이슈 4: 정부의 재벌규제 (단위: %, (명))

부에 의한 재벌규제가 강화되어야 한다는 의견에 동의한다고 답했다. 제2차 패널조사에 참여한 응답자 중 31%만이 재벌개혁은 시장기능에 맡겨야 한다는 의견에 동의한다고 답했다.

제2차 패널조사에 참여한 무당파 중 70.3%의 응답자가 재벌규제가 강화되어야 한다는 의견에 동의한다고 답했다. 이러한 분포는 앞서 살펴본 세 가지 이슈에서 유사하게 나타났듯이 재벌규제가 강화되어야 한다는 의견에 동의하는 새누리당 지지자(52.4%)와 민주통합당 지지자(76.2%)의 견해 분포 중간에 위치한다. 다만 무당파의 2/3 이상이 재벌규제가 강화되어야 한다고 생각하고, 제2차 패널에 참여한 전체 응답자 중 2/3에 가까운 응답자가 마찬가지 의견에 동의한다는 점은 오는 12월에 있을 대통령 선거를 준비하는 정당이나 그 후보자들에게 재벌개혁에 대한 여론이 어떻게 형성되어 있는지를 뚜렷하게 보여준다.

〈그림 6-10〉은 이명박 대통령 지지도 분포를 무당파와 정당지지자들로 나누어 비교하고 있다. 앞서 다양한 그림들에서 보았듯이 무당파의 이명박 대통령에 대한 긍정적인 평가와 부정적인 평가의 비율이 새누리당 지지자들과 민주통합당 지지자들 사이에 위치하면서 민주통합당 지지자들의 분포에 좀 더 가깝게 나타난다. 아산정책연구원 1~2차 패널조사에 참여한 응답자 중 이명박 대통령이 "매우 잘하고 있다" 혹은 "다소 잘하고 있다"고 긍정적으로 평가한 이들은 29%였다. 이들을 정당지지에 따라 구분하면, 새누리당 지지자들 중 이명박 대통령이 "매우 잘하고 있다" 또는 "다소 잘하고 있다"고 긍정적으로 평가하는 이들이 58.6%로 과반을 넘었다. 이에 비해 무당파 중 긍정적으로 평가한 응답자들이 22%였고 민주통합당 지지자들 중

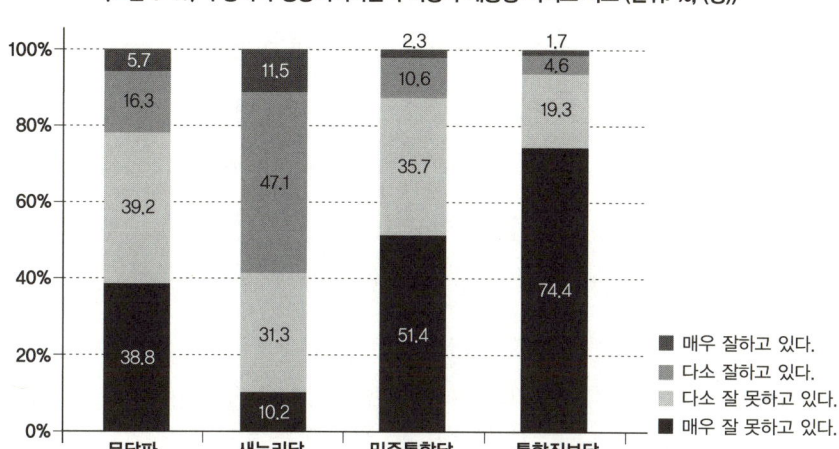

〈그림 6-10〉 무당파와 정당지지자들의 이명박 대통령 지지도 비교 (단위: %, (명))

이명박 대통령을 긍정적으로 평가한 응답자는 12.9%에 그쳤다.

〈표 6-2〉는 아산정책연구원 패널조사 1~2차에 참여한 응답자들을 대상으로 무당파와 정당지지자들이 갖는 주요 대선후보들에 대한 호감도 평균값을 비교한다. 대선후보들에 대한 호감도 조사는 응답자에게 "'매우 싫어한다'를 0, '보통이다'를 5, '매우 좋아한다'를 10으로 했을 때" 0에서 10 사이의 숫자로 대답하도록 했다. 누구나 예상할 수 있듯이 박근혜 후보에 대한 호감도가 가장 높은 집단은 새누리당 지지자들(8.87)이었다. 안철수 교수에 대한 호감도가 가장 높은 집단은 민주통합당 지지자들(8.21)이며 통합진보당 지지자들도 이에 뒤지지 않는 호감도(8.14)를 보여준다. 안철수 교수에 대한 야당지지자들의 호감도는 무당파의 호감도(6.87)보다 눈에 띄게 높았다. 문재인 후보의 호감도는 예상 외로 통합진보당 지지자들에게서 가장 높게(8.00) 조사되었다. 그렇지만 문재인 후보의 호감도는 민주통합당 지지자

와 통합진보당 지지자들 모두에서 안철수 교수에 뒤졌다. 마찬가지로 민주통합당 지지자들도 문재인 후보에 대한 비교적 높은 호감도(7.59)를 보여줬다. 무당파는 세 명의 대선후보들 중 안철수 교수에 대한 호감도(6.87)가 가장 높았고 박근혜 후보(5.98)와 문재인 후보(5.86) 사이에는 큰 차이가 없었다. 다만 안철수 교수의 호감도를 무당파와 정당지지자들 중심으로 비교하면, 무당파 사이에 안철수 교수의 호감도가 민주통합당 지지자나 통합진보당 지지자가 보여주는 것보다 확연히 낮았다.

〈표 6-2〉 무당파와 정당지지자들의 정치인 호감도 평균값 비교

정당일체감	박근혜	안철수	문재인
새누리당	8.87	5.13	4.73
민주통합당	5.22	8.21	7.59
통합진보당	3.68	8.14	8.00
무당파	5.98	6.87	5.86

주) 0: 매우 싫다, 10: 매우 좋다

〈표 6-2〉는 몇 가지 재미있는 현상을 보여준다. 첫째, 민주통합당 지지자들이 문재인 후보보다 안철수 교수에 대해 보이는 호감도가 높다. 다가올 12월 제18대 대통령 선거에서 승리하기 위해 민주통합당 내에서 당에서 선출한 대선후보와 통합진보당 후보뿐만 아니라 안철수 교수와도 범야권 후보 단일화가 필수적이란 인식이 있다. 본 여론조사에서 보여주는 것은 안철수 교수가 민주통합당의 대선후보와 후보 단일화를 이룰 경우 그렇게 비관적이지만은 않다는 것을 간접적으로 보여준다.

둘째, 무당파는 안철수 교수에 가장 높은 호감도를 보였다. 다가올 12월

대통령 선거에서는 새누리당 대선후보로 선출된 박근혜 후보를 포함한 강력한 두 후보자가 당선을 위해 경쟁하리라 본다. 이 경우 기존의 정당지지자들은 지지하는 정당 후보자에게 투표할 가능성이 높으므로 무당파가 어느 후보를 선택하는지가 대선 승리에 주요한 변수들 중 하나가 될 수 있다. 박근혜 후보 대선 승리를 위해 새누리당 지지자들뿐만 아니라 무당파들이 무엇을 원하는지에 대해 고민해야 한다.

마지막으로 안철수 교수의 호감도를 지지정당별로 비교하면, 무당파가 안철수 교수에게 보여주는 호감도는 야당이 민주통합당 지지자와 통합진보당 지지자들에 비해 뚜렷하게 낮았다. 이 결과는 앞으로 안철수 교수가 다가오는 12월 대통령 선거에 출마할 계획을 염두에 두고 있다면 현재 자신에 대한 지지가 누구로부터 오는지에 대한 면밀한 검토가 필요하다는 것을 제안한다.

결론

제 19대 총선의 투표율은 54.3%로, 지난 18대 총선 투표율(46.1%)보다 높았다. 새누리당은 정당투표에서 가장 높은 득표율인 42.8%로 152석을 획득했고, 민주통합당은 득표율 36.5%로 127석, 통합진보당은 정당투표 득표율 10.3%로 13석, 자유선진당은 3.2%의 득표율로 5석을 얻었다. 선거 전 다수의 전문가들이 여소야대 선거 결과를 예상했지만, 결과는 여당인 새누리당이 단독 과반의석을 점하는 것으로 나타났다. 이러한 결과는 '정권심판론'을 주장하며 선거연대를 구성해 새누리당에 대항했던 야당들의 정치적 패배를 의미한다. 다만 야당인 민주통합당과 통합진보당은 수도권에서 112개의 의석 중 각각 65개 의석과 4개 의석을 획득함으로써 '승리'했으며 전체 지역구 득표수의 우세도 의미 있는 결과들 중 하나였다. 다가올 12월 대선에서 야권단일 후보가 가능하면, 여당 후보와 의미 있는 경쟁이 가능하다는 것을 뜻한다.

19대 총선 전후로 이루어진 아산정책연구원 패널조사 1~2차 자료에 따르면, 응답자 중 자신이 지지하는 정당이 "없다"고 대답한 '순수한' 무당파는 9%였다. 이들 무당파 중 19대 총선투표에 참여했다고 응답한 비율은 78%였다. 무당파라고 답한 응답자들 중 47%가 지역구 국회의원 투표에서 민주통합당 후보자에게 투표했다고 응답했으며, 3%는 통합진보당 후보에게 투표했다고 답했다. 반면 무당파 중 30%만이 새누리당 후보자에 투표했다고 응답했다. 19대 총선 후 몇몇 보수 언론에서 야당의 선거 패배 이유로 민주통합당이 통합진보당과 선거연대를 통해 '좌클릭'함으로써 민주통합당이 중도표를 잃은 결과라고 분석했다. 언론에서 이야기하는 중도표가 이념적으로 중도를 표명하는 유권자를 의미하는지, 아니면 지지하는 정당이 없는 무당파를 의미하는지 분명하지 않다. 본 장에서 패널조사 1~2차 자료를 이용한 분석 결과, 이러한 보수 언론의 19대 총선 결과 분석은 다음 두 가지 측면에서 객관적이지 못하다.

우선 자신을 이념적으로 중도라고 생각하는 이들과 지지하는 정당이 "없다"는 무당파와는 분명히 구분되어야 한다. 앞서 〈그림 6-3〉이 잘 보여주듯이, 기존 정당지지자들뿐만 아니라 무당파도 이념성향이 다양하다. 물론 새누리당 지지자들 중에는 자신의 이념을 보수라고 생각하는 이들이 50.5%로 가장 많지만, 나머지 49.5%는 자신의 이념이 중도(33.7%)나 진보(15.8%)라고 생각하는 이들이다. 그리고 자신의 정치이념이 보수라고 생각하는 응답자들 중에는 새누리당을 지지할 뿐만 아니라 민주통합당을 지지하는 응답자와 통합진보당을 지지하는 응답자도 포함된다. 민주통합당을 지지한다고 응답한 이들 중 17.6%가 자신의 이념을 보수라고 생각하고 통합진보당을 지지한다고 대답한 이들 중 13.4%가 자신의 이념을 보수라고 생각했다. 본 장에서 자세히 살펴봤던 무당파에는 중도라고 답한 응답자들이 51.2%로 가장 많았지만, 이 밖에도 보수라고 생각한다는 응답자는 20.9%, 진보라고 생각하는 이도 27.9%였다. 지지하는 정당이 없는 무당파를 단순히 중도라고 칭하는 것은 그들의 다양한 이념적 스펙트럼을 무시하는 전제이다.

또한 패널조사 1~2차 결과에서 나타났듯이 80%에 가까운 무당파가 지난 총선에 투표했다고 답했으며, 이들의 투표행태도 이념 분포만큼이나 다양했다. 지역구 국회의원 선거제도는 선거구마다 1명의 국회의원을 뽑는다. 즉 복수의 후보자들 중 가장 많은 득표수를 획득한 후보자가 그 지역구 국회의원으로 당선된다. 그 지역구에 속한 유권자들의 한 표 한 표가 매우 중요하다. 특히 지난 19대 총선처럼 다수의 지역구에서 박빙의 승부를 펼친 경우에는 그 한 표의 의미가 더 커진다. 이때 지지하는 정당이 있는 유권자들이 선호하는 후보는 대부분 자신이 지지하는 정당 후보자인 경우가 대부분이므로 지지하는 정당이 없는 무당파의 투표가 선거에서 당락에 커다란 변수로 작용한다. 아산정책연구원 패널조사 1~2차 자료에 따르면 50%의 무당파가 지역구 국회의원 투표에서 민주통합당 혹은 통합진보당 후보에게 투표했다고 답했다. 이 결과를 보수언론의 선거결과 분석처럼 무당파가 야당 선거연대로부터 이탈했다는 분석으로 연결할 수 없다. 19대 총선 전 다수 전문가들의 예측과 달리 야당이 선거에 패배하고 여당인 새누리당이 국회 다수당이 된 것은 야당의 선거연대 때문이라기보다 여당인 새누리당의 지지가 아주 견고했기 때문이라고 볼 수 있다.

유권자의 투표행태에 영향을 미치는 다양한 요소들 중 가장 강력하고 안정적인 요인은 투표자의 정당일체감이다. 특히 대통령 선거처럼 전국적 수준에서 행해지는 선거에서 정당일체감은 유권자들이 선호하는 후보를 선택하는 데 중요한 변수가 된다. 즉 지지하는 정당이 있는 유권자들은 선거 과정에서 특별한 이변이 없는 한, 자신이 지지하는 정당의 후보자에게 투표하는 경향이 아주 강하다. 따라서 각 정당과 그 후보자는 기존의 정당지지자들의 표는 대부분 주어진 것으로 전제한다. 대통령 선거에서도 지역구 국회의원 선거처럼 유권자의 한 표가 선거의 승리에 매우 중요하다. 다만 그 범위가 지역구가 아니라 전국을 대상으로 한다는 데 차이가 있다. 짧지 않은 선거기간 각 정당과 그 후보자들은 유권자 중 정당일체감이 아주 약하거나 지지정당이 없는 무당파의 선택을 자신에게 유리한 방향으로 이끌어 내려 많은 시간과 자원을 소비한다. 이러한 무당파의 지지를 이끌어 내기 위해 그들에 대한 제대로 된 이해가 필수적이다.

본 장에서 살펴봤듯이 무당파는 단순히 중도를 표방하지 않는다. 무당파는 그 이념성향의 분포도 다양할 뿐만 아니라 여러 주요 이슈들에 대한 그들의 시각도 그만큼 다양하다. 무당파 중 70%에 가까운 응답자들이 선별적 복지정책에 동의한 반면, 비슷한 비율의 무당파가 정부의 재벌규제 강화에 동의하고 있었다. 그리고 무당파 중 54%의 응답자가 지난 19대 총선 결과에 대해 불만족하다고 대답했다. 무당파의 50%가 30대 이하의 유권자들로 구성되어 있다는 것도 정당지지자들과 확연히 구분되는 점이다. 무당파가 보여주는 주요 대선후보에 대한 호감도를 보면, 안철수 교수에 대한 호감도(6.87)가 박근혜 후보나 문재인 후보에 대한 호감도보다 높다. 그럼에도 불구하고 그 호감도는 새누리당 지지자가 박근혜 후보에게 보여주는 호감도(8.87)나 민주통합당 지지자가 문재인 후보에게 보여주는 호감도(7.59)에 비해서는 현저히 낮았다. 다가올 12월 대통령 선거에서 무당파의 선택이 매우 중요하지만, 여러 측면에서 무지갯빛을 보이는 무당파들은 쉽게 자신이 선호하는 후보를 보여주지 않을 것이다.

참고문헌

김상욱 · 김석호 · 김소임 · 김종수 · 김지범 · 문용갑 · 박재현 · 신승배 · 신인철 · 양종회 · 이양수. 2011. 『한국종합사회조사 2010』. 서울: 성균관대학교 출판부.

Aldrich, John. 1995. Why Parties? The Origin and Transformation of Political Parties in America. Chicago: University of Chicago Press.

Berelson, Bernard R., Paul F. Lazarsfeld and William N. McPhee. 1954. Voting: A Study of Opinion Formation in a Presidential Campaign. Chicago: University of Chicago Press.

Campbell, Angus, Philip E. Converse, Warren E. Miller and Donald E. Stokes. 1960. The American Voter. New York: John Wiley

Downs, Anthony. 1957. An Economic Theory of Democracy. New York: Harper and Row.

Erikson, Robert, and Kent L. Tedin. 2011. American Public Opinion. New York: Longman.

세대균열의 진화:

'386세대'의 소멸과 30대 유권자의 부상

— 박원호 —

세대균열의 진화:
'386세대'의 소멸과 30대 유권자의 부상

민주화 이후 한국 선거를 지배적으로 결정해온 요인이 지역 균열구조였고 이 효과와 원인에 대한 천착이 한국 선거연구의 한 주요 과제였다면, 이를 극복하거나 대체할 만한 다른 새로운 균열구조가 무엇인지에 대한 탐색은 그에 못지않은 한국 정치학의 주요 의제이다. 1980년대 중반 이후 본격적으로 진행된 선거연구는 지역주의에 대한 고찰을 넘어서 정책과 이념, 사회적 계급, 경제적 고려 등이 한국의 선거에 어떤 영향을 미치는지에 대한 연구 결과들을 축적하였다(예를 들어 강원택 2003a, 2003b; 이현우 1998 등).

정치세대에 대한 연구 또한 한국 선거를 이해하는 데 빼놓을 수 없는 주요한 하나의 축이 된다고 할 수 있는데, 한국 선거에 있어서 세대균열의 유의성에 대한 논의는 정진민의 연구(1992)가 선구적이다. 그에 의하면 한국 선거에서 세대간 격차는 지역, 도시화 정도와 함께 한국 선거에 있어 가장 설명력이 높은 변수이다. 이후 일련의 후속 연구들(정진민·황아란 1999; 박명호 2004)을 거치면서 한국 선거를 설명하는 하나의 주요 변수로서 세대는 지속적인 학술적 관심을 받아왔다(서현진 2008; 박명호 2009; 박재흥 2005 등).

세대의 문제가 본격적인 주목을 받기 시작한 것은 아무래도 2002년의 16대 대통령 선거 과정에서 보인 세대 간 격차와 이에 기반한 노무현 후보의 당선일 것이다. 이전까지 학술적 관점에서만 조망을 받아오던 세대균열은 2002년 대통령 선거에 와서 매우 응축적으로 나타났으며, 이 선거가 전반적인 유권자의 재편성(realignment)이 이루어진 정초선거였다는 평가(이정진 2007)도 이러한 맥락에서 이해할 수 있다. 이에 뒤이어 치러진 2004년 17대 총선은 세대균열의 위력이 유감없이 발휘된 선거였다.

흥미로운 사실은 2002년과 2004년의 두 선거 이후, 세대균열은 한동안 '잠복'한 것처럼 보인다는 점이다. 2007년의 17대 대통령 선거에서 이명박 후보는 전 연령대에서 상당한 선전을 보였으며, 2008년 18대 총선에서도 세대는 주요한 변수가 아니었다(강원택 2010). 아마도 적절한 질문은 세대균열이 잠복한 것인지, 아니면 2002년과 2004년 선거가 오히려 예외적인 선거였는지 하는 문제제기일 것이다.

본 장은 이상과 같은 문제의식의 연장선상에서 한국 선거에서의 세대균열의 역할을 이해하려는 노력이다. 보다 구체적으로, 지난 제19대 총선거에서 세대 간 투표행태의 차이와 이것이 선거 결과에 어떠한 영향을 미쳤는지를 경험적으로 살펴보고, 이를 토대로 한국 선거에서의 세대변수를 전반적으로 재조명하며, 연말의 대통령 선거에 미치는 함의까지도 추론해 보는 것이다. 경험적 검증을 위해서 사용한 자료는 아산정책연구원의 선거연구 패널조사 1~2차 자료이다.

기존 연구 검토 및 이론적 틀

일반적으로 사용되는 세대, 혹은 세대균열의 개념은 엄밀하게 말해서 연령효과(age effect)와 세대효과(generational effect)로 구분된다. 연령효과라 함은 유권자들이 나이가 들어가면서 누구나 자연스럽게 겪는 정치의식과 행태의 풍화작용(aging effect)을 거친다는 것이다. 이는 자연연령의 증가에 따른 유권자의 생물학적 및 사회적 성숙과정에 중요성을 부과하는 것으로 인생주기효과(life cycle effect)로도 불리는데, 보다 구체적으로 유권자들이 나이가 들어갈수록 정치적으로 '보수화'되는 경향을 지칭한다. 이를 매개하는 것은 물론 성숙화가 진행되면서 일어나는 개인들의 사회·경제적 안정, 그리고 반복되는 정치적 학습효과 등이 있을 것이다.

그런 반면, 세대효과는 정치사회화 초기 과정을 강조하고 이것이 해당 유권자의 일생에 걸쳐 지속적으로 미치는 영향을 지칭한다. 세대론적 관점에서 중요한 것은 생물학적 나이가 아니라, 개인의 정치적 견해가 형성되는 시기에 영향을 미친 공유되는 역사적 사건이나 경험이며, 이는 그 개인의 정치적 가치관이나 정향, 나아가 정치행태를 결정짓는 중요한 요인이 된다는 것이다. '또래집단 분석(cohort analysis)'을 통해 이 집단의 성격을 파악하는 것은 따라서 세대론적 연구의 핵심이다(정진민 1992; Manheim 1952; Abramson and Inglehart 1987; Jennings and Niemi 1981).

이러한 이론적 내용을 한국에서의 '386세대'에 적용한다면 그 내용은 다음과 같다. 우선 대중매체 등을 통하여 많은 조명을 받았던 '386세대'는 비교적 세대론적 이론틀에 들어맞는 분석범주라 할 수 있을 것이다. 나이는

30대(1990년대 후반 기준), 대학교 입학 학번은 1980년대 학번, 생년이 1960년대인 사람들을 지칭하는 '386'세대는 분명한 정치사회화의 시기·장소(1980년대 대학)와 공유하는 역사적 경험의 내용(제5공화국 정부에 대한 저항), 그리고 그 주장되는 성향의 일관성이 존재하기 때문이다. 이들은 "비판적 성향과 민중에 대한 부채의식을 갖고 있으며, 소외집단에 대한 이해심과 동일 세대 간의 끈끈한 유대감 및 각별한 동질성을 갖는 세대"(박재흥 2005)라는 것이다. 이에 대한 대안 가설은 386세대의 존재가 세대론적 현상이 아니라 연령효과에 기인한 것이었다는 설명이다. 다시 말해 세대효과에 대한 대안적 설명으로서의 연령효과가 그것이다.

방법론적으로 이 두 가지를 구분하는 것, 심지어 제대로 측정하는 것조차 쉬운 일은 아니다. 왜냐하면 사회과학적 연구 자료는 통상 주어진 한 시점의 응답자들을 다수 측정하는 횡단면 분석(cross-sectional analysis)인 반면, 연령효과든 세대효과든 둘 다 통시적(diachronic) 변화, 그것도 매우 기나긴 세월을 거쳐 일어나는 변화에 주목하는 것이기 때문이다.[1] 그러나 횡단면 자료를 이용하여 연령효과나 세대효과를 대비하는 것은 다음과 같은 상반되는 가설들을 검토하는 것을 통하여 가능하다.

첫째, 연령의 균질적 효과에 대한 가설 또는 전제, 즉 연구자들은 주어진 하나의 횡단면 자료에서 상이한 연령대 사이의 차이를 통해 연령효과를 유추해 볼 수 있을 것이다.[2] 이는 유권자들이 균질(homogeneous)하며 동일한

---

[1] 이런 맥락에서 켄트 제닝스(Kent Jennings) 등의 일련의 연구들은 매우 흥미로운데, 이들은 1960년대 후반 미국 고등학교 학생들을 표집하여 조사한 것을 시작으로 30여 년에 걸쳐 이들을 추적하여 패널을 구성한 바 있다. 물론 이러한 조사는 사회과학 연구 전반에 걸쳐 매우 이례적인 것이다.
[2] 실제 경험적 연구에서 이러한 연령대 간 차이를 '연령효과'라 지칭하는 것이 일반적이나, 이곳에서 지적하는 것처럼 이러한 접근은 통시적인 연령효과를 간접적으로 유추하는 것이다.

연령효과를 단계적으로 거친다는 가정, 다시 말해 오늘의 30대는 20대의 내일을 반영할 것이라는 전제이다. 이 전제가 맞다면 연구자들은 연령의 증가에 따른 종속변수의 단계적이고 비교적 선형적인 변화를 관측할 수 있을 것이다.

둘째, 세대효과의 가설, 즉 유권자들은 균질하지 않으며 이들이 거치는 시간적 풍화작용(aging effect)은 집단 간, 보다 구체적으로는 세대 간 차이가 있을 것이라는 가설이다. 일정한 방식으로 정치화된 하나의 정치세대는 여타의 세대들에 비해 보다 일관성 있고 연령효과로부터 상대적으로 자유로운 형태를 띨 것이라는 점이다.

앞서의 386세대를 예를 들어 이야기한다면, 두 개의 가설은 다음과 같은 함의를 지닌다. 만약 연령효과와 유권자의 균질성이라는 가설이 맞다면 우리는 386세대들의 알려진 여러 정치적 특성들이 여타 세대 집단들과의 연속선상에서 이해될 수 있을 것이고, 따라서 이들의 집단적 특징을 연령효과의 맥락으로 돌릴 수 있을 것이다. 그렇지 않고 세대효과가 계속 386세대를 지배하고 있다면 어떤 특정한 정치적 특성에 있어서 386세대는 이에 벗어나는 독특한 양태를 띨 것으로 예측할 수 있다.

〈그림 7-1〉은 이러한 가설적 관계들을 간단한 그림으로 보인 것인데, 임의의 종속변수에 대하여 두 개의 상반되는 가설들이 어떤 모양을 띨 것인지를 보이고 있다. 40대 후반과 50대 초반에 걸쳐 있는 386세대가 만약 지난 총선에서 연령효과와는 다른 세대효과를 보였다면 파선으로 그려진 비선형적 관계를 보일 것이며, 그렇지 않다면 실선으로 그려진 선형적 관계를 따를 것이다.

〈그림 7-1〉 연령효과와 세대효과 가설의 차이: 횡단면 자료의 경우

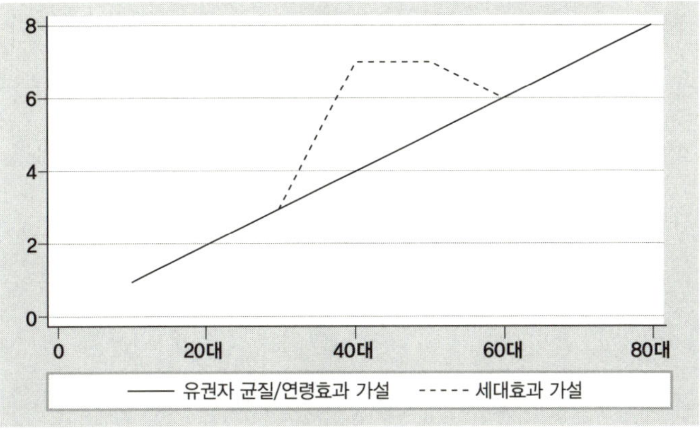

―― 유권자 균질/연령효과 가설   ----- 세대효과 가설

    물론 이런 관계는 극히 이론적인 가설에서 도출된 것에 지나지 않지만, 연구자들에게 횡단면 자료에서 연령효과와 더불어 세대효과를 측정하고 검증할 수 있는 개념적 모형이 될 수 있을 것이다.

    세대론적 논의와 관련하여 언급되는 다른 중요한 논점 중의 하나는 그 구분 기준의 문제이다. 과연 모든 공유되는 또래집단(cohort)의 경험들이 항상 정치적 세대로 구성될 수 있는가 하는 질문이다. 예를 들어 박명호(2009)는 "월드컵 세대(1980~89년생)", "탈냉전 민주 노동운동 세대(1970~79년생)", "386세대(1960~69년생)", "유신체제 세대(1950~59년생)", "전후 산업화 세대(1940~49년생)", "한국전쟁 세대(~1939년생)"로 여러 연령대를 이름붙인 바 있다.

    이는 인구학적 또래집단들을 정치적 의미로 해석 가능하도록 만든 매우 유의미한 시도이지만, 동시에 세대론이 지니고 있는 이론적 기준을 지나치게 희석시키면서, 저자도 지적하는 바와 같이 세대와 연령대가 구분되지 않는다는 단점이 있다. 본 연구에서는 이 중 386세대에 주목하는데, 그 이유

는 두 가지가 있다. 첫째, 기존 연구들(강원택 2003a, 2003b; 김형준 2004)이 밝힌 바와 같이 이 세대가 2000년대 초반의 한국 선거지형을 뒤흔들었기 때문이다. 둘째, 세대론의 이론적 논의들이 함의하는 바, 정치적 내용성을 지니는 정치사회화와 이후의 그 지속적 효과에 있어서 이들이 정치세대의 모형에 가장 가깝기 때문이다.

물론 한국에서 정치적 세대로서 386세대만이 특권화된 지위를 가질 수는 없을 것이다. 유신세대, 6·3세대, 그리고 비교적 최근의 '신세대'나 인터넷 세대 등의 또래집단들에 대한 논의가 있었던 것도 사실이다. 본 장은 이러한 세대의 다원주의적 입장을 취하기보다는 2000년대 초반의 선거 국면에서 유의미한 역할을 한 것으로 드러났던 386세대가 지니는 정치적 정체성이 여전히 유효한지를 검증하는 것을 첫째 목적으로 한다. 나아가 이러한 검증의 과정에서 여타 정치세대의 존재가 확인될 가능성도 열어둘 것이다.

아래에서는 이상의 논의에 준하여 다음과 같은 질문들을 다룬다. 첫째, 한국 유권자들의 정치이념과 정책적 입장은 연령·세대와 어떤 관련을 지니는가? 둘째, 한국 유권자들의 정치참여의 과정에서 연령·세대 요인이 차지하는 역할은 무엇인가? 셋째, 지난 19대 총선에서 후보자 및 정당에 대한 선택에 연령·세대 요인은 어떤 영향을 미쳤는가? 넷째, 다가오는 대통령 선거에서의 잠재적 후보자들에 대한 지지는 연령·세대와 어떤 관계가 있는가? 특히 기존 양당체제에 편입되지 못한 유권자들의 이탈과 선택 과정에서 연령·세대는 어떤 역할을 하는가? 이러한 한국정당 정치의 핵심적 질문들과 맞닿아 있는 문제들을 경험적 자료를 통하여 분석할 것이다.

경험적 분석

정치의식: 이념과 정책

　유권자의 이념 및 정책과 관련된 부분들은 선거에 있어서 정당 및 후보 간 경합의 내용적 부분들을 채운다는 의미에서 매우 중요하다. 지역적 균열이 지배하는 한국 선거의 정치지형에서 2002년의 16대 대선이 세대변수가 매우 두드러진 영향을 미쳤다면, 2007년의 17대 대선은 이념의 중요성이 부각된 선거였다(이우진 2011). 그렇다면 세대와 이념의 관계에 대한 검토가 우선 선행되어야 할 것이다.

　이념을 어떻게 측정할 것인가 하는 것은 근본적으로 논쟁적인 문제이지만, 자신의 이념성향을 수치로 응답하는 설문문항이 그 신뢰성과 타당성에 있어서 한국 유권자들을 서술하는 데 일반적으로 받아들여진다. 응답자는 스스로의 이념성향을 평가하여 매우 진보(0)와 매우 보수(10) 사이의 하나의 숫자로 말하게 하는 설문문항에 답하게 되어 있는데, 이렇게 측정된 이념지수를 연령대별 평균값으로 나타낸 것이 〈그림 7-2〉이다.

　이곳에서 눈여겨볼 만한 사항은 첫째, 연령과 이념의 관계에 있어서 그 관계는 선형적이지 않으며, 특히 이념지수는 대칭적이지 않다는 점이다. 50세 이하의 연령대들은 모두 '중도'보다는 평균적으로 더 진보적인 것으로 나타났으나, 그 정도가 매우 중도에 가까운 반면, 50세 이상에서 고연령대로 갈수록 보수성의 정도는 급격히 강화되는 것으로 나타났다. 둘째, 이념적으로 가장 진보적인 연령대는 31~35세 연령대이며, 이들은 보다 젊은 20대나 386세대에 해당하는 유권자들에 비해서도 보다 진보적인 것으로 나타났다. 45세 이하 응답자들의 이념평균은 통계적으로 유의미한 차이를 보이지 않았지만,[3] 연령대 구분의 기준을 어떻게 바꾸어도 30대 유권자들이 20대 유권자들보다 더 진보적 입장을 지녔다는 결과에는 변함이 없다.

셋째, 본격적으로 보수화의 경향을 보이는 연령대는 50세 이상이고, 이보다 더 고령층은 훨씬 더 강한 보수화 경향을 보이는 바, 한국 정치지형에서 50세를 기점으로 뚜렷한 보수와 진보의 구분이 이뤄진다고 할 수 있다. 넷째, 적어도 이념성향에 있어서 386세대를 하나의 집단으로 묶을 수 있는 근거는 보이지 않는다. 386세대가 포함되어 있는 40대 초반과 40대 후반, 50대 초반 집단들은 서로 이념적 거리가 멀고, 더 나아가 가장 연장자라 할 50~55세 집단은 상대적으로 매우 강한 보수성을 보인다. 즉 경험적 결과는 세대론적 가설보다는 적어도 연령효과 가설을 뒷받침하는 것으로 보인다.

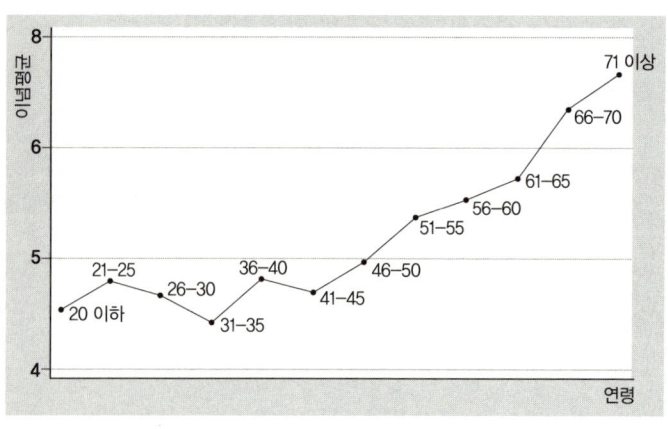

〈그림 7-2〉 연령별 이념평균

주) 0: 매우 진보, 10: 매우 보수

[3] 통계적 테스트를 위해서 다수의 그룹간 평균을 비교하는 본페로니(Bonferroni) 테스트를 사용하였다.

다시 말해 2000년대 후반에 보이기 시작된 386세대의 보수화(강원택 2010)가 지난 19대 총선에서 급격하게 진행된 것을 목도하고 있는 것이다.

응답자가 스스로의 이념을 평가하도록 되어 있는 이념지수는 그 측정(measurement) 과정에 대한 문제제기에 항상 봉착할 수 있을 것이다. 본인이 스스로의 이념지수를 평가하는 것이 주관적이라는 면에서 신뢰성이나 타당성의 문제가 항상 제기될 수 있을 것이기 때문이다. 따라서 이념과 관련된 정치의식의 조사를 위해서 보다 구체적인 정책적 내용에 대한 설문들을 이용하는 것도 가능한데, 〈그림 7-3〉은 이러한 내용들을 연령대별로 그린 것이다.

한미 FTA, 선거에서의 여당 심판론, 대북정책, 복지정책, 그리고 민간인 사찰 이슈 등을 통해 측정된 정책적 진보-보수[4]의 스펙트럼을 보면, 위에서 확인된 패턴이 보다 더 강조되어 나타나는 것을 알 수 있다. 특히 한국 선거지형에서 가장 정책적으로 진보, 혹은 급진적인 유권자층은 30대이며, 이들은 20대나 40대에 비해서 통계적으로 유의미하게 진보적인 것으로 드러났다.

앞에서와 동일하게 386세대는 정책적 입장에서 연령효과에 따른 폭넓은 분화를 보여주고 있으며, 특히나 30대부터는 대단히 선형적인 연령에 따른 보수화의 경향성을 보여준다. 이곳에서 20대 집단들의 상대적 보수성은 매우 흥미로운데, 그 원인은 결정적으로 이들이 대북관계에 있어서 대단히 보

---

[4] 한미 FTA 반대, 여당 심판론 찬성, 북한에 대한 대화와 설득, 보다 많은 복지와 세금, 민간인 사찰에 대한 비판적 입장 등을 가장 진보적(0)이라 놓고 이에 대한 대척점을 가장 보수적(5)으로 놓았다.

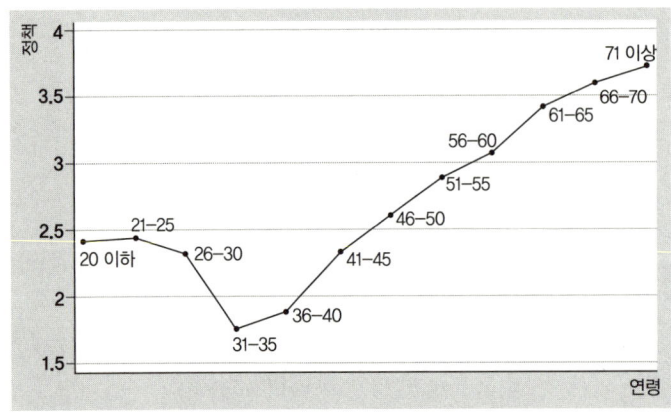

〈그림 7-3〉 연령별 정책적 입장

주) 0: 가장 진보, 10: 가장 보수

수적인 입장을 취한다는 점이다. 특히 20대 초반 유권자들은 대북관계에 있어서 그 어느 연령대보다도 더 보수적인 입장("북한이 변화하기 이전에는 경제적 지원을 재개하면 안 된다")을 취하고 있는 것으로 나타났는데, 이것은 보다 탈민족적이고 개인주의적인 대북인식에 기인한 것으로 보인다.

이것은 어떤 의미에서는 여러 개의 정책적 차원(dimension)들을 일차원적인 진보-보수 차원으로 요약하는 데서 오는 어려움을 보여주는 것이기도 하다. 기존의 정책적·이념적 문법에 익숙한 기성세대들의 이념적 '일관성'(Converse 1964)을 20대들이 가지고 있지 않기 때문이다. 다시 말해 국내 정치나 경제 정책에는 진보적 입장을 취하면서 안보나 대북정책에 있어서는 보수적인 입장을 취하는 것이 이들에게는 자연스럽기 때문이라는 설명이 가능하다.

요컨대 이념과 정책적 입장에 있어서 한국 유권자들의 성향은 연령별로 상당한 차이가 있는 것으로 나타났다. 특히 386세대의 존재와 관련해서는 이들이 이념적으로 일관성 있고 통일된 정체성을 지니고 있지 않으며, 오히려 연령효과에 의해 빠른 분화가 일어나고 있다는 사실을 볼 수 있었다. 반면에 2012년 현재 한국에서 가장 진보적인 연령대는 30대인 것으로 나타났고, 이와는 대조적으로 20대들은 정책적으로, 특히 대북정책을 중심으로 상당히 보수적 성향을 보여주고 있었다.

특히 30대의 압도적인 진보 성향은 매우 이례적인데, 이것을 하나의 새로운 정치세대의 출현과 연관 지을 수 있을지는 아직 말하기 힘들지만, 분명한 것은 이들이 10년 전 386세대가 차지했던 이념적 자리를 차지하고 있다는 점이다. 다만 세대론적 논의에 입각하여 이들이 공유했던, 혹은 겪고 있는 경험이 부동산, 취업, 경제적 양극화에 따른 계급적 성격을 띤 것인지(유창오 2011), 아니면 SNS 등의 새로운 커뮤니케이션을 통한 정치적 실천과정의 산물인지는 아직 명확하지 않다.

이상과 같은 30대와 20대의 독특한 이념적 특징들은 한국 선거의 핵심문제들과 잇닿아 있다고 할 것이고, 이것이 미래의 선거에서 어떻게 지속되는지, 혹은 변화하는지를 지켜보는 것은 앞으로의 세대론적 연구의 핵심 의제가 될 것이다.

정치참여: 정치효능감, 정치적 만족도 및 투표

연령·세대론적 구분과 관련된 주요 관심사들 중 하나는 정치참여와 관련된 것이다. 잘 알려진 것처럼 젊은 유권자들은 투표를 통한 참여가 일반적으로 저조한 것으로 나타나며, 그 원인은 이들이 지니는 정치적 자원이나 정치효능감, 그리고 이들을 동원하는 외부 네트워크의 존재에 좌우된다. 이 곳에서 본격적으로 정치참여에 관한 전반적인 내용을 다룰 수는 없지만, 정치참여와 긴밀한 관계를 지니는 변수들이 연령·세대와 어떤 상호작용을 일으키는지에 대해 살펴본다.

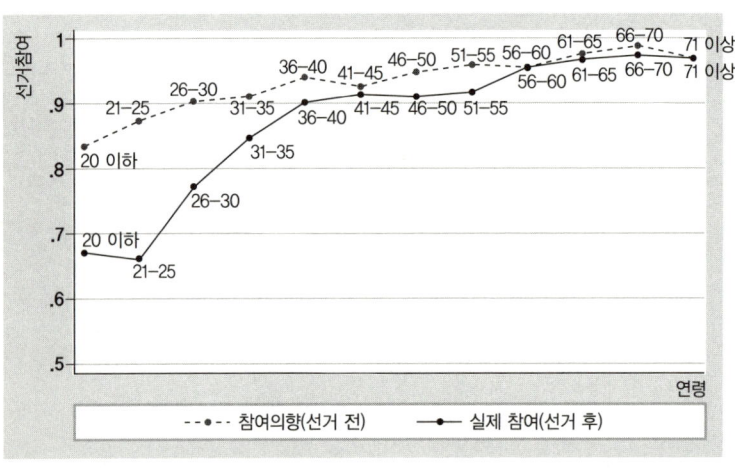

〈그림 7-4〉 연령과 선거참여 (단위: 비율)

〈그림 7-4〉는 이번 19대 총선에서 선거 직전에 응답자들이 답변했던 투표 참여의향과 선거 직후에 보고된 실제 투표 참여여부를 연령대별로 나타낸 것이다. 우선 다음과 같은 점들이 눈에 띄는데, 첫째, 선거 전에 조사된 투표 참여의향이나, 선거 후에 보고된 실제적 투표 참여율 모두 연령에 따라 증가하는 경향을 나타낸다. 연령대별 격차를 봤을 때, 투표 참여의향의 경우는 최저치와 최고치의 차이가 15% 내외로 그다지 크지 않았던 반면, 실제 선거참여율을 보면 97% 투표율에 육박하는 고연령대와 66%에 그친 20~25세 연령대를 비교했을 때 30% 이상의 격차가 존재했다.[5]

둘째, 예상할 수 있는 바와 같이 선거 전의 참여의향은 실질적 참여에 비해 항상 높은데, 그 격차가 20~30대에 보다 월등히 크며, 이 격차는 40대 이상에 와서야 좁혀진다. 다시 말해 투표를 하겠다고 마음을 먹었음에도 불구하고, 일정의 변동이나 외부적 요인에 의해 투표 참여를 포기하는 비율이 20~30대에 훨씬 높은 것으로 나타났다. 이것은 아마도 투표 참여와 관련된 시민적 의무에 대한 생각에 있어서는 연령간 격차가 그리 크지 않음에도 불구하고, 이를 실질적 투표참여로 연결시키는 과정에 있어서 젊은 유권자들의 정치적 정향, 태도 등의 차이가 작용한 것으로 생각할 수 있을 것이다(이갑윤 2008).

선거참여와 관련된 정치적 성향이나 태도, 그리고 정치적 자원이 연령대별로 어떻게 분포하는지를 나타낸 것이 〈표 7-1〉인데, 이것을 통해 투표 참여의 조건들과 연령 변수와의 상호작용이 그리 간단하게 이루어지지만은 않다는 사실을 알 수 있다.

〈표 7-1〉은 참여를 위한 정치적 자원이라 할 수 있는 소득과 교육수준, 그리고 정치관심도 및 정치효능감, 그리고 마지막으로 총선이 끝난 후의 선거와 정치체제 전반에 대한 만족도의 연령대별 평균값을 나타낸 것이다. 이 내용들의 구체적인 항목들을 검토하면 연령과 이들의 상호작용이 어떻게 선거참여에 영향을 미치는지에 대한 그림이 그려질 수 있다.

우선 정치적 자원과 정치적 관심의 관계를 살펴보면, 젊은 유권자층은

---

5 조사 연구에서 응답자에 의해 투표율은 항상 과대 추정되는 것이 일반적이며 이는 응답자들의 시민적 의무에 대한 의식과 이에 뒤따르는 허위, 과장의 문제 때문이다. 더 나아가 사용된 자료가 패널조사인 관계로 2차 조사에서 손실되지 않고 남아 있는 표본이 모집단보다 훨씬 정치적 의식, 나아가 투표율에 있어서 높은 집단이라는 가설도 가능하다. 이런 점을 감안하더라도, 공식 집계 투표율인 54.3%에 비해 표본의 투표율(87.9%)은 매우 높은 편인데, 세대 · 연령대 간 격차를 보려는 본 장의 목적을 위해서는 보고된 투표여부를 액면 그대로 사용하기로 한다.

〈표 7-1〉 투표 참여의 조건들과 연령

	사례수 (%)	19–29세 526 (17%)	30대 605 (20%)	40대 653 (21%)	50대 642 (21%)	60대 이상 636 (21%)	전체 3062 (100%)
가구소득	100만 원 미만(1) 500만 원 이상(4)	4.21	4.12	4.26	3.80	2.38	3.75
교육수준	중졸 이하(1) 대졸 이상(4)	3.42	3.52	3.19	2.68	1.98	2.94
선거관심도	전혀 관심없다(1) 매우 관심있다(4)	2.90	3.08	3.18	3.25	3.52	3.20
정치효능감 매우 낮음(1) 매우 높음(4)	"소수의 사람이 정부와 정치를 좌우한다"	1.93	1.81	1.87	2.11	2.24	1.99
	"일반인은 정부가 하는 일에 말할 자격이나 능력 부족"	3.17	3.04	2.79	2.60	2.64	2.84
	"내가 투표하는가 안 하는가는 중요하지 않다"	3.53	3.51	3.45	3.35	3.44	3.45
총선만족도 (총선 후)	1: 매우 불만 4: 매우 만족	2.29	2.07	2.34	2.70	2.94	2.46
체제만족도 (총선 후)	0: 매우 불만 10: 매우 만족	4.45	4.29	4.89	5.47	5.95	5.01

일반적으로 선거참여를 위한 가장 풍부한 자원을 가지고 있는 집단이라는 사실을 알 수 있다. 가구소득에 있어서나 교육수준을 보아서 이들은 50~60대보다 정치참여를 위한 훨씬 유리한 위치에 있음을 알 수 있다. 그러나 주지하는 것처럼 이들은 실질적인 선거참여에 있어서 오히려 가장 낮은 집단이다. 그 이유는 무엇일까?

첫 번째 가설적인 대답은 낮은 선거관심도이다. 20~30대들의 관심도 수준은 50~60대보다 현저하게 떨어지며 전체 평균값에도 훨씬 못 미치는 수준이다. 다시 말해 이들은 선거참여 자체나 참여를 위한 정보를 모을 수 있는 비용을 지불할 수 있는 여건은 충분히 마련되어 있지만, 그것을 실제적 선거참여를 위한 관심으로, 혹은 시간을 투자하는 데까지는 연결시키지 못하고 있다는 점이다.

이들의 정치효능감과 관련된 내용은 그런 의미에서 매우 많은 것들을 시사하는데, 그 내용을 살펴보면 다음과 같다. 외적 정치효능감(external political efficacy)은 정치체제가 시민적 투입(input)과정에 대해 얼마나 반응성이 있을 것인가 하는 유권자의 믿음을 지칭하는 것으로서, 본 조사에서는 "우리나라에서는 대다수 국민들의 의사와 상관없이 소수의 사람이 정부와 정치를 좌우한다"는 주장에 대해 응답자들이 어떻게 반응하는지에 의해 측정되었다. 결과에 의하면 20~40대들은 50~60대에 비해 이 외적 정치효능감이 매우 낮은 것으로 나타났으며, 특히 30대들의 외적 정치효능감이 가장 낮은 것으로 나타났다.

흥미로운 사실은 젊은 유권자들의 내적 정치효능감(internal political efficacy)은 오히려 그 정반대의 경향을 보이고 있다는 점이다. 유권자 자신이 얼마나 정치적 내용들을 잘 이해하고 판단할 능력이 있는지에 대한 자신감이라고도 할 수 있는 내적 정치효능감은 "우리 같은 사람은 정부가 하는 일에 대해 말할 자격이나 능력이 없다"는 주장에 대한 응답으로 측정[6]되었는데, 이는 정치적 지식 또는 교육수준과 밀접한 관련이 있는 것으로 알려져 있다. 그리고 〈표 7-1〉에서 나타난 것처럼 정치적 자원이 보다 풍부한 젊은 유권자층에 높게 나온 것이 당연하다고 할 수 있을 것이다.

이러한 내적 정치효능감과 외적 정치효능감의 괴리는 일관되게 한국의 젊은 유권자들과 이들의 참여를 규정하는 요소이다. 스스로의 정치적 능력

---

[6] 일반적으로 내적 정치효능감의 측정은 응답자 본인이 정치적 사안들을 잘 이해할 '능력'이 있다고 생각하는지의 여부를 이용하여 측정하는 것이 일반적이다. 주어진 문항의 '자격'이라는 표현은 유권자의 내적 정치효능감에 덧붙여 주어진 문항을 일종의 규범적 언술로 인식하고 평가했을 가능성이 존재하는 것도 사실이다.

에 대한 믿음은 강하지만 이것을 정치체제가 받아들이지 못할 것이라는 불신, 이 양자의 괴리는 젊은 유권자들이 기존 투표 참여 등의 '관습적' 경로를 포기하고 시위 등의 비관습적 참여(unconventional participation)를 선택하게 하는 메커니즘을 설명해 줄 수 있을 것이다(박찬욱 2005).

이와 관련하여 선거효능감이라 지칭할 수 있는 "투표는 아주 많은 사람들이 하기 때문에 내가 투표하는가 안 하는가는 중요하지 않다"는 주장에 대한 평가를 보았을 때, 오히려 젊은 유권자들이 가장 적극적으로 시민적 임무를 옹호하는 입장을 띤다는 점은 매우 이채롭다. 이는 〈그림 7-4〉에서도 살펴본 바와 같이 젊은 유권자들이 선거에 참여를 할 의무감을 항상 느끼고 그럴 의향도 항상 지니고 있다는 점이다. 이것이 실질적으로 높은 선거참여로 연결되지 못하는 이유는 여러 가지가 있겠으나, 앞에서 논의한 정치체제 일반에 대한 불만과 외적 정치효능감의 저하를 우선적으로 지칭할 수 있을 것이며, 이에 덧붙여 여가시간의 부재(김 욱 2002)도 가능한 고려사항일 것이다.

총선이 끝난 직후 해당 선거와 한국 민주주의 체제 일반에 대한 만족도는 그런 의미에서 이 연령대가 대통령 선거를 포함한 이후의 선거에서 어떤 방식의 참여를 보여줄 것인지를 부분적으로나마 생각할 수 있게 해준다. 20~30대들은 총선 결과에 대해 낮은 수준의 만족도를 보였으며, 한국 민주주의 일반에 대한 만족도도 상당히 낮은 것으로 나타났다. 특히 30대 유권자들은 다른 어떤 연령대에 비해서도 가장 낮은 만족도를 보였는데, 이것은 대통령 선거에서 이들의 투표 참여에 일정한 영향을 미칠 것으로 보인다. 앞서 언급한 30대들의 정치 세대화와 관련된 가능성은 아마 이들이 연말의 대선이나 앞으로의 선거에 얼마나 어떻게 참여하느냐와 깊은 관련이 있는 문제일 것이다. 선거참여에 대한 보다 종합적 논의는 3장으로 돌린다.

후보자 및 정당 선택

선거에서 어느 후보를 선택하는가 하는 문제는 투표행태 연구에서 가장 핵심적인 관심사이다. 이곳에서는 지난 19대 총선거에서 유권자들의 연령·세대별 그룹들이 후보자들과 주요정당에 어떤 패턴의 지지를 보내었는지를 살펴본다.

1. 새누리당 지지

〈그림 7-5〉는 연령대별 새누리당의 각종 지지성향을 지표로 나타낸 것이다. 가장 위쪽에 위치한 선은 지난 17대 대통령 선거에서 이명박 후보를 지지했다고 응답한 유권자들의 비율을 그림으로 나타낸 것이며, 아래의 선들은 이번 19대 총선에서 지역구 후보 및 비례대표 선거에서 새누리당 후보 및 새누리당을 선택한 응답자의 비율을 나타낸 것이다. 가장 아래쪽에 있는 점선은 새누리당에 대한 정당일체감을 표시한 응답자의 비율을 나타낸다.

우선 알 수 있는 것은 새누리당이 이번 총선 지역구 및 비례대표 선거에서 모두 지난 대통령 선거에서의 이명박 후보 지지율보다는 훨씬 낮은 수준의 득표를 했다는 점이다. 압승을 거두었던 지난 대선을 생각한다면 이것은 당연한 결과이지만, 양자 간의 차이가 연령대별로 나타나는 패턴에 주목

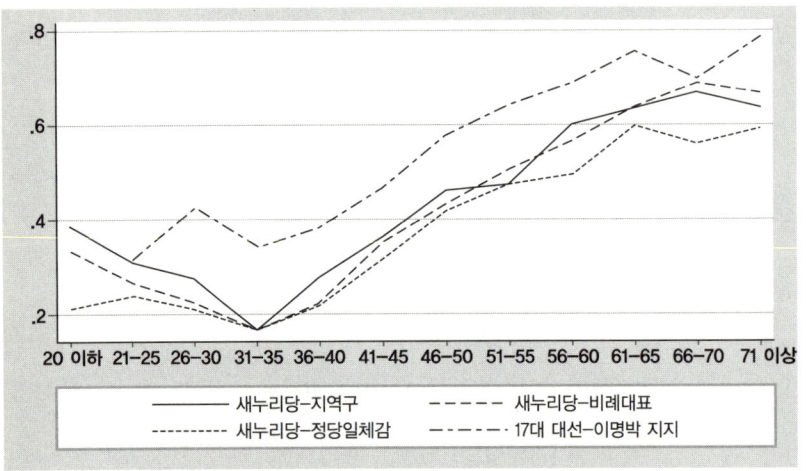

할 필요가 있다. 그림에서 보이는 것처럼 지난 대통령 선거에서 이명박 후보는 20~30대 유권자 층에서의 득표율이 그리 낮은 편이 아니었는데, 이번 19대 총선에서는 21~25세 연령대와 66~70세 연령대를 제외하고는 대체로 15% 내외의 연령대 지지 이탈이 있었다고 할 수 있다. 특히 31~35세 그룹의 경우, 지난 대선에서 34%가 이명박 후보를 지지했던 반면, 이번 총선에서는 16%만이 새누리당 지역구 후보를 선택한 것으로 드러났다. 앞에서도 보았던 것처럼 이 집단은 가장 이념적으로 진보적인 유권자층이며, 지난 2007년 대통령 선거와 비교하여 가장 결정적인 부동층(swing voter)이 많았다.

반면에 정당일체감의 크기와 선거에서의 실제적 지지의 차이는 새누리당이 얼마나 중간의 무당파, 혹은 부동층을 견인할 수 있었는지를 보여주는 지표라고 할 수 있다. 이 격차는 일반적으로 그다지 크다고 할 수 없고,

특히 30대에서 60대까지의 범위에서는 두드러지지 않으나, 20대 유권자들 사이에서는 상당한 차이를 보인다. 다시 말해서 새누리당이 20대 무당파를 성공적으로 자신들에 대한 지지로 이끌어 냈다고 할 수 있을 것이다.

2. 야권연대(민주통합당/통합진보당)

민주통합당의 경우 연령별 후보 및 정당 지지의 양상에 제19대 총선만의 고유한 패턴이 드러난다. 아래의 〈그림 7-6〉은 지난 총선에서 민주통합당에 대한 지역구 후보 및 비례대표 선택을 한 유권자의 연령대별 비율을 보인 것이며, 이에 덧붙여 자신이 민주통합당과 가깝다고 생각하는 응답자들의 비율도 나타낸 것이다. 가장 주요하게는 지역구 지지율이 50대 이하의 연령대에 거쳐 비례대표 정당 지지율보다 훨씬 높게 나타나며, 특히 이러한 차이는 30대에서 두드러지게 나타났다.

정당일체감 및 비례대표 정당 지지보다 훨씬 높은 지역구 지지율은 두 가

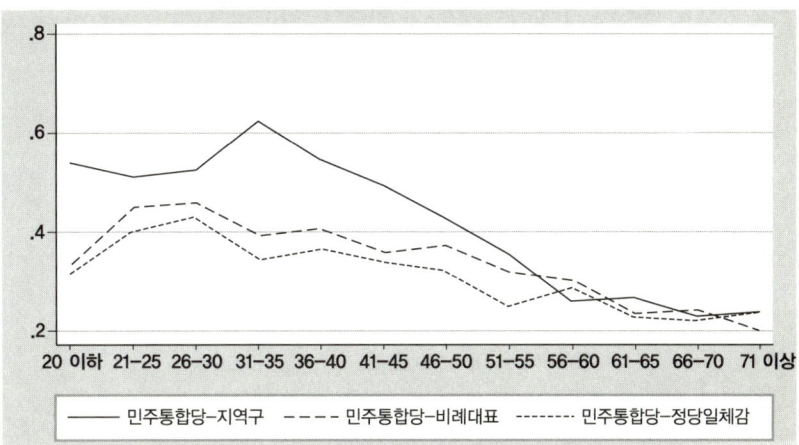

〈그림 7-6〉 연령별 민주통합당 지지자의 비율 (단위: 비율)

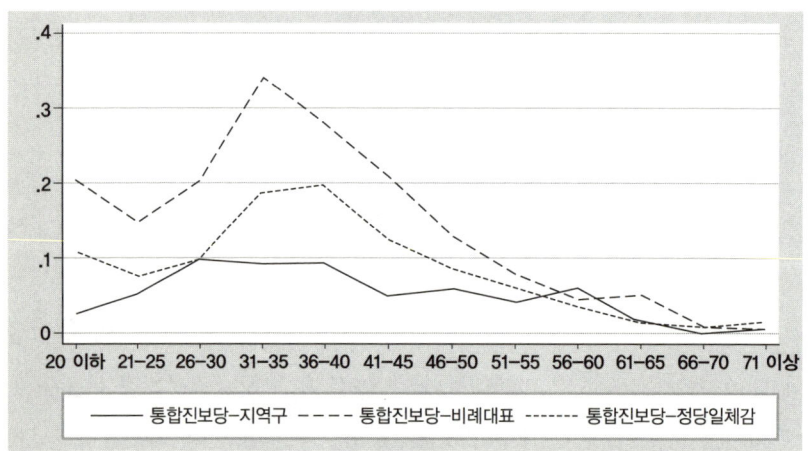

〈그림 7-7〉 연령별 통합진보당 지지자의 비율 (단위: 비율)

지로 설명할 수 있는데, 야권의 공천연대 효과와 유권자들의 전략적 투표(strategic voting)이다. 공천연대가 범야권 지지 성향의 유권자들을 야당, 특히 민주통합당을 결집하는 '공급측'의 전략이었다면, 유권자 개인의 수준에서도 군소정당이나 무소속보다는 민주통합당을 선택하는 '수요측'의 전략이 있었을 것이다. 그리고 이러한 전략적 투표행태는 특히 30대 유권자들을 중심으로 한 젊은 유권자들에게서 더 많이 일어난 것으로 보인다. 19대 총선에서 나타난 전략적 투표, 그리고 분할투표의 특성에 관련된 보다 일반적인 내용은 5장에서 다루어지고 있다.

통합진보당에 대한 연령대별 지지율은 매우 흥미로운 패턴을 띤다. 분석 결과에 의하면 한국의 30대는 통합진보당의 가장 주요한 지지 집단이며, 비례대표 선거에서 30대 초반의 지지율은 34%에 달하였다. 공천연대 과정에서 통합진보당이 전국 241개 지역구 중 51개 지역구에만 공천을 했던 까닭에 지역구 투표자의 비율은 낮을 수밖에 없지만, 정당일체감과 비례대표 득표의 관계를 고려할 때, 통합진보당은 20대에서 40대 초반에 이르는 넓은 연령대에서 상당한 부동층을 흡수하는 데 성공한 것으로 보이며, 그 크기는 많게는 15%(30대 초반)에서 작게는 7%(20대 초반) 정도인 것으로 나타났다. 이는 민주통합당이 비례대표 선거에서 흡수한 부동층의 크기보다도 더 큰 것이다. 젊은 유권자들을 중심으로 한 통합진보당에 대한 상당한 지지는 기존의 양당 정치체제에 대한 대안을 찾으려는 움직임이라고 할 수 있고, '안철수 현상'이나 지난 서울시장 보궐선거에서 극명하게 드러났던 것처럼 양당제 '외부'의 젊은 유권자들이 제3의 대안을 찾는 과정과도 그 궤를 같이 한다. 통합진보당의 분열과 이에 뒤이은 이념논쟁의 새로운 정치지형에서 한국의 젊은 유권자들이 어떤 선택을 할 것인지는 본 패널자료의 다음 차수(wave)에서 수집될 자료를 통해 살펴볼 수 있을 것이다.

3. 대선후보군에 대한 지지

지난 19대 총선은 그 자체로도 매우 중요한 선거였지만, 연말의 대통령선거를 불과 8개월 정도 앞두고 치른 정당 및 잠재 후보들 간의 전초전이기도 하였다. 각 정당들의 대선후보가 결정되지 않은 상황에서도 잠재적 대선후보군에 대한 평가는 끊임없이 이루어졌으며, 총선을 통해서 드러난 민의가 어떤 형식으로 연말의 대선에 이어질 것인가에 대한 논의들이 매우 활발하게 벌어지고 있다.

특히나 연령과 세대에 주목하는 본고의 맥락에서 대선 잠재 후보군에 대한 유권자들의 평가와 선호는 또 다른 의미를 갖는데, 그것은 연말 대통령선거에서 연령·세대적 균열이 그 어느 때보다 주요한 위치를 차지할 것으로 생각되기 때문이다. 특히 기존 정당정치의 배경이 없는 안철수 교수의 높은 지지율은 2011년 후반기부터 시작해서 총선 이후에 이르기까지 계속 지속되었고 그 원인과 배경에 대한 대중매체의 높은 관심이 쏠리는 상황이다. 보다 종합적인 분석은 10장에 포함되겠지만, 본 장에서는 연령·세대 변수가 주요 대선후보군에 대한 지지에 어떤 방식으로 영향을 미치는지를 살펴볼 것이다.

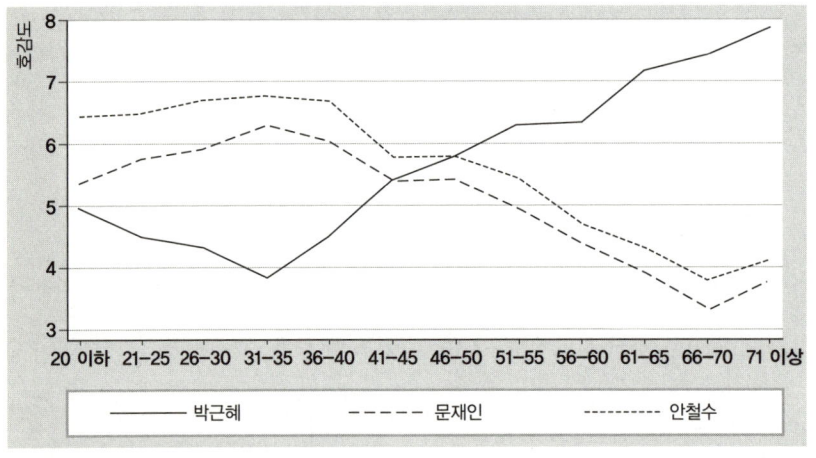

〈그림 7-8〉 연령별 주요 정치인 호감도

주) 0: 매우 싫다, 10: 매우 좋다

〈그림 7-8〉은 주요 정치인에 대한 각 연령대별 호감도의 평균을 나타낸 것인데, 후보자 호감도는 응답자들에게 해당 정치인을 매우 싫어하는 경우에는 0점, 매우 좋아하는 경우에는 10점을 주도록 한 표준화된 설문문항에 대한 응답결과이다. 가장 눈에 띄는 점은 각 후보별 호감도의 변화가 연령·세대에 따라 매우 급격하게 변화한다는 사실이다. 우선 박근혜 후보는

50대 이상에서는 가장 높은 호감도를, 40대 이하에서는 가장 낮은 호감도를 기록하였다. 특히 연령대가 높아지면 높아질수록 박근혜 후보에 대한 호감도는 매우 높아진 반면, 야권후보들에 대한 호감도는 매우 낮아져서 그 격차가 대단히 크게 벌어진 것으로 나타났다.

박근혜 후보에 대한 호감도는 앞에서 살펴본 연령대별 정책이념 지수나 새누리당 지역구 투표의 연령별 분포와 그 모양에 있어서 매우 흡사한데, 특히 30대 초반들이 박근혜 후보에 대해 가장 낮은 호감도를 보이는 것으로 나타났다. 흥미로운 사실은 오히려 20대 초반으로 가면서 이러한 야권후보들과의 격차가 줄어드는 것으로 나타났다는 것이다. 이것은 물론 앞의 결과와도 일치하는 모양이다.

안철수 교수에 대한 호감도는 40대 이하의 모든 연령대에 있어 지속적으로 매우 높은 수준인 것으로 나타났으며, 다른 후보와의 상대적 비교에 있어서는 50대 이하의 넓은 연령대에서 가장 높은 호감도를 보였다.[7] 안철수 교수에 대한 호감도는 50대 이상으로 가면서 급락하는 모습을 보여주는데, 이 연령대에 있어서는 박근혜 후보와 갈수록 많은 격차가 벌어지는 모습을 보였다.

문재인 후보에 대한 호감도는 안철수 교수에 대한 각 연령대의 호감도와 매우 비슷한 모양으로 분포하나, 두 가지 점에서 차이가 있었다. 우선 안철수 교수에 비해 모든 연령대에서 항상 호감도가 조금씩 낮은 것으로 나타났으며, 둘째, 20대 유권자들에게서는 그 격차가 상당히 많이 벌어지는 것을

---

[7] 10장에서 보인 것처럼, 평균 호감도는 안철수 교수가 5.82로 가장 높았고, 박근혜 후보가 5.53, 문재인 후보가 5.29였다.

볼 수 있다. 문재인 후보에 대한 호감도의 분포는 민주통합당 지역구 지지 비율의 양상을 보인 〈그림 7-6〉의 모양과 매우 흡사한 반면, 안철수 교수의 호감도는 20~30대에서 보다 많은 유권자들로부터 호감을 사고 있는 모양을 보인다. 가설적으로 문재인 후보가 정당을 경유한 핵심적 민주통합당 지지자들 사이에 높은 호감도를 보였다면, 안철수 교수는 이에 부가적으로 정당과 상대적으로 유리된 무당파나 정당의 '외부'로부터 상당히 호감 있는 후보로 받아들여지고 있다는 설명이 가능하다.

물론 정치인에 대한 호감도를 물어보는 질문은 실질적 투표(의향)와는 다른 것이다. 선거에서 투표를 하는 것은 후보자들 간의 제로섬 게임인 반면, 정치인들에 대한 호감도는 여러 정치인들에 대한 동시적인 호감을 포함할 수 있기 때문이다. 따라서 아무래도 흥미로운 점은 이러한 호감도가 투표의향으로 어떻게 직결되는가 하는 점일 것이며, 또한 이러한 여러 변수들을 통제한 상태에서 연령효과가 얼마나 나타나는가 하는 점 등일 것이다.

〈표 7-2〉는 응답자들의 세 후보에 대한 투표의향을 다항 로지스틱 모델을 통하여 분석한 것이다. 우선 눈여겨보아야 할 내용은 각 계수값들은 포함된 다른 모든 독립변수들을 통제한 상태에서 종속변수가 일어날 확률에 미치는 영향을 나타낸 것이며, 다항 로짓 회귀분석에서 종속변수는 가능한 한 두 선택들의 대비를 통해서 그 계수값이 표현된다. 결과에 대한 해석은 다음과 같다.

첫째, 유력 후보자들의 대결구도에서 다른 어떤 변수보다도 후보자에 대한 호감도가 가장 설명력이 높은 것으로 드러났다. 물론 호감도가 투표의사 결정에 매우 중요한 영향을 미친다는 사실은 충분히 예측 가능한 사실이나,

<표 7-2> 유력 후보자에 대한 투표의향: 다항 로지스틱 모델

		박근혜/안철수		박근혜/문재인		문재인/안철수	
		계수	표준오차	계수	표준오차	계수	표준오차
정치인 호감도	박근혜	1.14**	0.11	1.28**	0.12	-0.13*	0.06
	문재인	0.23*	0.10	-1.35**	0.13	1.58**	0.12
	안철수	-1.31**	0.11	0.21	0.12	-1.51**	0.12
정당일체감	새누리당	1.15*	0.51	1.31	0.78	-0.16	0.75
	민주당	-0.27	0.49	-0.37	0.55	0.11	0.4
	통합진보당	0.00	0.73	-0.37	0.78	0.37	0.46
투표참여		-0.01	0.44	-1.33*	0.56	1.32**	0.44
정치적 자원	교육수준	-0.54**	0.18	-0.52*	0.21	-0.02	0.16
	소득수준	0.02	0.11	-0.14	0.13	0.15	0.09
지역 (여타 지역 기준)	호남	-0.10	0.61	-0.16	0.65	0.06	0.38
	대구·경북	1.12*	0.55	1.10	0.65	0.03	0.48
	부산·경남	0.65	0.43	0.47	0.50	0.17	0.35
이념 및 정책	이념	0.17	0.09	0.18	0.10	-0.01	0.06
	정책	0.30	0.15	0.44**	0.17	-0.14	0.12
세대/연령대 (20대 기준)	30대	-0.08	0.45	1.00*	0.51	-1.08**	0.33
	40대	-0.12	0.47	0.90	0.53	-1.02**	0.36
	50대	0.09	0.53	1.17*	0.59	-1.09**	0.43
	60대 이상	-0.53	0.74	1.21	0.94	-1.75*	0.70
상수항		-0.17	1.24	0.45	1.50	-0.62	1.10
사례수 (명)		1,265					
Pseudo-R^2		.73					

주) *p<.05, **p<.01.

계수값들의 비교는 매우 흥미로운 그림을 제시한다.

우선 각 후보자의 호감도와 경합대상인 후보의 호감도는 비슷한 크기, 반대방향의 효과를 가지는 계수값들을 가진다면 호감도가 후보자 선택에 미치는 영향이 같다고 할 수 있다. 그런데 박근혜 후보와 안철수 교수의 양자 경합구도에 있어서 안철수 교수에 대한 호감도가 투표의향에 보다 더 강한 영향을 미치는 것으로 나타났다. 다른 정책적 내용이나 이념, 그리고 선거에 영향을 미치는 것으로 알려진 많은 변수들을 통제한 상태에서 안철수 교수에 대한 개인적인 호감이 투표의향에 보다 더 많은 영향을 미친다는 것이다. 이는 박근혜 후보를 지지하는 다양한 이유들에 비해서 안철수 교수를 지지하는 이유는 호감도가 상대적으로 중요하다고 해석할 수 있다.

둘째, 정당일체감을 보면 새누리당을 선호한 사람들을 중심으로 박근혜 후보에 대한 지지 가능성이 높아지는 것으로 나타났다. 박근혜-안철수의 대결구도에서는 통계적으로 유의미한 영향이, 그리고 박근혜-문재인의 대결구도에서는 통계적으로는 유의미하지 않지만 상당한 크기의 영향이 있는 것으로 드러났다. 이에 비해 민주통합당이나 통합진보당에 대한 정당일체감이 후보자 선택에 미치는 영향은 매우 미미한 것으로 드러났다.

이와 관련된 한 가지 중요한 변수는 지난 19대 총선에서의 참여 여부이다. 지난 선거에서의 투표 참여자들이 기권자들에 비해 훨씬 문재인 후보를 더 지지하는 것으로 나타났으며, 이는 상대가 박근혜 후보이건 안철수 교수이건 통계적으로 유의미한 영향이 있는 것으로 나타났다. 반면에 지난 선거에서의 참여가 안철수-박근혜의 대결구도에서는 유의미한 영향을 미치지 않은 것으로 나타났다. 이것은 다르게 이야기하자면, 문재인 후보의 지지층이 보다 더 적극적으로 투표하는 정치적 관심층이라는 것이다.

셋째, 교육수준 또한 일관되게 박근혜 후보에 대한 지지에 영향을 미치는 것으로 나타났다. 여타의 변수들을 통제하였을 때, 교육수준이 낮을수록 유권자들은 박근혜 후보를 선택할 가능성이 더 높은 것으로 나타났으며, 이 경향은 박근혜-안철수의 대결구도에서 더 뚜렷하게 드러났다. '문재인-안철수' 대결구도에서는 교육수준이 전혀 영향을 미치지 못하는 것으로 나타났다. 반면에 가구소득은 다른 변수들을 통제하였을 때 후보자 선택에 별다른 영향을 미치지 못한 것으로 드러났다.

넷째, 지역변수는 박근혜 후보에 대한 대구·경북의 지지를 제외하고는 통계적으로 유의미한 영향을 미치지 못한 것으로 나타났다. 특히 '박근혜-안철수' 구도에서는 통계적으로 유의미한 차이가 있었고, '박근혜-문재인'의 경우에는 비슷한 크기의, 그러나 통계적으로는 유의미하지 않은 영향이 있는 것으로 나타났다. 지역균열이 지배하는 한국 정치의 맥락에서 이것은 매우 놀라운 결과인데, 한 가지 가능한 설명은 후보자에 대한 호감도가 이미 지역구도와 상당히 일치하기 때문에 지역주의적 균열의 영향이 그리 크지 않은 것으로 드러난 것으로 볼 수 있다. 다른 하나의 설명은 기존의 지역주의적 분할구도와는 상당히 다른 형태로 제18대 대통령 선거의 구도가 짜여지고 있다는 가설이다. 부산·경남 지역에서 박근혜 후보가 압도적인 지지를 받는 것이 아니고, 야권 후보들이 호남 지역에서 압도적인 지지를 받지 못하는 상황에서 오히려 중요한 변수는 후보자에 대한 호감이나 이념, 정책 등이 더 중요성을 띨 것이라는 함의가 있을 것이다.

다섯째, 주관적 이념은 후보자 선택에 별다른 영향을 미치지 못했던 반면, 〈그림 7-2〉에서 살펴본 정책적 입장들은 중요한 영향을 나타내는 것으로 보인다. 특히 이 차이는 '박근혜-문재인' 대결구도에서 가장 그 영향력이 크고 통계적으로 유의미하게 나타났으며, '박근혜-안철수'의 경우에도 통계적으로 유의미하지는 않지만 상당한 크기의 영향을 미친 것으로 보인다. 예측할 수 있는 것처럼, '안철수-문재인' 간의 지지를 결정하는 데에는 이념이나 정책이 아무런 영향을 미치지 않았다.

마지막으로, 연령효과는 제한적인 조건에서만 후보자 선택에 영향을 미치는 것으로 나타났다. '박근혜-안철수' 양자비교에서 연령은 어떤 영향도 미치지 못한 것으로 나타났는데, 이것은 두 후보의 비교에 있어서 연령대 간의 차이가 이미 후보자 호감도나 이념 및 정책지수로 다 흡수되어 설명이 되기 때문이다.

한편 '문재인-안철수' 양자 대결 구도에서는 연령이 상당한 영향을 가져온 것으로 나타났는데, 연령이 증가함에 따라 통계적으로 유의미하게 안철수 후보보다 문재인 후보를 선택할 가능성이 줄어드는 것으로 나타났다. 이것은 일반적으로 인식되는 것과는 달리, 안철수 교수가 문재인 후보보다 더 넓은 연령대에 지지를 확보하고 있으며, 반대로 문재인 후보는 지지층이 20대에 몰려 있다는 점을 반영하는 것이다.

결론

한국 선거에서 세대론이 논의되는 맥락은 크게 두 갈래로 진행되어 왔다. 하나는 젊은 유권자들의 투표행태가 기성세대들과 어떻게 다른가 하는 질문이 그것이고, 다른 하나는 과연 다른 또래 집단들과 그 정치적 특성에 있어서 일관되게 구분되는 정치세대가 존재하는가 하는 질문이 그것이다. 전자의 질문이 연령효과와 관련이 있다면 후자의 질문은 세대효과에 관한 물음이다.

제19대 총선은 그런 의미에서 다음과 같은 점들을 확인시켜 주었다. 첫째, 대중매체에서 그리고 학술적 연구에서 운위되던 386세대는 한국 선거의 맥락에서 최소한 유권자들 속에서는 이제 더 이상 존재하지 않는 것으로 보인다. 이제 40대 후반에 접어드는 이 세대는 정치이념, 정책적 선호, 정치참여나 정당·후보자 지지에 있어서 그 노쇠화가 확연하게 드러나며, 일반적인 한국 유권자의 자연스러운 시간적 풍화과정을 거치고 있는 것으로 보인다. 이들은 이념적으로도 일정하게 보수화되었고, 그 내부에서도 연령에 따른 상당한 분화가 진행된 것으로 보이는데, 이들을 하나로 묶어줄 수 있는 정치의식이나 정치 행태적 특성은 이제 없는 것으로 보인다.

둘째, 제19대 총선국면에서 가장 눈에 띄는 연령대는 30대 초반의 유권자들이었다. 이들은 이념적으로는 가장 진보적이고, 체제에 대한 불신과 불만이 가장 많으며, 정부 여당에 가장 비판적인 집단으로 나타났다. 통상 알려진 것과는 달리 20대 유권자들은 30대에 비해 오히려 보수적인 것으로 나타났으며, 여권 후보를 지지한 것으로 나타났다. 이러한 30대 유권자들의 반체제화라는 것이 일시적인 현상일지 한국 선거의 한 중요한 특징이 될 것인지는 후속 연구들이 규명해야 할 과제이다.

셋째, 세대별 투표참여는 통상 알려진 것처럼 연령별 편차가 매우 심했다. 가장 투표율이 낮은 20대 초반과 가장 투표율이 높은 고연령대의 격차는 약 30% 정도의 차이가 나는 것으로 나타났다. 20대들의 낮은 투표율은 정치적 자원-교육, 소득, 지식-의 부족에 기인한 것은 아니었으며, 오히려 이들의 낮은 외적 정치효능감과 정치관심도에 기인한다. 이들을 특징 지우는 높은 내적 정치효능감과 낮은 외적 정치효능감은 젊은 유권자들이 기존의 관습적 참여가 아닌 새롭고 비관습적인 정치참여 경로를 모색하는 이유이기도 하다.

넷째, 정당 및 후보자에 대한 지지 역시 세대간 편차가 매우 큰 것으로 나타났다. 특히 지난 2007년 선거와 비교해 보았을 때, 상당히 많은 20~30대 유권자들이 이명박 후보에 대한 지지로부터 이탈하고 있는 것으로 나타났다. 야권연대와 관련하여 전략적 투표가 가장 많이 일어나고 있는 세대는 30대였으며, 이는 야권의 지지세가 가장 높았던 연령대이기도 하다. 대선 잠재 후보군에 대한 지지에 있어서, '안철수 현상'을 이끄는 가장 핵심적인 세대 역시 30대인 것으로 보이는데, 이러한 높은 수준의 지지가 대선까지 이어질지는 매우 흥미로운 관심사이다.

참고문헌

강원택. 2003a. "16대 대선과 세대." 김세균 편. 『16대 대선의 선거과정과 의의』. 157–180. 서울: 서울대학교 출판부.
강원택. 2003b. 『한국의 선거 정치: 이념, 지역, 세대와 미디어』. 서울: 푸른길.
강원택. 2010. 『한국 선거정치의 변화와 지속』. 서울: 나남.
김 욱. 2002. "한국 유권자의 투표참여에 대한 통합적 연구방향의 모색." 진영재 편. 『한국의 선거 Ⅳ: 16대 총선을 중심으로』. 373–405. 서울: 한국사회과학데이터센터.
김형준. 2004. "17대 총선과 세대: 정당 지지 분석을 중심으로." 『사회연구』 2호(통권 8호), 47–77.
박명호. 2004. "17대 총선과 정당정치의 변화: 지역주의 정당체계와 관련하여." 『정치정보연구』 7권 1호, 1–26.
박명호. 2009. "2008 총선에서 나타난 세대 효과와 연령 효과에 관한 분석: 386세대를 중심으로." 『한국정당학회보』 8권 1호, 65–86.
박재흥. 2005. 『한국의 세대문제』. 서울: 나남.
박찬욱. 2005. "한국인 정치참여의 특징과 결정요인: 2004년 조사결과 분석." 『한국 정치연구』 14집 1호, 147–193.
서현진. 2008. "17대 대통령 선거의 투표참여와 세대에 관한 연구." 『의정연구』 14권 12호, 117–143.
유창오. 2011. 『진보 세대가 지배한다: 2040세대의 한국 사회 주류 선언』. 서울: 폴리테이아.
이갑윤. 2008. "한국 선거에서의 연령과 투표참여." 『의정연구』 14권 제12호, 93–116.
이우진. 2011. "6.2 지방선거에서 유권자들은 이념에 얼마나 충실히 투표하였나?" 이내영 · 임성학 편. 『변화하는 한국 유권자4: 패널조사를 통해 본 2010 지방선거』. 153–178. 서울: 동아시아연구원.
이정진. 2007. "한국의 선거와 세대갈등: 제16대 대통령 선거과정 분석." 『비교민주주의연구』 3집 1호, 51–92.
이현우. 1998. "한국에서의 경제투표." 이남영 편. 『한국의 선거 Ⅱ: 제15대 대통령 선거를 중심으로』. 97–150. 서울: 푸른길.
정진민. 1992. "한국 선거에서의 세대요인." 『한국 정치학회보』 26집 1호, 145–167.
정진민 · 황아란. 1999. "민주화 이후 한국의 선거정치: 세대요인을 중심으로." 『한국 정치학회보』 33집 2호, 115–134.
Abramson, Paul R., and Ronald Inglehart. 1987. "Generational Replacement and the Future of Post-Materialist Values." *The Journal of Politics* 49(1), 231–241.
Converse, Philip E. 1964 (2006). "The Nature of Belief Systems in Mass Publics." David Apter, ed. Ideology and Discontents. New York: The Free Press. Reprinted in *Critical Review* 18, 1–74.
Jennings, M. Kent, and Richard G. Niemi. 1981. Generations and Politics: A Panel Study of Young Adults and Their Parents. Princeton: Princeton University Press.
Mannheim, Karl. 1952. "The Problem of Generations." P. Kecskemeti, ed. Essays on the Sociology of Knowledge. 276–319. New York: Oxford University Press.

선거이슈와 유권자의 선택

— 우정엽 · 강충구 —

선거이슈와 유권자의 선택

20 12년은 20년 만에 국회의원 선거와 대통령 선거가 동시에 치러지는 선거의 해인만큼, 정치에 대한 유권자들의 관심은 매우 높다. 지난해 10월 서울시장 보궐선거 이후 지속된 정치권의 급격한 변화는 차기대권 경쟁에서 줄곧 선두를 지켜온 박근혜 의원에게 타격을 주었다. 서울시장 보궐선거 이전 박근혜 의원에 대한 차기대선 지지율은 2위와 무려 2~4배 이상의 격차를 보이며, 그의 독주가 대선까지 지속될 것이라는 전망을 무성하게 했다. 이른바 박근혜 대세론은 야권에 패배의식을 갖게 하기에 충분했지만, 서울시장 보궐선거에서 야권단일 후보로 나선 박원순 후보가 당선됨으로써 그의 독주 체제는 다소 흔들리게 되었다.

박근혜 대세론이 위기를 맞게 된 가장 큰 이유는 안철수 교수의 정치권 등장이었다. 서울시 무상급식 주민투표 이후에 오세훈 당시 서울시장의 사퇴가 예고되면서, 안철수 교수는 야권의 서울시장 후보로 부상했다. 안철수 교수는 50% 이상의 지지율을 얻어 서울시장으로 당선될 가능성이 누구보다 높아 보였으나, 당시 지지율이 5%대에 머물던 박원순 후보에게 서울시장 후보 자리를 양보했다. 이후 안철수 교수 대신 선거에 출마한 박원순 후보가 서울시장에 당선되면서 안철수 교수는 대권 경쟁에서 정치권의 변수가 아닌 상수로 여겨지게 되었다. 결국 2012년 대선은 안철수 교수의 등장으로 박근혜 의원이 대통령에 당선될 것인가의 문제에서 안철수 교수가 과연 대선에 출마할 것인가, 그렇다면 그가 대통령이 될 수 있을 것인가의 문제로 그 중심이 이동했다.

안철수 교수의 등장은 그동안 잠잠했던 야권의 대선후보 경쟁에 다시 불을 지피는 역할을 했고, 총선을 앞두고 진행된 야권통합은 야당의 '정권 심판론'에 힘을 실어주었다. 정책이슈의 측면에서도 야당이 우위를 점하고 있었던 복지이슈가 정치권에 지배적일 것으로 예상되며, 4월 총선에서 새누리당, 즉 당시 한나라당이 참패할 것이라는 관측이 다수였다. 혹자들은 2004년 노무현 대통령 탄핵 후폭풍에 따른 한나라당의 패배 때보다도 더 어두운 전망을 내놓기도 했다. 그러나 당시 당의 공식적 운영에 관여하지 않던 박근혜 의원은 비상대책위원장으로 당 운영 전면에 나서 당명을 새누리당으로 교체하고, 총선 공천과정을 주도하는 등 당의 면모를 일신하려는 노력을 했다. 그 결과, 이명박 정부와 일정한 거리를 두는 데 성공한 새누리당은 모두의 예상을 깨고 4월 총선에서 과반이 넘는 152석을 차지하였다.

이 글은 새누리당과 이명박 정부에 대한 민심이 바닥을 치던 총선구도에서 새누리당이 어떻게 과반 의석을 차지할 수 있었는지에 대해 총선관련 이슈가 유권자에 미친 영향을 중심으로 분석한다. 필자들은 이번 총선에서 민주통합당이 선거공학적 이유로 통합진보당과 야권통합을 진행하면서 선택할 수밖에 없었던 정책적 입장과 정치적 태도가 그들에게 유리하게 작용하지 않았다는 점을 지적하려고 한다. 또한 이번 총선에서 이슈와 관련된 유권자들의 선택이 12월에 있을 대선에서 어떠한 함의를 갖는지에 대해 토론한다. 다음에서는 정책과 총선관련 이슈가 유권자들의 선택에 미친 영향을 분석하기 전에 이슈와 유권자의 투표 결정의 관계에 대한 선행연구의 논의를 검토한다.

이슈와 투표 결정의 관계에 대한 논의

선거에서 유권자들의 후보자나 정당선택에 영향을 미치는 요인에는 지역, 세대, 이념성향, 정파성 등과 같은 장기요인과 후보자 평가, 선거관련 이슈와 같은 단기요인이 있다. 국내 선거연구에서 유권자의 의사결정은 주로 지역, 세대, 정치적 성향, 인구사회학적 요인 등에 의해 영향을 받는 것으로 설명되어 왔다. 지역, 이념, 세대의 효과는 기존 투표 결정 요인에 대한 연구에서 중첩되어 나타나는 것으로 밝혀졌는데, 이는 '젊은 세대, 진보성향'과 '기성세대, 보수성향' 유권자 사이의 균열을 의미했다. 정당정치의 역사가 깊지 않은 국내정치에서 지역이나 세대 간의 균열이 유권자들의 투표 결정에 영향을 미치는 주요한 요인으로 여겨져 온 것이다(강원택 2002; 이내영 2011).

세대정치의 지속과 소멸에 대해서는 여전히 논란(윤상철 2009)이 있지만, 정치적으로 차별적인 경험을 한 유권자들의 격차가 정치참여와 투표에서 나타난 것은 사실이다(황아란 2009). 지역주의 기반의 정당구조는 '개혁, 진보' 대 '안정, 보수'의 대결로 이어지며, 여야 지지층은 이러한 측면에서 여전히 서로 엇갈리고 있다. 다시 말해 '젊은 세대-호남-진보성향' 대 '기성세대-영남-보수성향' 유권자 사이의 균열은 1990년대 중반 이후 국내 선거의 특정 정당에 대한 지지패턴과 투표 결정 등에서 빈번하게 목격되고 있다(이갑윤·이현우 2008).

정치권과 학계에서 지역주의, 세대, 이념성향과 같은 장기적으로 안정적인 유권자의 특성과 투표, 정치참여 사이의 관계는 빈번하게 다루어졌다.

그러나 유권자의 투표 결정에 영향을 미치는 단기요인, 즉 정책 및 정치·사회이슈에 대한 관심은 그동안 제한적이었다. 서구의 선거연구에서 이슈나 후보자 이미지와 같은 단기요인에 대한 관심이 늘고 있는 것은 비교적 장기적인 정치경험에 의해 형성된 유권자 요인이 최근 선거에서 발견된 지지 및 선거구도의 급격한 변화를 설명하기에 적합하지 않다는 지적을 지지해 준다. 최근에는 국내에서도 이슈투표(issue voting)나 경제투표(economic voting), 후보자 이미지 등을 유권자의 투표 의사결정 영향요인으로 본 연구들이 점차 늘어나고 있지만, 그 축적된 성과는 여전히 부족한 편이다.

이슈가 투표 결정에 미치는 영향에 관심을 두어야 하는 이유는 정당체제, 또는 유권자의 정치적 특성뿐만 아니라, 중·단기적인 차원에서 유권자들의 변화를 설명해야 할 필요가 있기 때문이다. 이내영·정한울의 연구(2007)는 유권자 투표 결정의 단기변화에 영향을 미칠 수 있는 이슈를 정당 사이의 이념적·정치적 입장 차이가 분명한 위치이슈(position issue), 정부의 경제나 정책에 대한 평가와 같이 여야의 실적에 대한 평가를 가능하게 하는 실적이슈(performance issue)로 구분하여 그 영향력을 검토했다. 이 연구는 2006년 지방선거에서 '젊은세대=진보=호남정당' 대 '기성세대=보수=영남정당'의 유권자 지지패턴이 와해된 이유를 이슈에서 찾았다(이내영·정한울 2007).

국내 선거연구에서 이슈에 대한 관심은 북한 변수에 집중되어 왔다. 북한 변수는 한국전쟁 이후에 국내정치에서 정권에 의해 정략적으로 이용되기도 했다. '북풍(the north wind)'은 선거 때마다 등장하는 단골이슈였기 때문에 간첩사건이나 남북정상회담, 북핵문제 등은 국내 유권자들에게 매우 익숙했다(Ryoo 2005). 전반적으로 북풍이 선거에 미치는 효과에 대한 평가는 엇갈려 왔는데, 최근 들어서는 북한관련 이슈가 선거에 미치는 영향이 상대적으로 제한적인 것으로 평가되고 있다(강원택 2011; 아산정책연구원 2012). 실제로 안보이슈 및 북풍은 최근 선거에서 이슈화되었음에도 불구하고, 유권자들은 경제양극화, 경제성장, 삶의 질 개선, 정치개혁 등의 이슈를 중요하게 생각하고 있었다. 북풍이 유권자의 투표에 미치는 영향을 분석한 연구에서 눈에 띠는 점은 천안함 사건과 같은 북한관련 이슈가 유권자들에게 미친 영향이 그들의 정파성에 따라 차별적이었다는 것이다. 이는 북한관련 이슈가 유권자들의 투표를 이념, 정파에 따라 가를 수 있다는 점에서 중요하다.

한편 선거와 관련된 이슈가 유권자들에게 미치는 영향은 우리나라 선거에서 고질적인 지역주의 문제를 해소할 수 있다는 측면에서 긍정적인 평가를 받기도 한다. 이슈투표는 유권자들이 이슈에 대한 입장에 따라 합리적으로 행하는 투표행태이기 때문에 이상적인 것으로 볼 수 있다. 선거이슈는 정당일체감(party identification), 후보자 자질 평가(candidate trait evaluation)와 같은 투표 결정 요인에 비해, 선거전에서 정치인이나 정당이 자신의 입장을 밝히면서 유권자들의 지지를 동원하기 위해 이용되기도 한다. 선거이슈를 통한 선거캠페인은 의제설정(agenda setting)을 통해 이슈의 성격을 자신에게 유리하게 프레이밍(framing)할 수 있기 때문에 유권자들에게는 정당이나 후보의 역량을 평가할 수 있는 중요한 척도가 된다(이현우 2011, 39). 또 정당이나 정치인들은 더 많은 지지층을 확보하기 위해 정책이나 이슈에 대한 입장을 정하기 때문에 이슈투표의 관점에서, 여론에 대한 반응성(responsiveness)

강화를 의미하기도 한다(이현우 2011).

다음에서는 위의 논의를 바탕으로 야권의 우세가 점쳐졌던 지난 2012년 4월 총선에서 여당인 새누리당이 짧은 기간 사이에 선거의 국면을 어떻게 반전시킬 수 있었는지에 대해 아산정책연구원 선거연구의 패널조사 1, 2차 자료를 이용하여 검토한다. 구체적으로 이번 선거에서 논란이 되었던 한미 FTA 정책과 민간인 불법사찰 논란, 민주통합당 김용민 후보의 막말 파문 등이 유권자의 투표에 어떤 영향을 미쳤는지에 대해 분석한다.

총선구도

국내정치구도는 대선 대리전으로 불린 2011년 서울시장 보궐선거에서 당시 한나라당의 나경원 후보가 야권단일 후보였던 박원순 무소속 후보에게 패배하면서 재편되기 시작했다. 서울시장 보궐선거 직후 여권에 몰아닥친 위기의식은 홍준표 대표의 사퇴로 이어졌고, 그동안 당 운영 전면에 나서지 않았던 박근혜 의원은 2012년 초부터 여당의 쇄신을 위한 움직임을 보였다. 박근혜 의원은 비상대책위원장으로 총선에 임하면서 이명박 대통령과 거리두기를 고심하며, 비상대책위 중심으로 총선을 치르고자 했다. 이와 달리 야권은 2012년 정권교체를 위한 선거공학적 고민에 의해 범야권연대를 추진하고, 이 과정에서 한명숙 전 총리가 민주통합당 대표로 선출되었다. 이로써 2012년 4월 국회의원 선거의 구도는 박근혜 새누리당 비상대책위원장과 한명숙 민주통합당 대표가 격돌하는 양상으로 전개되었다. 여기서 한 가지 주목해야 할 점은 민주통합당이 선거 직전 야권의 표 분열을 막기 위해 범야권 세력과 연합했다는 것이다. 이 야권연대 형성과정에서 나타난 독특한 현상은 민주통합당이 통합진보당과 야권 단일화를 위한 협상을 하면서 주요 정책이슈에 대한 입장을 통합진보당의 입장에 가까운 좌파 성향으로 조정했다는 점이다.

정권 말기에 치러진 이번 총선은 이명박 정부에 대한 평가의 성격을 띨 수밖에 없었기 때문에 야권이 우위를 점하고 있었다. 총선을 앞두고 실시된 아산정책연구원의 선거연구 1차 패널조사 결과에 따르면, 이명박 대통령에 대한 국정운영 지지율은 '매우 잘하고 있다'가 5.7%, '다소 잘하고 있다'가 23.4%로 29.1%에 불과했다. 즉 지난 총선은 이명박 대통령에 대한 평가의 성격이 짙었고, 임기 말이 되면서 이명박 대통령에 대한 지지율이 더욱 하락하고 있었기 때문에 야권의 입장에서는 총선에서 승리할 수 있는 호기를 맞은 셈이었다. 그러나 여기에서 여야 정당이 전략적으로 차이를 보인 점이 있었다. 먼저 새누리당은 박근혜 위원장을 당 전면에 내세우며 이명박 정부에 대한 평가가 새누리당으로 이어지는 것을 피하면서, 박근혜 위원장이 이명박 정부의 연장선상에 있는 것이 아니라 이명박 정부의 대안이 되는 것으로 프레임을 구축했다. 실제로 많은 국민들은 박근혜 의원의 대통령 당선을 이명박 정부로부터의 정권 교체로 바라보고 있었다. 2011년 조선일보에 보도된 조사결과에 따르면, "만약 박 전 대표가 내년 대선에서 대통령으로 당선될 경우 이명박 정권이 재창출된 것으로 생각하는가 아니면 정권이 교체된 것으로 생각하는가?"라는 질문에 '정권 교체'가 50.1%로, '정권 재창출'(34.6%)보다 많았다(조선일보 2011/06/13).

이와 대조적으로 민주통합당은 안철수 교수에게 의존하는 모습을 보이며, 당내의 잠재 대선주자들이 총선 전면에 나서지 않았다. 민주통합당의 근본적인 문제점은 박근혜 위원장을 상대할 만한 대선주자가 당내에 존재하지 않았기 때문에 수권정당으로서의 강한 이미지를 보여주기 어려웠다는 것이다. 잠재적 대선주자인 손학규 전 대표는 낮은 지지율과 당 내부 공천과정에서의 갈등으로 그 역할을 수행하기에 한계를 보였고, 문재인 고문은 자신이 출마한 부산 사상을 지역구 선거에 집중하면서 전국 단위에서 민주통합당을 대표하는 대선주자로서의 면모를 보여주기에 부족함이 있었다. 안철수 교수가 대선 출마 여부를 분명히 밝히지 않고 있음에도 불구하고, 여당의 박근혜 의원과 함께 유력한 대선후보로 분류되고 있는 것은 이러한 민주통합당의 한계를 잘 보여준다(박명호 2012).

이번 총선에서 눈여겨볼 부분은 민주통합당과 통합진보당 간에 형성된 야권후보 단일화를 위한 연대의 역할이다. 두 야권 정당 간의 연대는 총선에 대한 실리적 판단에 의해 서로 지역구를 거래하는 것 이상의 의미가 있었다. 그것은 바로 민주통합당이 야권연대를 위해 감수해야 할 정책적 변화에 대한 것이다. 서울시 무상급식 논쟁에서 비롯된 복지이슈는 총선을 앞두고 여야 간 입장차이가 분명했기 때문에 집권여당에 비해 야권에 유리하게 작용할 것으로 관측되었다. 특히 여당의 복지이슈에 대한 입장과 관계없이 야권의 복지정책에 의한 포퓰리즘(populism) 논쟁은 오히려 유권자들 사이에 복지이슈를 더욱 두드러지게 하기도 했다. 그러나 4월 총선 선거전에서 민주통합당이 전면에 내세운 정책이슈는 한미 FTA와 제주 해군기지 건설 문제였다.

야권은 2011년부터 집권여당에 비해 우위를 점하는 것으로 평가받았던 복지이슈와 경제민주화 등의 이슈를 부각시키지 않았다. 이와 같은 민주통합당의 전략이 더욱 부정적으로 작용한 이유는 한미 FTA와 제주 해군기지 건설, 두 가지 정책 모두가 노무현 대통령 재임 당시에 추진되었던 정책이라는 점이다. 총선에서 민주통합당이 복지이슈 대신에 한미 FTA, 제주 해군기지 건설문제에 대한 정책적 입장을 전면에 내세운 이유는 바로 통합진보당과의 연대 때문이었다. 그래서 민주통합당 내부에서 소위 온건파라고 할 수 있는 세력들은 강경파들의 거센 비난을 받았고, 한미 FTA와 관련해 노무현 전 대통령과 가까운 세력이었던 안희정 충남지사, 송영길 인천시장 등은 한미 FTA에 대해 찬성 입장을 공식화하면서 혹독한 비난에 시달리기도 했다. 문재인 고문도 정치적 목적을 위해 이른바 독소조항 폐기를 위한 재재협상을 지지한다는 입장으로 태도를 바꾸었다. 이는 민주통합당의 자기모순적 태도가 구체적으로 드러난 사례였다.

  필자들의 관심은 과연 이러한 민주통합당의 정책이슈에 대한 전략적 입장 선택이 이번 총선에서 유권자들에게 어떤 영향을 미쳤는지에 대한 것이다. 위에 제시된 정책이슈를 제외하고도 이번 총선에서 유권자들의 이목을 집중시킨 정치권 의혹은 민간인 불법사찰과 노원갑 지역구에 출마한 민주통합당 김용민 후보의 막말 파문이었다. 우리는 이러한 이슈가 유권자의 총선투표에 미친 영향을 분석하기 전에 이들에 대한 유권자들의 태도를 검토했다.

총선이슈에 대한 유권자들의 태도

아산정책연구원 선거연구의 1, 2차 패널조사에서는 총선이슈에 대한 유권자들의 태도와 투표선택 간의 관계를 살펴보기 위해 선거 전후에 이에 대한 유권자들의 의견을 물었다. 선거 전 1차 조사에서는 한미 FTA, 대북정책, 복지정책, 민간인 불법사찰 논란에 대한 응답자들의 의견을 물었고, 선거 후 2차 조사에서는 총선 성격, 경제 민주화에 대한 의견과 어떤 이슈가 자신의 투표에 영향을 주었는지에 대해 답하게 했다. 다음은 총선관련 이슈에 대해 유권자들의 입장이 어떻게 분포하고 있는지 살펴본 결과이다.

먼저 한미 FTA에 대해서는 응답자의 60.5%가 "한미 FTA는 차질 없이 추진되어야 한다"고 답했고, 29.1%는 "한미 FTA는 폐기되어야 한다"고 답했다. 총선 지역구 투표의향에 따른 의견 분포를 살펴보면, 새누리당 후보에 투표할 의향이 있었던 유권자의 85.7%는 한미 FTA 추진을 동의했고, 8.4%가 한미 FTA 폐기 주장에 공감했다. 민주통합당 후보에 투표할 의향이 있었던 유권자 중에서는 39.5%가 한미 FTA 추진에 동의했고, 47.7%가 한미 FTA 폐기를 지지했다. 한미 FTA에 대해 강경한 입장을 보였던 통합진보당 후보에 투표할 의향이 있었던 유권자 중에서는 34.8%가 추진되어야 한다고 봤고, 59%는 폐기를 지지한다고 밝혔다. 이를 통해 보면 총선 전 야권에서 제기된 한미 FTA 폐기 이슈는 야권 내에서도 강한 호응을 얻고 있지 않았다. 한미 FTA 폐기에 대한 가장 적극적 지지층은 학생으로 44.9%가 폐기를 지지(추진: 47%)한다고 밝히며, 화이트칼라(38.3%)보다 폐기 주장을 더 지지하고 있었다. 지지정당별로는 새누리당 지지자의 85.6%가 추진에 동의하고 있었고, 민주통합당과 통합진보당 지지자는 한미 FTA를 폐기해야 한다는 주장을 지지하는 비율이 각각 44.6%, 62.3%로 나타났다. 이렇듯 지지정당에 따라 보더라도, 한미 FTA 이슈는 진보세력이나 야권을 통합하는 이슈가 되기 어려웠다(추진 vs.폐기, 민주통합당: 44% vs. 44.6%, 통합진보당: 27.3% vs. 62.3%). 세대별로 보면 젊은 세대일수록 야권의 한미 FTA 폐기론에 동조하는 경향을 보였지만, 20~30대에서만 폐기론을 지지하는 비율이 각각 43%, 45.1%로 나타났다.

다음은 지난 총선에서 쟁점으로 부각되지 않았지만, 그동안 국내 선거에서 중요하게 여겨져 왔던 대북정책에 대한 유권자들의 태도를 살펴봤다. 지난 총선에서 대북이슈는 선거 막바지에 북한의 로켓 발사와 맞물리며 유권자들의 이목을 끌었다. 투표일 직전에 북한의 로켓 발사가 발표되었기 때문에 보수층을 결집시킬 것이라는 관측도 있었다(연합뉴스 2012/04/09). 대북정책에 대해 유권자들에게 "경제적 지원 및 대화와 설득을 통해 북한의 변화를 이끌어 내야 한다"와 "북한이 변화하기 이전에는 경제적 지원을 재개하면 안 된다"는 의견 중에 어느 쪽에 보다 동의하는지를 물어 살펴봤다. 전체 응답자 중에서 대화와 설득이 우선되어야 한다는 의견이 53.2%, 북한의 변화가 선행되어야 한다는 의견이 44%로 나타났다. 대북정책에 대한 의견은 세대별로 나뉘지는 않았고, 오히려 20대의 보수적인 특성이 발견되었다. 북한의 변화가 선행되지 않는다면 경제적 지원은 불가하다는 의견이 20대에서 55.1%였는데, 이는 60대 이상의 51.7%보다 더 높은 수치였다. 나머지 세대의 경우에는 다른 이슈에서 다소 의견 차이를 보였지만, 대북정책에 있어서는 일관된 경향성이 발견되었다. 30~50대는 대화와 설득을 지지하는 의견이 각각 43%, 61.2%, 59%였고, 20대는 43%, 60대 이상은 43.2%가 대화와 설득을 향후 대북정책 방향으로 선호하고 있었다. 이념성향별로는 진보의 62.9%가 대화와 설득을 선호했고, 34.9%가 북한의 변화가 선행되어야 한다는 의견을 보였다. 반면에 보수는 42.9%가 대화와 설득을 선호했고, 55.2%가 북한의 변화가 없으면 지원을 해서는 안 된다는 의견을 보였다. 그러나 그동안 대북정책에 대한 태도에서 목격된 극단적인 입장 차이는 발견되지 않았다. 지지정당에 따라서도 새누리당 지지자의 38%는 대화와 설득을 지지했지만, 58.8%는 북한의 변화 이전에 지원이 불가하다는 의견을 보였다. 민주통합당, 통합진보당 지지자의 34.6%, 18.2%는 북한의 변화 이전에 지원이 불가하다는 태도를 보였지만, 과거 선거에서 나타났던 대북정책에 대한 정파적 태도의 격차는 통합진보당에서만 나타났다.

복지정책의 경우, "세금을 더 내더라도 가능한 한 많은 사람이 동일한 복지 혜택을 누려야 한다"와 "세금이 낭비될 수 있으므로 복지 혜택은 꼭 필요한 사람에게 집중되어야 한다" 중 어느 의견에 동의하는지를 답하게 했다. 복지정책에 대한 여론조사는 조사방식과 질문 형태에 따라 달라질 수 있는데, 이번 조사에서는 보편적 복지보다 선별적 복지에 대한 지지가 더 높았다. 이는 유럽에서 발생한 재정위기와 이를 집중적으로 보도한 언론보도가 영향을 미쳤다고 볼 수 있다. 전체 응답자의 31.5%는 보편적 복지를 선호했고, 66.1%는 선별적 복지에 더 높은 지지를 보였다. 이러한 경향은 30대에서만 보편적 복지에 대한 선호가 다른 세대에 비해 더 높게 나타났을 뿐(43.6% 대 54.4%), 모든 세대에서 선별적 복지에 대한 지지가 더 높았다. 이념성향에 따라서는 보수의 22.1%가 보편적 복지를 선호했고, 76.5%

가 선별적 복지를 지지하는 것으로 나타났다. 진보성향 응답자는 45.1%가 보편적 복지를 선호했고, 52.7%가 선별적 복지를 지지하는 것으로 나타났다. 지지정당에 따라서는 민주통합당과 통합진보당 지지자 중 각각 40.2%, 60.9%가 보편적 복지를 지지한 반면, 57.8%, 35.7%는 선별적 복지를 선호한 것으로 나타났다. 이와 달리 새누리당 지지자는 80.1%가 선별적 복지를 지지한다고 밝혔고, 보편적 복지를 선호하는 비율은 18.2%에 불과했다. 복지정책에 대한 새누리당 지지층의 의견은 보편적 복지, 선별적 복지에 대한 찬반이 분명하게 엇갈리고 있었다.

이번 총선에서 논란이 된 이슈는 정책 이외에 국무총리실의 민간인 불법 사찰 문제였다. 야권에서는 정부의 불법적인 민간인 사찰을 규탄하며 강력하게 비판했고, 여권 및 정부에서는 이전 정부에서의 과오를 예로 들며 역공을 취했다. 이에 대한 의견을 살펴보기 위해 민간인 사찰이 "이전 참여정부에서도 있던 일이기 때문에 현 정부의 잘못만은 아니다"와 "과거의 관행 여부를 떠나 개인의 사생활을 침해한 현 정부의 잘못이 크다"라는 의견 중에 어느 쪽에 동의하는지를 물었다. 전반적으로 60.5%의 응답자가 현 정부의 잘못이라는 의견에 동의했고, 31.6%가 현 정부의 잘못만은 아니라는 의견을 보였다. 이 경향은 60대를 제외한 모든 연령대에서 비슷하게 나타났고, 60대 이상에서도 현 정부의 잘못이라는 의견이 38.7%, 현 정부의 잘못만은 아니라는 의견이 45.6%로 그 차이가 크지 않았다. 이념성향별로는 진보의 77.1%, 중도의 62.2%가 민간인 사찰이 현 정부의 잘못이라는 의견에 동의한 반면, 보수는 46.5%만 여기에 동의했다. 보수에서도 절반에 가까운 사람들이 이를 현 정부의 잘못이라고 지적했다. 지지정당에 따르면, 새누리당 지지자의 34.1%는 현 정부의 잘못이라는 의견에 동조했고, 56.6%는 현 정부의 잘못만은 아니라는 의견을 보였다. 이와 대조적으로 민주통합당과 통합진보당 지지자는 각각 82.7%, 90.6%가 민간인 사찰이 현 정부의 잘못이라는 의견에 동의하는 것으로 나타났다.

총선 직후 실시된 아산정책연구원의 선거연구 2차 조사에서는 총선 성격과 경제민주화에 대한 의견을 물었다. 먼저 지난 총선 성격에 대한 평가는 "이명박 정부를 심판해야 한다는 민주통합당, 통합진보당 등 야당의 주장"과 "거대 야당을 견제해야 한다는 새누리당의 주장" 중에서 어느 쪽에 더 공감하는지에 대해 질문했다. 전체 응답자의 49%는 정권 심판론, 42%는 거대 야당 견제론에 보다 공감했다. 세대별로는 젊은 세대일수록 정권 심판론에 동조하는 경향이 높았는데, 30대는 66.9%, 20대는 64.2%, 40대는 50.6%가 정권 심판론에 공감하고 있었다. 이념성향별로는 진보의 69.9%가 정권 심판론에 동조했고, 보수의 50.8%가 거대 야당 견제론에 공감했다. 주목할 만한 점은 중도의 50.8%가 정권 심판론에 공감했고, 38.6%가 거대 야당 견제론에 동조한 것으로 나타나며, 중도성향 유권자들 역시 야당의 정권 심판론에 공감하고 있었다. 지지정당에 따라서는 새누리당 지지자의 80.4%는 거대 야당 견제론에 동조했고, 민주통합당과 통합진보당 지지자의 79.6%, 88.6%는 정권 심판론에 더 공감했다.

다음으로 경제민주화에 대해 "재벌개혁은 시장기능에 맡기고 가능한 한 간섭하지 말아야 한다"는 의견과 "재벌에 대한 정부의 규제를 더욱 강화해야 한다"는 의견 중 어느 쪽에 더 공감하는지를 물었다. 전반적으로 응답자의 30.7%는 재벌개혁은 시장기능에 맡겨야 한다는 의견에 동의했고,

64.6%는 정부에 의한 재벌규제가 강화되어야 한다는 의견을 지지했다. 재벌규제에 대한 의견은 모든 세대에서 유사하게 나타났는데, 30대에서 정부에 의해 재벌규제가 강화되어야 한다는 의견이 75.7%로 가장 높았으며, 정부규제에 대한 지지가 가장 낮았던 60대 이상에서도 정부의 규제가 강화되어야 한다는 의견이 47.7%로 절반에 가까웠다. 이념성향별로는 진보의 76%, 중도의 66.5%가 정부의 재벌에 대한 규제가 강화되어야 한다고 답했고, 보수는 53.2%가 재벌규제 강화를 지지하는 것으로 나타나 보수층에서도 재벌개혁과 경제민주화에 대한 욕구가 높았다. 지지정당의 경우, 새누리당 지지자는 시장기능에 맡겨야 한다는 주장과 정부의 규제를 강화해야 한다는 주장에 공감한 비율이 각각 45.1%, 49.2%로 찬반이 엇갈린 반면, 민주통합당과 통합진보당 지지자는 74%, 88.6%가 정부규제 강화를 지지하고 있었다.

  각 개별이슈별로 응답자들의 의견을 질문한 것과 별도로, 총선 직후 패널조사에서는 응답자들에게 자신의 투표에 가장 큰 영향을 미친 이슈를 선택하게 했다. 선거이슈는 선거를 앞둔 시점에서 선거에 영향을 미칠 수 있는 사회·정치·경제·문화적 사안들을 의미한다(이현우 2011). 아산정책연구원 선거연구에서는 이에 해당하는 총선관련 이슈들을 열거한 후, 그중에서 응답자들에게 투표할 후보와 정당을 결정하는 데에 가장 큰 영향을 미친 이슈를 답하게 했다. 총선이슈 문항에 포함된 총선관련 이슈는 한미 FTA 논란, 민간인 불법사찰 논란, KBS와 MBC 등 언론사 파업, 민주통합당 김용민 후보의 막말 파문, 제주 해군기지 건설문제, 북한 미사일 발사 위협이었다. 〈표 8-1〉에 제시된 바와 같이, 주요이슈 중에서 자신의 투표에 영향을 미친 이슈를 특정하지 못한 유권자를 제외하더라도 10명의 유권자 중 7명(74.8%)이 보기에 제시된 이슈가 자신의 투표에 영향을 미친 것으로 판단하고 있었다. 그중에서 유권자들은 민간인 불법사찰 논란(20%), 한미 FTA 논란(18.9%)을 주요이슈로 선택하고 있었다. 2006년 지방선거에서 무상급식, 4대강, 교육문제 등의 생활정치(life-style politics) 이슈가 유권자들의 높은 관심을 끌었던 것(강원택 2011; 이현우 2011)과 달리, 이번 총선에서는 정치·경제 차원의 거시적 정책과 정부 스캔들의 영향력이 컸다.

선거 직전 이슈가 된 민간인 불법사찰 논란은 검찰의 수사가 진행되는 와중에 청와대의 대응 발표가 이어지면서 여야 간 공방이 매우 치열하게 전개되었다. 또 언론들이 총선 막판에 이러한 정치권의 갈등을 집중적으로 보도했기 때문에 유권자들에게는 중요한 이슈로 여겨졌을 가능성이 높다. 한미 FTA의 경우에도 장기간 여야의 입장이 첨예하게 대립하면서 유권자들에게 중요한 이슈로 간주되었을 확률이 높다. 실제로 야권은 이명박 정부와 새누리당에 정면으로 맞서기 위해 한미 FTA에 대해 반대 입장을 공식화했고, 민주통합당은 한미 FTA 발효를 앞둔 시점에서 한미 FTA 재협상과 재협상 불가시 폐기를 당론으로 천명하기도 했다. 한미 FTA에 대한 민주통합당의 이러한 접근은 야권연대의 한 축인 통합진보당의 입장에 발을 맞춘 것으로 진보성향 유권자들을 지지층으로 확보하기 위한 전략이었다.

이를 제외하고도 언론사 파업(12.5%), 민주통합당 김용민 후보의 막말 파문(10.3%), 제주 해군기지 건설문제(7.1%)도 많은 유권자들에게 영향을 미친 것으로 나타났다. 여야, 보수와 진보 각 진영의 입장이 언론사 파업, 민주통합당 김용민 후보의 사퇴, 제주 해군기지 건설문제에 대한 지지·반대로 극

〈표 8-1〉 총선투표에 영향을 미친 이슈

	비율 (%)	사례수 (명)
민간인 불법사찰 논란	20.0	503
한미 FTA 논란	18.9	476
KBS, MBC 등 언론사 파업	12.5	315
민주통합당 김용민 후보의 막말 파문	10.3	258
제주 해군기지 건설문제	7.1	178
북한 미사일 발사 위협	6.0	151
소계	74.8	1,881
없음	13.8	347
기타/잘 모름/무응답	11.4	284
합계	100	2,512

명하게 엇갈리고 있었기 때문에 이 이슈들은 많은 유권자와 언론의 주목을 받았다. 그렇게 외연이 확장된 이슈는 상당수 유권자들의 총선투표에 영향을 준 것으로 보인다. 그러나 과거 우리나라의 선거에서 꽤 영향을 미쳐온 것으로 알려진 대북이슈는 그 영향력이 높지 않았다. 선거 바로 전날에 북한이 로켓 발사를 발표했음에도 불구하고, 6%의 유권자만이 투표 결정에 영향을 받은 것으로 평가했다.

총선이슈의 영향력

선거전에서 쟁점이 되는 이슈는 주요 정당의 이념적 지향에 따라 정해지지만, 각 정당의 전략적 선택에 의해 형성되기도 한다. 이번 총선에서 야권의 정책선택은 야권연대를 통한 후보 단일화라는 선거공학적 목표에 의한 것으로 볼 수 있다. 다수의 전문가들은 이슈와 관련하여, 민주통합당과 통합진보당의 야권연대가 새누리당에 패배한 이유로 민주통합당이 통합진보당과의 연대를 위해 정책적 입장을 과도하게 진보적으로 취했기 때문으로 분석했다(한국일보 2012/06/07). 대표적으로 한미 FTA와 제주 해군기지 건설 문제의 경우에 야권연대가 이명박 정부와 새누리당의 입장에 전면적으로 반대하는 것이었지만, 결과적으로 자기부정의 한계에서 벗어나지 못했다. 또 야권연대는 유권자들에게 지나치게 진보적이라는 이미지를 주게 됨으로써 수권정당으로서의 신뢰를 주지 못했다. 한미 FTA 폐기와 제주 해군기지 건설 반대와 같은 민주통합당이 총선에서 보여준 '좌클릭' 정책의 사례와 더불어, 선거 막바지 민주통합당 지도부의 김용민 후보 사퇴 유보는 진보성향 유권자로부터 표를 얻기 위해 입장을 정한 경우였다. 이러한 민주통합당의 잘못된 입장 설정은 총선에서 야권연대의 실패 원인으로 지적되었다(문화일보 2012/04/18). 그러나 실제 이러한 민주통합당의 이슈에 대한 선거 전략이 실패했는지에 대해서는 여전히 의문이 제기될 수 있다.

다음에서는 야권연대의 주요이슈에 대한 전략적 입장 선택이 선거 결과에 어떤 영향을 미쳤는지 분석하기 위해 총선과 관련된 주요이슈에 대한 유권자들의 입장을 총선 지역구 투표, 정당 투표선택에 따라 살펴봤다(〈표 8-2〉 참조). 이번 총선의 지역구 투표는 야권연대로 인해 새누리당 후보와 야권연대 후보의 양자구도로 진행된 곳이 많았다. 여기에서도 이런 지역구 선거맥락을 고려하여 지역구 투표선택은 새누리당 후보, 야권연대 후보로 구분하여 분석했다. 한미 FTA 논란은 지역구와 정당 투표 모두에서 새누리당 후보나 새누리당에 투표한 응답자의 86.4%, 87.8%가 한미 FTA 추진을 찬성했고, 새누리당 후보나 새누리당에 투표한 유권자 중에서 폐기를 주장한 야권의 입장에 동조한 비율은 각각 8.9%, 7.1%에 불과했다. 이와 대조적으로 야권후보나 야당에 투표한 응답자는 지역구, 정당 투표 모두에서 한미 FTA에 대한 찬반이 두드러지게 나타나지 않았다. 복지정책의 경우에도 지역구와 정당 투표 모두에서 새누리당 후보나 새누리당에 투표한 유권자의 약 80% 정도가 선별적 복지를 선호했고, 18% 정도가 보편적 복지를 지지했다. 반면에 야권 투표층의 복지정책에 대한 의견은 찬반이 섞여 있었다. 이 분석결과에 대해서는 여러 가지 해석이 가능하나, 그중 하나는 한미 FTA나 복지정책에 대해서는 새누리당 후보나 새누리당에 투표한 유권자들의 정책에 대한 입장이 상당히 공고했다고 볼 수 있다. 또 한미 FTA와 복지정책이 선거전에서 강조될수록 새누리당 지지자들이 새누리당 후보나 새누리당에 투표하는 경향이 보다 강화되었을 가능성이 높다고 추측해 볼 수도 있다. 즉 야권후보나 민주통합당, 통합진보당에 투표한 유권자들은 한미 FTA나 복지정책에 대한 입장 때문에 총선에서 특정 후보나 정당을 지지한 것이 아닌 반면, 새누리당 후보나 새누리당에 투표한 응답자는 한미 FTA나 복지정책에 대한 입장 때문에 새누리당 후보나 새누리당에 투표했을 가능성이 높다. 새누리당 후보나 새누리당에 투표한 응답자 중 한미 FTA나 복지정책에 대한 야권연대의 입장에 동조하는 경우가 적었기 때문에 선거전에서 이들 정책이슈가 부각되더라도 야권연대에 크게 이득이 될 가능성은 낮았다.

민간인 불법사찰 논란과 경제민주화는 한미 FTA, 복지정책의 경우와 정반대였다. 이 두 가지 이슈의 경우에는 야권연대, 즉 민주통합당과 통합진보당 후보나 야당에 투표한 응답자의 입장은 분명한 반면, 새누리당 후보나 새누리당에 투표한 유권자의 경우에 상당 비율이 야권의 입장(현 정부 잘못)에 동조한 것(민간인 사찰: 지역구 35.4%, 정당 투표 32.3%)으로 나타났다. 심지어 경제민주화는 새누리당 후보나 새누리당에 투표한 유권자 중에서 야권의 시장에 대한 정부규제가 강화되어야 한다는 입장에 동조하는 비율(지역구 50.9%, 정당 투표 48.2%)이 더 높았다. 위의 정책이슈를 제외한 총선 성격에 대한 평가는 여야의 입장이 분명하게 나뉘어 있었고, 그에 따라 지지자들의 입장도 분명하게 분할되어 있었다. 이는 총선 성격을 이용한 선거 캠페인 메시지가 서로의 표를 끌어올 가능성이 적었다는 것을 의미한다. 결과적으로 야권연대의 입장에서는 지난 총선에서 관심을 받았던 정책과 이슈들 중에서 새누리당 지지자들의 결집이 공고했던 한미 FTA나 복지정책과 같은 이슈보다는 민간인 불법사찰과 경제민주화 이슈에 집중하는 것이 야권연대의 지지를 모으고, 새누리당 지지자들을 흔들 수 있었을 것이라고 생각하게 하는 대목이다.

 총선관련 이슈가 유권자의 투표에 미친 영향을 분석하기 위해 유권자들의 총선투표에 영향을 미친 총선이슈를 후보자 선택으로 구분하여 살펴봤다. 지역구·정당 투표에 미친 총선관련 이슈의 영향력은 여야 지지층에서 모두 70% 이상으로 나타났기 때문에, 이슈는 유권자들의 투표 결정에 상당한 영향을 미치고 있었다. 이슈의 영향력은 유권자의 지역구 투표와 정당 투표(새누리당 70.5%, 민주통합당 80.6%, 통합진보당 82.1%)에서 비슷한 수준으로 나타났으나, 전반적으로 새누리당 후보나 새누리당에 투표한 유권자(70.3%)

<표 8-2> 총선투표 결정별 정책 및 총선이슈에 대한 입장 (단위: %, (명))

		지역구 투표		정당 투표		
		새누리당 후보	야권연대 후보	새누리당	민주통합당	통합진보당
한미 FTA	찬성	86.4 (759)	39.4 (394)	87.8 (741)	48.4 (344)	23.5 (77)
	반대	8.9 (75)	48.4 (484)	7.1 (60)	40.6 (289)	63.3 (207)
	x^2	461.401***		531.861***		
복지정책	전면복지	18.7 (164)	48.4 (484)	18.2 (154)	40.4 (287)	61.2 (200)
	선별복지	80.0 (702)	49.4 (494)	80.2 (677)	58.1 (413)	35.8 (117)
	x^2	220.582***		248.228***		
대북정책	대화·설득	41.2 (362)	70.9 (709)	38.9 (328)	65.5 (466)	79.8 (261)
	선(先), 북 변화	56.5 (496)	27.7 (277)	58.5 (494)	33.1 (235)	19.0 (62)
	x^2	207.170***		218.872***		
민간인 사찰	관행일 뿐	57.7 (507)	11.2 (112)	60.2 (508)	12.7 (90)	6.1 (20)
	현 정부 잘못	35.4 (311)	84.3 (842)	32.3 (273)	82.6 (587)	92.7 (303)
	x^2	531.998***		620.408***		
경제민주화	시장기능	43.2 (402)	19.4 (207)	44.6 (400)	22.1 (171)	12.4 (42)
	정부규제	50.9 (473)	77.3 (826)	48.2 (432)	74.1 (573)	87.1 (296)
	x^2	189.255***		230.590***		
총선 평가	정권 심판론	11.0 (102)	83.9 (896)	7.3 (65)	82.6 (638)	89.1 (303)
	야당 견제	79.0 (735)	11.1 (119)	82.6 (740)	12.4 (96)	5.9 (20)
	x^2	1171.019***		1336.818***		

***$p<.001$

보다 야권 후보나 야당에 투표한 유권자(81.2%)에게 더 큰 영향을 준 것으로 나타났다.

여기에서 우리의 관심은 유권자들이 여야 지지층별로 서로 다른 이슈가 자신의 총선투표에 영향을 미친 것으로 평가하는지에 있었다. <표 8-3>에 제시된 바에 따르면, 새누리당과 야권연대 투표자들은 서로 다른 이슈에 중요성을 부여하고 있었다. 전반적으로 유권자들의 투표선택에 미친 영향력이 컸던 이슈는 한미 FTA, 민간인 불법사찰 논란 등의 이슈였다. 그러나 총선에서 새누리당 후보, 새누리당에 표를 던진 유권자는 한미 FTA 논란(지역구 투표 22.2%, 정당 투표 22.5%), 김용민 후보의 막말 파문(지역구 15.6%, 정당 투표 17%), 제주 해군기지 건설문제(지역구 투표 10.8%, 정당 투표 11.2%)를 중요한 총선이슈로 생각했다. 즉 새누리당 지지층은 장기간 지속되어 온 한미 FTA 폐기 논란을 가장 영향력 있는 이슈로 봤고, 선거막판 논란이 된 민주통합당 김용민 후보의 막말 파문을 그 다음으로 꼽았다.

이와 대조적으로 총선에서 야권후보나 야당에 투표한 유권자들은 민간인 불법사찰 논란(지역구 투표 33.3%, 정당 투표 33.6%, 37.1%), 주요 언론사 파업(지역구 투표 18.5%, 정당 투표 18.6%, 19.1%), 한미 FTA 논란(지역구 투표 18.1%, 정당 투표 17.2%, 18.2%) 등을 중요하게 생각하고 있었다. 종합해 보면, 비교적 전국 이슈로 장기간 논란이 되어 왔던 한미 FTA를 제외한 다른 이슈들의 영향력에 대한 여야 지지자층의 평가가 뒤집혀 있었다. 대표적으로 민간인 불법사찰은 야권연대 후보나 야당에 투표한 유권자들이 가장 중요하게 생각한 이슈였으나, 새누리당 후보나 새누리당에 투표한 응답자 중에서는 지역구·정당 투표에서 각각 6.3%, 5%만이 중요한 이슈로 생각했다. 반대로 민주통합당 김용민 후보의 막말 파문은 새누리당 투표자들에게 두 번째로 중요한 이슈였지만, 야권후보나 야당에 투표한 유권자들 중에서는 지역구·정당 투표에서 각각 야권연대 투표자의 4.4%, 민주통합당 투표자의 4.5%, 통합진보당 투표자의 2.4%만이 중요한 이슈로 간주하고 있었다.

총선관련 이슈는 유권자들의 투표 결정에 어느 정도 영향을 주었다고 볼 수 있는데, 유권자들의 정파성에 따라 중요하게 생각하는 이슈가 달랐다.

<표 8-3> 총선투표 결정별 총선 주요이슈 (단위: %, (명))

	지역구 투표		정당 투표		
	새누리당 후보	야권연대 후보	새누리당	민주통합당	통합진보당
민간인 불법사찰	6.3 (59)	33.3 (356)	5.0 (45)	33.6 (260)	37.1 (126)
한미 FTA	22.2 (206)	18.1 (193)	22.5 (202)	17.2 (133)	18.2 (62)
언론사 파업	6.0 (56)	18.5 (198)	5.1 (46)	18.6 (144)	19.1 (65)
김용민 후보 막말 파문	15.6 (145)	4.4 (47)	17.0 (152)	4.5 (35)	2.4 (8)
제주 해군기지 건설	10.8 (100)	4.3 (46)	11.2 (100)	3.5 (27)	4.7 (16)
북한 미사일 발사 위협	9.5 (88)	2.5 (27)	9.7 (87)	3.2 (25)	0.6 (2)
소계	70.4 (654)	81.2 (867)	70.5 (632)	80.6 (624)	82.1 (279)
없음	16.6 (154)	9.6 (103)	15.8 (142)	9.7 (75)	10.6 (36)
기타/잘 모름/무응답	13.0 (122)	9.2 (98)	13.7 (122)	9.5 (74)	7.4 (25)
합계	100 (930)	100 (1,068)	100 (896)	100 (773)	100 (340)
	x^2=439.778, df=36, $p<.001$		x^2=561.352, df=54, $p<.001$		

*** $p<.001$

유권자들의 투표 결정에 영향을 미친 주요 총선이슈가 정파성에 따라 차별적으로 나타난 결과는 지난 2006년 지방선거에서 천안함 이슈가 여야 지지성향 유권자에게 미친 영향력이 달랐던 것과 동일한 맥락에서 이해할 수 있다. 선거이슈에 대한 유권자들의 관심은 자신의 정치성향에 따라 다를 수 있기 때문에 선거이슈에 대한 유권자들의 인식은 정파성에 따라 차이가 있었다(강원택 2011; 이현우 2011).

총선과 관련된 이슈는 유권자들의 의사결정 시기에 맞물려 발생하기 때문에 총선이슈와 투표 결정시기는 밀접한 관계에 있을 수밖에 없다. 유권자의 총선투표 결정시기와 이슈 사이의 관계를 살펴보기 위해 먼저 총선과 관련된 주요이슈를 <표 8-4>에 제시된 바와 같이 시간순으로 정리했다. 지난

<표 8-4> 총선관련 주요이슈

	2011년	2012년			
	하반기	1월	2월	3월	4월
민간인 불법사찰				민주통합당, 민간인 불법사찰 녹취록 공개	청와대, 민간인 사찰 관행으로 일축
한미 FTA	11월, 여당 한미 FTA 비준안 비공개 처리		민주통합당, 한미 FTA 폐기 주장		여야 정치인, FTA 관련 말 바꾸기
언론사 파업		노조 파업, MBC, KBS, YTN으로 확산	언론사 파업 지속		
김용민 후보 막말 파문					과거 막말 발언, 여야의 후보사퇴 공방
제주 해군기지 건설	6월, 해군 기지 건설 반대운동 확산		이명박 대통령, 해군기지 건설 당위성 언급		정부·주민, 시민단체 간 갈등 지속
북한 미사일 발사 위협					북한, 장거리 로켓 발사 선포

총선과 관련된 정치·사회이슈는 시간순으로 정확하게 구분할 수 없기 때문에 여기에서는 선거전과 관련된 이슈가 크게 불거진 시기를 중심으로 이를 정리했다. 아산정책연구원 선거연구에 포함된 총선관련 이슈는 크게 장기이슈, 중기이슈, 단기이슈로 구분할 수 있다. 먼저 지난해 하반기부터 논란이 되며 여야 간 입장차를 지속적으로 보여 온 한미 FTA, 제주 해군기지 건설문제는 장기이슈, 올해 초부터 시작된 주요 언론사의 파업은 중기이슈, 선거전 막바지 언론에 자주 보도되며 논란이 된 민간인 불법사찰과 민주통합당 김용민 후보의 막말 파문, 북한의 장거리 로켓 발사는 단기이슈로 볼

수 있다.

총선관련 이슈가 두드러지게 논의된 시기와 유권자들의 투표 결정시기가 맞아 떨어진다면, 총선이슈는 유권자의 투표행위를 설명하는 중요한 요인이 될 수 있다. 만약 유권자들이 자신의 총선투표에 영향을 미친 이슈로 전반기에는 한미 FTA, 언론사 파업, 제주 해군기지 건설문제, 후반기에는 민간인 불법사찰, 김용민 후보 막말 파문, 북한 미사일 발사 위협을 선택했다면 총선관련 이슈와 유권자들의 투표 결정 사이에는 밀접한 관계가 있는 것으로 해석할 수 있다.

둘 사이의 관계에 대해 살펴보기 전에 우리는 유권자의 총선투표 결정시기를 분석했다. 그 결과 55.4%의 유권자들은 자신의 지역구에 출마할 후보가 확정된 직후인 3월 중순 이전에 총선투표에 대한 결정을 한 것으로 답했다. 이는 총선을 앞두고 급격하게 무당파(independent)의 비율이 줄어든 것에 의해서도 부분적으로 이해할 수 있다. 선거가 가까워지면서 유권자들은 각종 매체나 지인 등을 통해 선거, 정치에 대한 정보에 더 많이 노출되기 때문에 평소에 내재되어 있던 정치적 성향이 특정 정당이나 후보자에 대한 지지로 자연스럽게 이어졌을 가능성이 높다. 유권자의 32.1%, 23.3%가 지역구에 출마할 후보가 결정되는 각 정당의 공천과정 중에 투표선택에 대한 의사를 결정한 것으로 나타난 것은 이를 지지하는 근거가 된다(〈표 8-5〉 참조). 그러나 한편으로, 선거운동이 시작된 이후부터 투표 당일에 총선투표를 결정했다고 답한 유권자들도 42.5%나 되었다는 점은 투표일을 기준으로 2주 이내에 벌어진 이슈가 유권자들의 투표 결정에 영향을 주었을 가능성을 보여주기도 한다.

〈표 8-5〉 총선투표 결정시기

	비율 (%)	사례수 (명)
지역구 출마후보 결정 전	32.1	807
지역구 출마후보 확정 직후	23.3	586
선거운동 시작시기	19.2	483
선거운동 막바지 시기	17.2	432
투표 당일	6.1	154
기타/잘 모름/무응답	2.0	50
합계	100	2,512

총선관련 이슈가 유권자의 투표 결정에 미친 영향을 분석하기 위해 총선투표 결정시기를 기준으로 총선관련 이슈의 중요도에 대해 살펴봤다 (〈표 8-6〉 참조). 투표 결정시기는 선거 2~3일 전을 기준으로 그 이전과 이후로 구분하여, 과연 총선관련 이슈가 유권자들의 투표선택에 어떤 영향을 주었는지에 대해 살펴보고자 했다. 장기이슈, 중기이슈, 단기이슈가 섞여 있었음에도 불구하고, 유권자들은 총선투표선택에 있어서 후반기(70.5%)보다 전반기(77%)에 이슈로부터 받은 영향력이 더 큰 것으로 판단하고 있었다. 이슈별로는 비교적 선거전 막판에 불거졌던 민간인 불법사찰 논란이 전·후반기 모두에서 총선투표에 영향을 미친 이슈(전반기 21.2%, 후반기 16.4%)인 것으로 밝혀졌다. 이는 총선과 관련해 가장 근접한 시기에 발생한 이슈였던 민간인 불법사찰을 영향력이 큰 것으로 보게 하는 최신 효과(recency effect)에 의해 설명될 수 있다. 또 이미 특정 후보나 정당에 투표를 하기로 결정한 유권자가 민간인 불법사찰 논란을 접하면서 자신의 투표 결정을 강화했을 가능성도 있다.

한미 FTA는 전·후반기 모두에서 영향력(전반기 20.1%, 후반기 15.4%)이 컸는데, 이는 한미 FTA가 전국단위 장기이슈로 유권자들에게 상대적으로 익숙한 이슈일 가능성이 높았고, 선거전 막판에는 여야 주요 정치인들의 한미 FTA 관련 말 바꾸기가 유권자들 사이에서 연일 화제가 되었기 때문이었다. 전반적으로 전국단위 정치·경제이슈였던 민간인 불법사찰과 한미 FTA가 유권자들의 투표에 미친 영향은 큰 편이었는데, 한 가지 흥미로운 점은 선거 막바지에 이슈가 되었던 민주통합당 김용민 후보의 막말 파문이 후반기

〈표 8-6〉 총선투표 결정시기별 총선 주요이슈 (단위: %, (명))

	전반기		후반기	
	비율 (사례수)	순위	비율 (사례수)	순위
민간인 불법사찰 논란	21.2 (398)	1	16.4 (96)	1
한미 FTA 논란	20.1 (377)	2	15.4 (90)	2
KBS, MBC 등 언론사 파업	12.7 (239)	3	12.3 (72)	4
민주통합당 김용민 후보의 막말 파문	9.8 (184)	4	12.6 (74)	3
제주 해군기지 건설문제	7.3 (137)	5	6.8 (40)	6
북한 미사일 발사 위협	5.8 (108)	6	7.0 (41)	5
소계	77.0 (1,443)		70.5 (413)	
없음	12.6 (237)		16.0 (94)	
기타/잘 모름/무응답	10.4 (196)		13.5 (79)	
합계	100 (1,876)		100 (586)	

주: 투표 결정시기를 '출마후보 결정 전(3월 이전)–선거운동 시작(3월 중순경)'과 '선거운동 막바지(2–3일 전)–투표 당일'로 구분함.
x^2=25.683, df=9, p<.01

에 총선투표에 대한 결정을 내린 유권자들에게 큰 영향을 준 것으로 밝혀진 것이다. 상대적으로 선거일이 가깝게 다가오는 시기에 투표 결정을 한 유권자가 김용민 후보의 막말 파문의 영향력을 상대적으로 높게 평가(전반기 9.8%, 후반기 12.6%)하고 있었다. 자신의 총선투표가 민주통합당 김용민 후보의 막말 파문에 의해 영향을 받았다고 판단한 유권자는 약 10% 내외였는데, 이는 지난 총선에서 근소한 차이로 승패가 엇갈린 지역구의 수를 고려해 보면 결코 낮은 수치가 아니었다.

특히 새누리당 후보에 투표한 유권자는 김용민 후보의 막말 파문에 더 큰 영향을 받은 것으로 나타났다. 〈표 8-7〉은 총선투표 결정시기별 주요이슈를 유권자의 지역구 투표후보별로 구분한 것이다. 유권자들의 지역구 투표를 새누리당 후보, 야권연대 후보 투표로 구분해 유권자들이 중요하게 생각한 총선이슈가 무엇이었는지에 대해 분석했다. 그 결과 야권연대 후보에 투표한 유권자들의 투표에 영향을 미친 이슈는 민간인 불법사찰 논란(전반기 34.2%, 후반기 30.1%), 한미 FTA(전반기 18.9%, 후반기 15.1%), 언론사 파업(전반기 19.8%, 후반기 13.7%)으로 전·후반기에서 모두 동일했다. 그러나 새누리당 후보에게 투표한 유권자는 투표 결정시기별로 서로 다른 이슈에 더 큰 영향을 받은 것으로 평가했다. 새누리당 후보에 투표한 응답자 중에서 총선에서 투표할 후보를 일찍 결정한 유권자는 한미 FTA(23.4%), 김용민 막말 파문(14.1%), 제주 해군기지 건설문제(11.9%)를 중요한 이슈라고 답한 반면, 후반기에 결정한 유권자는 민주통합당 김용민 후보의 막말 파문에 의해 영향을 받았다고 답한 비율이 22.5%로 가장 많았다. 결과적으로 민주통합당이 선거전 막판에 논란이 되었던 김용민 후보 사퇴에 대해 미온적인 태도를 보인 것이 여권 지지층을 결집시켰다는 주장은 설득력이 있었다.

민주통합당 김용민 후보의 막말 파문이 총선투표에 미친 영향력은 전통적으로 새누리당 지지층이 두터운 대구/경북지역 유권자들(13.4%) 사이에서 가장 높았다. 선거 막판 총선투표에 대한 결정을 내린 서울지역 유권자의 15.8%가 김용민 후보의 막말 파문에 영향을 받은 것으로 답한 것에 비해, 같은 시기 총선투표에 대한 결정을 내린 대전/충청지역, 대구/경북지역 유권자 중 18.0%, 17.3%는 김용민 후보의 막말 파문에 영향을 받았다고 답했다. 이는 김용민 후보의 막말 파문이 자신의 지역구뿐만 아니라, 다른 지

〈표 8-7〉 총선투표 결정시기별 지역구 투표기준 총선 주요이슈 (단위: %, (명))

	전반기		후반기	
	새누리당 후보	야권연대 후보	새누리당 후보	야권연대 후보
민간인 불법사찰 논란	6.2 (46)	34.2 (290)	7.3 (13)	30.1 (66)
한미 FTA 논란	23.4 (175)	18.9 (160)	16.9 (30)	15.1 (33)
KBS, MBC 등 언론사 파업	5.4 (40)	19.8 (168)	9.0 (16)	13.7 (30)
민주통합당 김용민 후보의 막말 파문	14.1 (105)	3.9 (33)	22.5 (40)	6.4 (14)
제주 해군기지 건설문제	11.9 (89)	3.7 (31)	6.2 (11)	6.8 (15)
북한 미사일 발사 위협	10.2 (76)	2.0 (17)	6.7 (12)	4.6 (10)
소계	71.1 (531)	82.5 (699)	68.6 (122)	76.7 (168)
없음	16.5 (123)	9.2 (78)	16.9 (30)	11.0 (24)
기타/잘 모름/무응답	12.4 (93)	8.3 (71)	14.5 (26)	12.3 (27)
합계	100 (747)	100 (848)	100 (178)	100 (219)
	x^2=427.180, df=36, p<.001		x^2=83.963, df=36, p<.001	

<표 8-8> 총선투표 결정시기별 정당 투표기준 총선 주요이슈 (단위: %, (명))

	전반기			후반기		
	새누리당	민주통합당	통합진보당	새누리당	민주통합당	통합진보당
민간인 불법사찰	4.9 (35)	35.1 (216)	37.5 (99)	5.8 (10)	28.4 (44)	35.5 (27)
한미 FTA	23.9 (172)	18.3 (113)	18.9 (50)	16.3 (28)	12.9 (20)	15.8 (12)
언론사 파업	4.5 (32)	19.6 (121)	20.8 (55)	8.1 (14)	14.8 (23)	13.2 (10)
김용민 후보의 막말 파문	15.2 (109)	4.1 (25)	2.7 (7)	25.0 (43)	6.5 (10)	1.3 (1)
제주 해군기지 건설	12.2 (88)	3.4 (21)	3.8 (10)	7.0 (12)	3.9 (6)	7.9 (6)
북한 미사일 발사 위협	10.2 (73)	2.8 (17)	0.8 (2)	8.1 (14)	5.2 (8)	0 (0)
소계	70.9 (509)	83.3 (513)	84.5 (223)	70.3 (121)	71.7 (111)	73.7 (56)
없음	16.3 (117)	8.3 (51)	9.1 (24)	14.0 (24)	14.2 (22)	15.8 (12)
기타/잘 모름/무응답	12.8 (93)	8.4 (52)	6.4 (17)	15.7 (27)	14.2 (22)	10.5 (8)
합계	100 (719)	100 (616)	100 (264)	100 (172)	100 (155)	100 (76)
	x^2=498.590, df=54, $p<.001$			x^2=116.564, df=54, $p<.001$		

역의 여당 지지자들을 결집시키는 효과가 있었던 것으로 해석할 수 있다. 충청지역에서는 지난 총선에서 1석을 얻는 데 그치고 지방선거에서 당선자를 내지 못했던 여당(당시 한나라당)이 총 18개 의석 중 절반인 9석을 차지하는 데 김용민 후보 막말 파문의 영향이 작지 않았다고 할 수 있다. 이 결과는 총선 막판에 불거진 서울지역 단위 이슈였던 민주통합당 김용민 후보의 막말 파문이 서울뿐만 아니라, 다른 지역에서도 여권 지지층을 투표장으로 불러냈다는 주장에 더욱 힘을 실어 준다.

총선 정당투표 결정시기별로 유권자들이 중요하게 생각한 이슈를 분석한 결과에서도 위의 지역구 투표에서 발견된 경향성이 동일하게 발견되었다(〈표 8-8〉 참조). 야당, 즉 민주통합당과 통합진보당에 투표한 유권자는 전·후반기 모두에서 민간인 불법사찰, 언론사 파업 또는 한미 FTA를 자신의 투표에 영향을 미친 이슈로 선택하고 있었다. 반면에 새누리당에 투표한 유권자는 전반기에는 한미 FTA, 후반기에는 김용민 후보의 막말 파문(25%)을 가장 영향력이 큰 이슈로 평가했다. 비교적 선거 막판에 불거진 민간인 불법사찰, 민주통합당 김용민 후보의 막말 파문이 전·후반기에 총선투표 결정을 한 유권자들에게 영향을 미친 것은 두 가지로 해석될 수 있다. 먼저 전반기에 총선투표 결정을 이미 한 유권자가 선거 막판 이와 같은 이슈에 노출되며, 자신의 투표 결정을 강화하는 경우이다. 그리고 후반기에 이슈에 의해 영향을 받은 것으로 보고한 응답자는 자신의 기존 결정을 강화했거나, 투표의향을 철회·변경했을 가능성이 함께 존재한다.

결론

지난 4월 총선을 앞두고, 아산정책연구원 선거연구에 참여한 연구진들을 포함한 많은 전문가들은 야권의 승리를 예상했다. 그것도 새누리당의 전신인 한나라당이 2008년 탄핵 역풍 때보다 더 심각한 타격을 받을 것으로 관측되었다. 물론 새누리당의 승리라는 해석보다는 야권의 패배라고 보는 편이 더 나을 듯하지만, 총선의 결과는 정반대였다. 야권 패배의 원인은 여러 가지로 볼 수 있으나, 필자들은 야권이 선거공학적 목적을 위해 야권연대를 하면서 정책에 대한 입장을 선택하는 데에 있어서 지나치게 '좌클릭'한 점과, 선거 막판 불거진 김용민 후보의 막말 파문에 미온적으로 대처한 것이 큰 패인 중 하나라고 본다.

한미 FTA나 제주 해군기지 건설문제 등의 이슈는 야권을 단결시키거나 중도층을 흡수하는 역할을 하지 못했고, 오히려 새누리당으로의 투표를 강화했다고 볼 수 있다. '반미'라는 이념적 태도에 기초한 통합진보당과의 연대를 위해 민주통합당이 자기부정적 정책노선을 선택한 것은 유권자들의 지지를 받지 못하게 하는 결과를 초래했다. 또 이명박 정권 심판론조차도 박근혜 비상대책위원장의 등장으로 새누리당과 이명박 정권의 분리가 어느 정도 이루어지면서 유권자들의 큰 호응을 이끌어 내지 못하여, 총선국면은 새누리당에 유리하게 전개되었다.

그렇다면 이번 총선 승리를 바탕으로 박근혜 의원의 대선 가도가 보다 탄탄해진 것으로 볼 수 있을까? 선거 이후 불거진 통합진보당 내부의 갈등 문제, 민주통합당의 모바일 경선 문제 등은 새누리당 박근혜 의원의 입지를 보다 더 강화시켜 주고 있다. 그러나 정책적 측면에서 유념해야 할 점은 경제민주화 등과 같은 야권에 유리한 이슈이다. 필자들의 분석에서 알 수 있듯이 경제민주화 이슈는 야권 지지자들의 절대적인 지지를 받고 있으면서도 여권 지지자들의 많은 동조를 받고 있었다. 이 점은 안철수 교수와 같은 후보가 등장할 수 있는 여지를 남겨 두고 있는 것이다. 만약 대선 선거전에서 민주통합당이 이러한 성격의 이슈들을 중심으로 통합진보당과의 차별성을 두면서 수권정당으로서의 이미지를 회복한다면 12월 대선의 결과를 예측하는 것은 매우 어렵게 될 수도 있다.

참고문헌

강원택. 2002. "세대, 이념과 노무현 현상." 『사상』 54호, 80-102.
강원택. 2011. "천안함사건과 지방선거." 이내영·임성학 공편. 『변화하는 한국 유권자 4: 패널조사를 통해 본 2010 지방선거』, 37-53. 서울: 동아시아연구원.
박명호. 2012. ""안철수 현상," 2012년 총선 그리고 한국정치." 『선거연구』 2권 1호, 7-29.
아산정책연구원. 2012. 『6월 월례조사 보고서』. 서울: 아산정책연구원.
윤상철. 2009. "세대정치와 정치균열: 1997년 이후 출현과 소멸의 동학." 『경제와 사회』 81호, 61-88.
이갑윤·이현우. 2008. "이념투표의 영향력 분석: 이념의 구성, 측정 그리고 의미." 『현대정치연구』 1권 1호, 137-166.
이내영. 2011. "6·2 지방선거와 세대균열의 부활." 이내영·임성학 공편. 『변화하는 한국 유권자 4: 패널조사를 통해 본 2010 지방선거』, 179-200. 서울: 동아시아연구원.
이내영·정한울. 2007. "이슈와 한국 정당지지의 변동." 『한국정치학회보』 41집 1호, 31-55.
이현우. 2011. "제5회 지방선거의 주요이슈와 유권자 평가." 『선거연구』 1권 1호, 37-64.
정한울. 2012. "2012 어젠다: 어젠다를 보면 2012년이 보인다." 『EAI 오피니언리뷰』 2012-1호.
황아란. 2009. "정치세대와 이념성향: 민주화 성취세대를 중심으로." 『국가전략』 15권 2호, 123-151.
Ryoo Khil-jae. 2005. "The North Wind: North Korea's Response and Policy towards the 2002 Presidential Election in South Korea." Mansourov, Alexandre Y. ed, *A Turning Point: Democratic Consolidation in the ROK and Strategic Readjustment in the U.S.-ROK Alliance*. Honolulu, Hawaii: Asia-Pacific Center for Security Studies.
연합뉴스. 2012. ""北 로켓' 총선 변수될까." (4월 9일자).
문화일보. 2012. "左클릭의 저주." (4월 18일자).
조선일보. 2011. "국민 50% "박근혜, 대통령 되면 정권교체."" (6월 13일자).
한국일보. 2012. "좌우 이념을 뒤로 하고 복지·민생을 앞에 세워." (6월 7일자).

웹 2.0에서 소셜 네트워크 서비스로

— 이상신 —

웹 2.0에서 소셜 네트워크 서비스로

왜 SNS인가?

인터넷이 정치에 미치는 영향, 특히 유권자들의 정치참여 및 조직화에 미치는 영향에 대한 관심은 매우 뜨겁다. 이미 1990년대 초반 이후 월드와이드 웹(World Wide Web, WWW)이 일반인들도 손쉽게 인터넷에 접근할 수 있는 사용자 환경(user interface)을 제공하기 시작한 직후부터 각국의 정당과 정치인들은 적극적으로 인터넷을 통해 국민과 소통하기 시작했으며, 그 영향력과 결과에 대한 연구도 상당히 축적되어 있는 상태이다. 이제는 더 이상 인터넷을 통해 정치정보를 얻고 정치에 참여하는 것을 비주류적인 정치적 소통 방식이라고 할 수 없다. 특히 한국처럼 유무선 인터넷 망이 잘 발달되고 인터넷 사용이 일상화된 나라에서는 정치인에 대해 정보를 얻는다거나 정치참여의 욕구가 생길 때 누구나 가장 먼저 떠올리는 것이 인터넷이다.

인터넷은 그 자체가 너무나 빠르게 발전하고 있어서 계속 정치에 대해 영향력을 미치는 방식 또한 바뀌고 있다. 1990년대 후반에서 2000년대 중반까지 한국 정치는 각종 인터넷 포털 사이트를 중심으로 발달된 게시판들에서 분출되는 국민들의 목소리에 크게 영향을 받았다. 그 이후에는 이른바 웹 2.0 운동이 일어나면서 UCC(User Created Contents)에 의한 참여가 주목을 받았고, 2000년대 후반부터는 이른바 트위터(Twitter)나 페이스북(Facebook)으로 대표되는 소셜 네트워크 서비스(social network service, 이하 SNS)가 정치적 소통의 가장 중요한 매체로 떠오르고 있다.

지난 2010년 지방선거 이후 SNS의 영향력, 그중에서도 특히 트위터를 통한 정치적 소통이 주목받기 시작했다. SNS의 영향력은 단지 학술적인 관심을 떠나 정치과정 그 자체를 바꾸고 있는데, 대표적으로 이번 19대 총선에서 새누리당 비상대책위원회 산하 눈높이 위원회는 공천 심사 항목의 하나로 이른바 'SNS 활동지수'를 도입하여 평소 SNS를 활발하게 이용하지 않는 예비후보자들에게 불이익을 주기도 했다(서울신문 2012/02/03).

하지만 야당의 압도적인 우세가 점쳐지던 19대 총선이 의외로 새누리당이 의석 과반수를 넘는 승리로 끝남으로써, 그동안 보수정당에 일방적으로 불리하게 작용해 왔던 SNS의 영향력이 '찻잔 속의 폭풍(storm in a teapot)'이 아닌가 하는 의구심이 제기되고 있다.

이런 문제의식을 바탕으로, 이 글에서는 과연 SNS가 이번 총선에서 어떠한 영향을 미쳤는지를 분석한다. 결론부터 말하자면, SNS 사용자들은 선거에 대한 관심도 높았고, 실제로 투표에도 적극적으로 참여했으며, 민주통합당과 통합진보당에 큰 지지를 보냈다. 이들은 지역구 투표에서는 민주통합당 후보를 70% 이상 지지했지만, 비례대표 투표에서는 통합진보당을 선택하는 적극적이고 전략적인 분할투표 행태를 보이는 것으로 조사되었다. 그리고 올해의 대선에서도 보수적인 후보보다는 진보적인 후보들에게 지지를 보내고 있음이 확인되었다.

아래에서는 우선 도대체 SNS를 사용하는 사람들이 얼마나 되는지를 살펴본 후, 어떤 사람들이 주로 SNS를 많이 사용하는지를 분석할 것이다. 이어서 총선 관심도, 투표의향, 정치효능감, 투표참여, 투표 결정시기 등을 중심으로 다른 매체 이용자들에 비해 SNS 이용자들의 특징이 무엇인지를 살핀 후, 이들이 이번 총선에서 어떤 정당과 후보들에 지지를 보냈는지를 분석하는 순서로 글이 진행될 것이다.

한국 사람들은 SNS를 얼마나 이용하고 있을까?

SNS가 정치적 효과를 갖게 된 가장 근본적 이유는 사실 단순하다. 많은 사람이 SNS를 일상적으로 사용하고 있기 때문이다. 한두 사람이 정부에 불만을 갖고 있다면 그것을 정치적 현상이라고 말하기는 힘들다. 그러나 10만 명의 시민이 정부에 대해 같은 불만을 갖고 있고, 이들이 특정한 방식을 통해 연대하기 시작한다면 이것은 분명한 정치적 현상이라고 보아야 한다. 그렇다면 SNS의 선거에서의 영향력을 분석하기 위한 첫 과제는 실제로 유권자 중 과연 어느 정도가 SNS를 사용하고 있는지를 대략적이나마 추정해보는 일일 것이다.

일단 SNS 이용자 수를 추정하기 전에 한국의 인터넷 이용률을 먼저 살펴보자. 2011년 현재 인터넷을 사용하고 있는 한국인의 비율은 78%에 달하

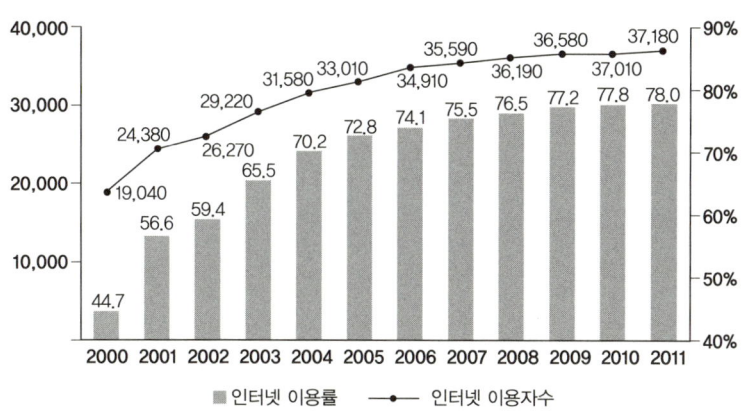

〈그림 9-1〉 인터넷 이용률 및 이용자수 변화 추이 (단위: %, 천 명)

출처: 한국인터넷진흥원. 2011. "2011년 인터넷이용실태조사."

고, 심지어 만 3세에서 5세 사이의 유아의 인터넷 이용률도 66.2%에 달할 정도로 매우 높은 수준이다(한국인터넷진흥원 2011).

하지만 인터넷을 사용한다고 해서 모두 SNS를 사용하는 것은 아니다. 그렇다면 과연 한국인 중 대표적인 SNS인 트위터와 페이스북을 사용하는 사람들의 비율은 얼마나 될까? 우선 인터넷상의 데이터 트렌드를 분석하는 전문기업인 오이코랩(Oikolab)이 2012년 5월 4일 발표한 트위터 한국인 인덱스(Twitter Korean Index)에 따르면 약 640만 명의 한국인이 트위터 계정을 갖고 있는 것으로 나타났다.[1] 이는 전체 한국인구 5,000만 명의 약 12.8%에 달하는 숫자이다. 역시 비슷한 서비스를 제공하는 업체인 소셜베이커스(Socialbakers)에 따르면 한국은 페이스북 사용자가 세계에서 8번째로 가장 빨리 늘어나고 있는 국가이다.[2] 2012년 5월 현재 한국인 페이스북 사용자 수는 약 717만 명이며, 이는 6개월 전에 비해 약 180만 명이 증가한 것으로, 34.1%의 높은 증가율을 보이고 있다. 717만 명은 전체 인구 대비 14.3%의 이용률이다.

그런데 이 SNS 이용률에 대해서는 다른 통계들도 발견된다. 위에서 인용한 한국인터넷진흥원의 2011년 보고서에 따르면, 만 6세 이상 인터넷 이용자의 66.5%가 SNS를 사용하고 있는 것으로 나타났다. 이 보고서가 전국 3만 가구 및 가구원 7만 2,559명을 면접조사한 매우 광범위한 자료를 바탕으로 하고 있는 것이기 때문에 일단 이 수치에 큰 오류는 없는 것으로 받아들

---

[1] http://goo.gl/e2ZB4 (검색일: 2012년 7월 20일). 독자의 편의를 위해 위의 URL 주소는 구글의 URL 단축 서비스를 이용해 축약시켰다. 이하의 URL도 모두 같은 단축 주소들이다.
[2] http://goo.gl/9CCeZ (검색일: 2012년 7월 20일)
[3] 전체 인터넷 이용률(78%) × 인터넷 이용자 중 SNS 이용률(66.5%).

일 수 있을 것이다. 하지만 그렇다고 해도 전체 인터넷 이용자 중 66.5%가 SNS를 사용한다면 곧 전체 국민의 51.9% 정도가 SNS를 사용하고 있다는 뜻이 된다.[3] 이는 상식적으로 생각해 보았을 때 좀 지나치게 높은 것이라고 말할 수밖에 없다.

그러나 이러한 수치는 한국인터넷진흥원의 조사에서 SNS의 개념을 지나치게 넓게 잡아 놓았기 때문에 발생하고 있는 일종의 착시현상이다. 즉 이 조사에서 SNS는 블로그, 커뮤니티, 미니홈피, 프로필 기반 서비스(페이스북), 마이크로블로그(미투데이, 트위터)를 모두 합한 개념이기 때문이다. 좀 더 구체적으로 보면, 한국인터넷진흥원의 보고서에서는 SNS를 "인터넷상 친구, 동료 등 지인 간의 인간관계를 강화하거나 새로운 인맥을 형성함으로써 폭넓은 인적 네트워크를 형성할 수 있게 해주는 서비스로 미니홈피, 블로그, 마이크로블로그, 커뮤니티(카페, 클럽) 등을 포함"한다고 정의하고 있다. 물론 이용자들의 개인 네트워크에 기반한 서비스라는 측면에서 블로그나 커뮤니티, 그리고 미니홈피 등이 SNS에 포함된다고 말할 수 없는 것은 아니나, 이것은 일반적으로 논의되는 SNS의 개념과는 사뭇 다르다고 할 수밖에 없다. 최근 정치와의 관련성에서 그 중요성이 새롭게 부각되고 있는

〈그림 9-2〉 SNS 유형별 이용현황 (복수응답, 단위: %) - 만 6세 이상 SNS 이용자

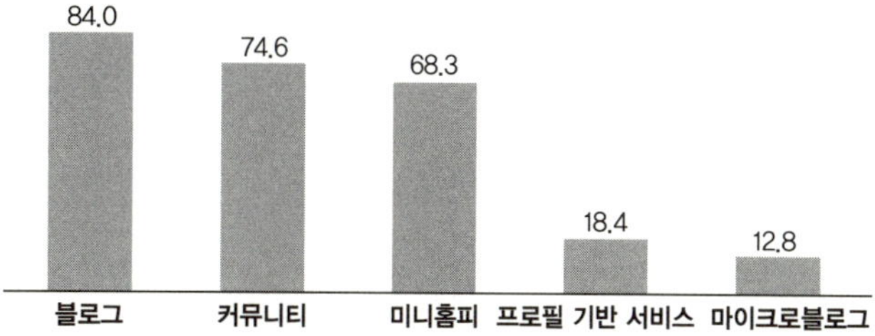

블로그	커뮤니티	미니홈피	프로필 기반 서비스	마이크로블로그
84.0	74.6	68.3	18.4	12.8

출처: 한국인터넷진흥원. 2011. "2011년 인터넷이용실태조사."

〈표 9-1〉 가장 자주 이용하는 인터넷 서비스 순위 (단위: %)

	1순위	2순위	1·2순위 합계
소셜 네트워크 서비스(SNS)	5.6	8.5	14.1
메신저 서비스 (네이트온, 마이피플, 카카오톡, 윈도우라이브 등)	11.3	12.7	24.0
인터넷 카페/ 온라인 동호회 등 인터넷 모임	6.2	9.6	15.8
개인이 운영하는 블로그	0.9	3.5	4.4
구글 / 네이버 / 다음 / 야후 / 네이트 등 포털 사이트	39.9	13.2	53.1
정부 / 기업 / 정당 / 사회단체 등이 운영하는 웹사이트	0.5	0.9	1.4
신문 / 방송 등 언론사 웹사이트	3.3	14.5	17.8

출처: 김형국·이상신. 2012. "한국인의 정치·사회·문화 의식조사"

SNS는 주로 트위터와 페이스북, 미투데이 등 신규 서비스 중심이며, 사용자층이 급격히 줄어들고 있는 미니홈피는 그 속성상 페이스북 등과 크게 다른 것은 없지 않다고 해도 정치적 영향력의 측면에서는 그다지 주목받지 못하고 있다.

한국인터넷진흥원에서는 위에서 진행한 서베이의 원자료(raw data)를 공개하고 있지 않기 때문에, 이 연구에서 관심의 대상이 되는 페이스북, 트위터, 미투데이 등의 사용자가 전체 국민의 어느 정도가 될지는 공개된 집합자료를 가지고 추정하는 수밖에 없다.

〈그림 9-2〉에서 볼 수 있듯, 복수 응답을 허용하여 한국 국민들이 사용하고 있는 SNS의 유형별 이용현황을 측정하면, 페이스북, 트위터, 미투데이 등의 서비스를 사용하고 있는 사람들의 최대 비율은 프로필 기반 서비스(18.4%)와 마이크로블로그(12.8%)를 더한 31.2%가 될 것이다. 이 31.2%란 비율은 인터넷 이용자 중의 비율을 뜻하는 것이며, 전체 인구 중의 비율

은 24.3% 정도가 된다. 물론 이것은 페이스북 이용자와 트위터 및 미투데이 이용자가 전혀 겹치지 않는다는 가정 하의 비율이고, 또 만 6세 이상의 모든 인구를 대상으로 한 측정이므로, 정치적 영향력이 없는 10대 청소년을 여기서 다시 제외한다면 아마도 그 비율은 10~15% 정도로 낮아지지 않을까 추정할 수 있다.

그리고 상당수의 SNS 이용자들은 계정을 갖고는 있으나 실제로는 거의 사용하지 않는 휴면계정인 경우도 많아서, SNS의 적극적 이용층은 더욱 그 비율이 낮다고 보는 것이 옳을 것이다. 그리고 이러한 추정은 실제 서베이 결과를 통해 어느 정도 사실로 드러나고 있다. 2012년 2월에 한국갤럽에서 조사한 「한국인의 정치·사회·문화 의식조사」[4]에서는 여러 인터넷 서비스 중 응답자들이 가장 자주 이용하는 것 두 가지를 답하도록 하였는데, "트위터, 페이스북, 미투데이, 싸이월드 등 소셜 네트워크 서비스"를 1순위라고 답한 응답자의 비율은 5.6%였다. 2순위라고 답한 비율도 8.5%로, 1순위와 2순위를 합하면 14.1%의 응답자들이 SNS를 비교적 적극적으로 사용하고 있다고 말할 수 있다.

요약하면 한국인터넷진흥원의 보고서에서는 SNS 이용자 수를 전체 인터넷 이용자의 66.5%로 잡고 있으나, 이는 SNS의 개념이 지나치게 넓고, 6세에서 18세까지의 미성년자층까지 포함되어 있으며, 적극사용자와 소극사용자를 구분하고 있지 않다는 점에서 오해를 불러일으킬 수 있는 숫자이다. 이를 감안하여 한국인터넷진흥원 자료를 다시 분석하면 SNS 사용자는 전체 성인 국민 대비 15% 안팎일 것이라 추정할 수 있으며, 이는 위에서 인

[4] 대면면접조사였으며, 총 응답자 수는 1,000명이었다.

용한 한국갤럽의 자료와도 일치하는 결과이다. 일반적으로 한국갤럽 자료가 자택 방문을 통한 면접조사이기 때문에 약간의 보수적 편향성이 있는 것을 감안하면, 대략 한국인 중 적극적으로 SNS를 이용하는 숫자는 전체 성인 인구의 15% 안팎이 아닐까 생각된다. 물론 SNS 계정을 가지고 있거나 소극적으로 사용하는 인구는 이보다 훨씬 많을 것이다. 그리고 이 15% 중에서도 상당수는 개인적 친목 도모 등의 목적으로 SNS를 사용하고 있을 것이며, 정치적 소통의 통로로 SNS를 적극적으로 이용하는 비율은 훨씬 낮을 것이다.

하지만 그럼에도 불구하고 15%는 결코 적은 숫자가 아니다. 지난 19대 총선에서 유권자들의 총 수였던 4,018만 명을 기준으로 계산하면 602만 명에 달한다. 결코 정치적으로 의미 없을 만큼 작은 숫자라고는 말할 수 없으며, 그 전파력의 속도나 범위 등에서 충분히 기존의 다른 미디어를 압도할 만한 여력이 있다. 지난 2011년 이명박 정부가 의욕적으로 출범시킨 4개의 종편 방송사들이 시청률 1%를 넘지 못해 경영난이 심화되고 있다는 점과 비교해 보면 더욱 그러하다. 그리고 SNS 사용자의 숫자가 빠른 속도로 늘어나고 있다는 점도 간과할 수 없다. 결론적으로 SNS 사용자는 정치 과정 전체를 압도할 정도로 많은 숫자라고 할 수 없지만, 그렇다고 무시할 수 있을 만큼 작지도 않으며, 정보 전파력의 속도 등을 감안하면 앞으로 그 영향력은 계속 증대될 것이라고 추정할 수 있을 것이다.

누가 SNS를 사용하고 있을까?

앞 절에서 전체 성인 국민 중에서 SNS 사용자의 비율을 대략적으로 추정해 보았다. 그렇다면 과연 어떤 사람들이 SNS를 사용하고 있는 것인지를 알아보자. 이번 아산정책연구원 선거연구의 패널조사에는 "평소 정치관련 정보를 어느 경로를 통해 가장 많이 얻으십니까?"라는 항목이 포함되어 있었다. 이 질문에 대한 보기로는 TV, 라디오, 신문, 인터넷 포털 사이트, 인터넷 커뮤니티 및 소셜 네트워크, 주변 지인, 기타 경로 등이 있었다. 우선 각 연령대별로 어떤 정보 미디어를 통해 정치정보를 주로 얻고 있는지를 〈표 9-1〉에서 정리해 보았다. 조사 결과, SNS를 통해 주로 정치정보를 얻고 있다고 답변한 사람은 전체의 7.7%로 앞의 절에서 추정한 SNS 전체 이용자 비율보다 낮은 편이었다.

이런 결과는 이미 많은 기존 연구에서 반복해 보여준 것과 다르지 않다.

〈표 9-2〉 연령대별 정치정보 습득경로 (단위: %)

경로	20대	30대	40대	50대	60대 이상	전체
텔레비전	18.9	20.0	30.7	45.4	61.3	35.3
라디오	1.9	2.6	2.9	2.2	2.6	2.5
신문	12.3	9.4	21.6	25.6	27.2	19.3
인터넷 포털	45.9	50.3	35.4	19.5	5.8	31.4
SNS	13.6	14.2	6.0	3.9	0.8	7.7
주변 지인	5.8	2.0	1.9	1.7	1.2	2.5
기타 경로	1.7	1.6	1.4	1.6	1.0	1.5
합계	100	100	100	100	100	100

주) 무응답 제외

젊은 연령층일수록 인터넷과 SNS에 대한 의존이 크며, 고연령층에서는 TV와 신문이 가장 중요한 정치정보의 습득경로인 것으로 조사되었다. 20대와 30대에서는 SNS가 신문보다 더욱 중요한 정치정보의 경로였다. 특히 SNS와 인터넷 포털을 합친 비중을 계산하면 20대는 59.5%, 30대는 64.4%로, 인터넷이 젊은 세대들에게는 정치정보를 얻는 가장 중요한 경로라는 것이 확실하다.

하지만 40대 이후에서는 신문이 더 중요한 경로라고 대답하는 비율이 갑자기 높아지면서(21.6%) SNS와의 상대적 비율이 역전되고 있다. 40대에서는 6%만이 SNS가 가장 중요한 정치정보 습득경로라고 답하였다. 하지만 인터넷 포털에 대한 의존도는 35.4%로 여전히 높아서, 41.4%의 40대가 인터넷 포털과 SNS을 통해 주로 정치정보를 얻는다고 답했다. 50대와 60대로 가면 인터넷 포털과 SNS의 중요성은 매우 약해지고, 상대적으로 TV와 신문이 여전히 중요한 정보습득 매체로 남아 있는 것을 볼 수 있다.

따라서 정치정보 습득경로에 대한 위 표의 분석은 연령대에 따른 디지털 격차(digital divide)를 다시 한 번 보여주고 있다. SNS는 아직까지는 20대와 30대가 주로 사용하는 미디어이다. 주로 인터넷 커뮤니티와 SNS를 통해 정치정보를 습득한다고 답한 사람들 중 20대와 30대의 비중은 각각 32.6%와 38.2%로, 합하면 68%에 달했다.

또한 정치정보 습득경로의 디지털 격차는 세대의 차이만이 아니라 사용자들의 교육수준의 문제이기도 했다. 〈표 9-3〉에서는 응답자들의 학력 수준별로 정치정보 습득경로를 분류한 것이다. 중졸 이하 및 고졸 학력 응답자 중 SNS를 가장 중요한 정치정보 습득경로로 대답한 경우는 매우 드물었

<표 9-3> 학력별 정치정보 습득경로 (단위: %)

경로	중졸 이하	고졸	대학 재학	대졸 이상	전체
텔레비전	75.9	45.0	19.6	22.0	35.1
라디오	4.0	3.0	1.4	1.9	2.4
신문	13.2	24.0	14.9	19.0	19.3
인터넷 포털	3.7	21.4	43.0	42.2	31.6
SNS	0.6	3.2	10.9	11.3	7.7
주변 지인	2.1	1.3	7.9	2.3	2.5
기타 경로	0.4	2.0	2.3	1.3	1.5
합계	100	100	100	100	100

주) 무응답 제외

던 반면, 대학 재학 이상의 학력을 가진 응답자들은 이 비율이 10% 이상으로 높아지는 것을 볼 수 있다.

이 밖에도 소득수준, 이념, 성별 등이 SNS 사용에 유의미한 영향을 끼치는 변수들로 조사되었다. 인터넷 커뮤니티와 SNS가 가장 중요한 정치정보 습득경로라고 답한 응답자(이하 SNS 사용자)들을 정치이념별로 나누면 진보가 50.3%, 중도가 31.1%, 보수가 18.5%였다. 이는 신문을 가장 중요한 정치정보 습득경로라고 답한 이들 중 진보가 22.4%, 중도가 35.1%, 보수가 42.6% 인 것과 매우 대조적인 것으로, 정치이념에 따라 주로 구독하는 매체에서 큰 차이가 나타나고 있다는 증거로 해석할 수 있을 것이다. 성별에서도 남녀간 SNS 사용자의 비율에서 약간 차이가 났는데, 전체 SNS 사용자 중 남성의 비율은 56.6%, 여성은 43.4%로 조사되었다. 그러나 다른 변수를 통제했을 때 이 성별 간의 차이는 유의미하지 않았다. 즉 교육수준, 소득수준, 이념, 연령 등이 같다면 여성이 남성보다 SNS를 덜 사용한다고 볼 근거는 없었다. 정리하면, 정치정보 습득매체로서의 SNS는 나이가 젊고, 교육수준이 높으며, 소득수준이 높고, 이념적으로는 진보적인 이들이 주로 사용하는 미디어라고 할 수 있다.

SNS는 정치참여를 넓히고 있는가?

그렇다면 SNS 사용자들은 다른 미디어를 통해 정치정보를 얻는 이들과 비교했을 때 19대 총선에서 다른 참여행태를 보였을까? 이 문제는 총선에 대한 관심도, 투표의향, 정치효능감, 투표 결정시기, 총선 참가 여부 등으로 나누어 분석해 보자.

총선에 대한 관심

우선 SNS를 통해 정치정보를 주로 얻는 사람들은 다른 매체 이용자들에 비해 총선에 더 큰 관심을 보인 것으로 드러났다. 총선에 대한 관심도는 4월 11일 총선이 실시되기 전에 실시된 1차 패널조사에서 측정되었다. 4점 척도로 측정된 이 문항에서 "매우 관심이 많다(4점)"는 39.3%, "대체로 관심이 있다(3점)"는 40.7%, "별로 관심이 없다(2점)"는 16.3%, "전혀 관심이 없다(1점)"는 2.8%로 조사되었다. 이 문항의 평균 점수는 3.22점이었다.

이번 총선에 대한 관심도를 정치정보 습득경로를 중심으로 그 평균점을 구해 보면 SNS 이용자가 3.46점으로 가장 높았고, 그 다음이 신문 이용자 (3.39점), 그리고 라디오 이용자 (3.24점)였다. 인터넷 포털 이용자와 TV 이용자들은 총선 관심도가 각각 3.15점 및 3.14점으로 전체 평균 3.22점보다 낮다.

SNS 이용자와 신문 이용자들의 총선 관심도에는 비록 약간의 차이가 있었지만, 이 차이는 통계적으로 의미 있는 것은 아니었다. 이번 조사에서 라디오로 주로 정치정보를 얻는다는 응답자들은 총 67명밖에 없었기 때문에 이를 제외하고 분석해 보면, 결론적으로 SNS나 신문을 통해 정치정보를 얻는 사람들은 TV나 인터넷 포털을 통해 정치정보를 얻는 사람들에 비해 총선 관심도가 높았다는 결론을 내릴 수 있다.

여기서 흥미로운 것은 같은 인터넷 서비스임에도 불구하고, 인터넷 포털과 SNS 이용자 사이에 총선 관심도에 대한 유의미한 차이가 발생하고 있다는 점이다. 이는 한국의 인터넷 이용률이 80%가 넘어가면서 인터넷 이용자 가운데에서도 정치행태에 있어 차이가 발생하고 있기 때문이라고 짐작된다. 아래의 분석에서도 SNS 이용자와 인터넷 포털 이용자들 간의 차이가 여러 부분에서 발견되고 있다.

투표의향

총선에 관심이 많다고 해서 그것이 곧 투표참여로 이어지는 것은 아니다. 이번 패널조사에서는 총선 전 이루어진 1차 조사에서 투표에 참가할 것인지에 대한 의향을 물었고, 2차 조사에서는 실제로 투표에 참여했는지를 다시 조사했다. 우선 정치정보 습득매체에 따른 투표의향의 차이를 알아보자.

투표할 의향이 있는지를 4점 척도[5]로 물어 보았을 때 93.6%의 응답자가 가급적(18.6%), 혹은 반드시(75%) 투표할 것이라고 답했다. 4점 만점의 평균값을 내보면 3.68점이었다. 이 투표의향을 각 매체 이용별로 나눠서 살펴보면 위의 총선 관심도와 비슷한 경향이 다시 나타났다. SNS 이용자들과 신문 이용자들의 투표의향 점수는 각각 3.78과 3.79로 거의 엇비슷한 반면, TV와 인터넷 포털 이용자들의 점수는 3.66과 3.63이었다. 즉 SNS와 신문 이용자들이 TV와 인터넷 포털 이용자들보다 투표의향이 높았고, 이 차이는 통계적으로 유의미했다($p<0.01$).

비록 평균만으로 비교했을 때는 SNS와 신문의 투표의향 점수가 거의 비슷했지만, 성별, 교육, 연령, 월수입, 이념 등의 변수를 통제하여 분석해 보면 SNS가 투표의향을 높이는 효과가 약간 더 큰 것으로 분석되었다.

정치효능감

정치정보를 얻는 매체에 따라 나누어 보면 SNS와 신문을 주로 보는 사람들이 총선에 관심도 높을 뿐더러 더욱 적극적으로 투표에 참여할 의향이 있는 것으로 드러났다. 그렇다면 정치효능감(political efficacy)은 어떨까? 정치효능감이란 사회심리학에서 빌려 온 개념으로, 자신이 정치체제에 영향을 줄 수 있고 자신의 정치참여를 통해 사회변화가 가능하다는 신념이라고 정의할 수 있다(Bandura 1997). 효능감 개념을 개발한 반두라(Bandura)에 따르면 능동적 미디어를 사용하는 사람이 정치효능감이 높고 정치참여를 더욱 활발히 하는 경향이 있다(Bandura 1997).

정치효능감을 측정하는 설문은 총선 전의 1차 조사에 포함되어 있었으며, 세 가지 문항으로 구성되어 있었다. 첫 번째 문항은 "우리나라에서는

5 1: 투표할 가능성이 전혀 없다. 2: 별로 투표할 생각이 없다. 3: 가급적 투표할 생각이다. 4: 반드시 투표할 생각이다.

대다수 국민들의 의사와 상관없이 소수의 사람이 정부와 정치를 좌우한다"라는 문장에 얼마나 동의하는지를 묻는 것이었다. 이를 매체별로 나누어 비교해 보면, SNS와 인터넷 포털이 모두 통계적으로 유의미한 범위 내에서 영향력을 갖는 것으로 나타났다. 즉 SNS나 인터넷을 통해 정치정보를 얻는 사람들이 한국 정치가 다수 국민들의 의사를 잘 대변하지 못한다고 생각하는 경향이 있었다(SNS $p < 0.001$; 인터넷 포털 $p < 0.01$). 그러나 두 번째 문항인 "우리 같은 사람은 정부가 하는 일에 대해 말할 자격이나 능력이 없다"와 세 번째 문항 "투표는 아주 많은 사람들이 하기 때문에 내가 투표하는가 안 하는가는 중요하지 않다"의 경우에는 SNS, 인터넷 포털, 신문 모두가 별다른 변화를 가져오지 않은 것으로 조사되었다.

첫 번째 정치효능감 문항은 이른바 '외적 정치효능감' 질문으로, 우리 사회의 정치 시스템이 개인이 정치에 영향을 미치거나 혹은 미치지 못하게 구성되어 있음에 관련한 것이다. 따라서 SNS와 인터넷 포털 사용자들은 이 외적 정치효능감이 낮은 편이라고 말할 수 있다. 그러나 여기서 흥미로운 점은, 낮은 외적 정치효능감에도 불구하고 SNS 사용자들은 다음 절의 분석에서 보여주는 것과 같이 오히려 투표에 더욱 적극적으로 참가했다는 점이다. 그렇다면 여기서는 이 낮은 외적 정치효능감이 정치참여의 장애로 작용하고 있다고 해석하기보다는, 오히려 SNS 사용자들은 한국 정치의 비민주성에 대한 불만이 높고, 이 불만을 해소하기 위해 더 높은 투표율을 보이고 있는 것이라는 분석이 적절할 것으로 생각된다.

〈표 9-4〉 19대 총선 투표 여부와 정치정보 습득경로 (단위: %)

경로	투표 안 했음	투표했음	합계
텔레비전	10.4	89.6	100
라디오	15.8	84.2	100
신문	8.1	91.9	100
인터넷 포털	17.2	82.8	100
SNS	7.1	92.9	100
주변 지인	13.0	87.0	100
기타 경로	19.1	80.9	100
합계	12.2	87.8	100

주) 무응답 제외

투표참여

그렇다면 SNS 이용자들이 실제로 더욱 활발히 투표했는지를 살펴보자. 〈표 9-4〉에서는 매체별로 이용자들이 19대 총선에서 투표에 참가했는지를 정리하고 있다.

우선 이번 조사에 참가한 응답자 중 투표했다고 답한 사람은 87.8%였다.[6] SNS 사용자의 투표참여 비율은 92.9%로 전체 평균보다 높았는데, 이는 기타 미디어 사용자들과 비교하였을 때 통계적으로 유의미한 차이인 것으로 조사되었다($p<0.05$). SNS보다는 약간 낮았지만, 신문 사용자들의 투표참가율도 91.9%로 상당히 높았으며, 이 두 집단 간의 투표참가율에는 의미 있는 차이가 없었다. 의외로 인터넷 포털에서 중요 정치정보를 얻는다고 답한 이들의 투표율은 82.8%로 평균보다 낮았는데, 이는 신문 사용자나 SNS

---

6 이는 실제 19대 총선의 투표율 54.3%보다 매우 높은 것이다. 그러나 선거 후 여론조사에서 조사한 투표율이 실제의 투표율보다 높은 것은 일반적인 현상이다.

사용자와 비교해 보았을 때 통계적으로 유의미한 차이였다($p<0.001$). 즉 응답자가 많지 않은 라디오나 주변 경로, 지인 등을 제외하고 다른 미디어를 비교해 보았을 때 투표참가율이 가장 높은 것은 SNS 사용자와 신문 사용자였다. 그 다음이 TV였고, 가장 낮은 것이 인터넷 포털 사용자들이었다.

여기서 인터넷 포털 사용자와 SNS 사용자 사이에 상당한 정도로 투표율 차이가 난다는 점을 주목할 필요가 있다. 인터넷이 정치참여의 확대를 가져올 수 있다는 지금까지의 많은 연구들은 크게 두 가지로 나눌 수 있다. 첫째로, 인터넷을 통해 정치정보를 얻고 정치적 활동에 참여하는 비용이 낮아지기 때문에 인터넷이 정치참여의 확대를 가져온다는 연구들이 있는데, 이들을 묶어 '합리적 선택 모형'이라고 부를 수 있다. 둘째로는 인터넷이 사람들 사이의 관계와 네트워크를 확장시키고, 이러한 사이버 네트워크에서 생겨난 정치효능감과 집단소속감이 정치참여로 발전한다는 '사회자본 모형'이다. 그런데 〈표 9-4〉에 나타난 투표율의 차이는 합리적 선택 모형보다는 사회자본 모형의 정치참여에 대한 설명을 뒷받침하고 있다. 인터넷 포털을 통해 정치적 정보를 얻고 정치참여를 하는 것이 정치참여의 비용 측면에서는 오히려 상대적으로 더 저렴할 것이지만 그것이 투표율이라는 결과로 이어지지 않고 있음을 보여주고 있기 때문이다. 하지만 SNS 사용자의 투표율이 다른 매체 이용자들과 비교했을 때 가장 높았다는 사실은 사회자본 모형이 더 설득력 있다는 사실을 역설하고 있다.

투표 결정시기

SNS 이용자들은 투표에 더욱 적극적으로 참가했을 뿐만 아니라, 어떤 정

⟨표 9-5⟩ 회귀분석: 투표 결정시기와 미디어

변수	계수	표준오차	표준화 계수(β)
SNS 사용자	-0.42***	0.11	0.09
신문 사용자	0.04	0.08	0.01
인터넷 포털 사용자	-0.04	0.07	-0.01
성별	0.20***	0.05	0.08
교육	-0.03	0.03	-0.02
연령	-0.17***	0.02	-0.18
월수입	-0.06**	0.02	-0.08
이념	0.00	0.04	0.00
상수	2.99***	0.18	
	$N=2,099$, $R^2=0.0348$, $F=10.44$		

주) ***$p\langle 0.001$ **$p\langle 0.01$ *$p\langle 0.05$
종속변수: 투표 결정시기7 (1: 정당후보 결정, 2: 정당후보 확정, 3: 선거운동 시작시기, 4: 선거운동 막바지, 5: 투표 당일)

당과 후보자에 투표할 것인지도 상대적으로 더 일찍 결정한 것으로 조사되었다. 투표 결정시기에 대한 미디어 변수들의 영향력을 ⟨표 9-5⟩에서 회귀분석을 통해 알아보았다. 투표참여의 경우와 마찬가지로, 인터넷 포털이나 신문에서 주로 정보를 얻는 사용자들은 투표 결정시기에 있어 큰 차이가 없었다. 그러나 SNS 사용자의 경우는 다른 미디어 사용자들보다 조금 더 일찍 투표 결정시기를 결정한 것으로 조사되었다.

즉 SNS 사용자들은 더 높은 투표참가율을 보였을 뿐만 아니라, 어떤 후보를 지지할 것인지도 조금 더 일찍 결정하였다는 뜻이다. 이는 SNS라는 매체가 사용자들의 정치관심도를 높이고 정치참여에 좀 더 효과적인 동원

---

7 이 종속변수의 각 답지간 거리가 일정하지 않기 때문에 일반적인 OLS보다는 순서화 로짓(ordered logit) 모형을 적용하는 것이 옳을 것이다. 그러나 각 분석 방법을 적용해 본 결과, 두 모형 사이에 큰 차이가 없어 조금 더 이해하기 쉬운 회귀분석 결과를 소개하였다.

수단으로 작용하고 있다는 좋은 증거가 될 수 있을 것이다.

지금까지의 내용을 정리해 보자. 첫째, SNS 이용자들은 총선에 대한 관심이 상대적으로 높았다. 둘째, 총선 전에 투표할 것인가를 물었을 때, SNS 사용자들은 좀 더 높은 비율로 투표할 것이라고 답했다. 셋째, SNS 사용자들은 외적 정치효능감이 낮은 것으로 조사되었지만, 이는 정치참여의 저하로 나타나기보다는 오히려 그 반대로 정치참여를 촉진시키는 효과가 있는 것으로 생각된다. 넷째, SNS를 통해 주요한 정치정보를 얻는 사람들은 다른 미디어 사용자들에 비해 19대 총선에 실제로 참여한 비율이 높았다. 그리고 마지막으로 이들은 어떤 정당과 후보자들에게 투표할 것인가 또한 다른 이들에 비해 좀 더 일찍 결정하는 경향이 있었다.

SNS는 어떤 정당과 후보에 더 유리했는가?

SNS와 분할투표

정치정보를 얻는 매체의 차이는 앞에서 살펴본 것과 같이 정치참여에 영향을 주고 있지만, 어느 정당과 후보를 지지하는가에도 큰 영향을 미치고 있다. 〈표 9-6〉은 주요 미디어 사용자들이 19대 총선에서 어느 당을 지지했는가를 지역구와 비례대표 투표로 나누어 정리한 것이다.

우선 지역구 투표를 보면, SNS 사용자들은 새누리당에 투표한 비율이 불과 13%에 그친 반면 민주통합당과 통합진보당에게 투표한 비율은 각각 71.2%와 8.5%에 달해, 진보정당에 대한 선호가 매우 뚜렷하게 드러나고 있다. 인터넷 포털 사용자들의 경우에도 그 정도는 약간 덜하지만 진보정당 편향성이 뚜렷하게 드러나고 있어서, 민주통합당의 지지도(55.3%)가 새누리당 지지도(27.3%)의 두 배를 넘고 있었다. 그러나 전통적 미디어인 TV와 신문의 경우에는 반대로 투표에서의 보수정당 선호가 여실히 드러나고 있다. 새누리당 지지도는 TV가 56%, 신문이 54.7%로 과반을 훨씬 넘는 반면, 민주통합당 지지는 31.2%에 그쳤으며 통합진보당 지지율은 무소속 후보에 대한 지지율보다도 낮게 나왔다.

그렇다면 비례대표 투표는 이와 어떻게 달랐을까? 비례대표 투표와 지역구 투표의 양상을 비교해 보면 매우 흥미로운 패턴이 발견된다. SNS 이용자들은 지역구 투표와 비례대표 투표를 적극적으로 분리하는 전략적인 분할투표(split-ticket voting) 행태를 보였다.

SNS 이용자들은 지역구 투표에서 민주통합당 후보에게 71.2%의 표를

〈표 9-6〉 19대 총선 지역구 투표와 미디어 (단위: %)

	TV		신문		인터넷 포털		SNS	
	지역구	비례대표	지역구	비례대표	지역구	비례대표	지역구	비례대표
새누리당	56.0	54.9	54.7	55.6	27.3	24.2	13.0	10.2
민주통합당	31.2	29.6	31.2	28.2	55.3	44.7	71.2	39.0
자유선진당	1.5	2.6	1.7	2.1	0.9	1.3	0.6	1.1
통합진보당	3.6	6.7	4.1	7.9	8.0	22.4	8.5	41.8
무소속	4.7		5.6		4.6		3.4	
기타 정당	0.4	3.8	0.4	4.7	1.3	4.6	1.1	6.2
잘 모름	0.3	0.3	0.6	0.2	0.6	0.4	0.6	0.6
무응답	2.5	2.2	1.7	1.3	2.0	2.3	1.7	1.1
합계	100	100	100	100	100	100	100	100

몰아주었지만, 비례대표 투표에서는 이 비율이 39%로 무려 22.2%나 줄어든 것을 볼 수 있다. 이 표는 대부분이 통합진보당 후보에게도 집중된 것으로 보인다. SNS 이용자들은 지역구에서 통합진보당 후보들에게 8.5%만 투표했지만, 비례대표에서는 무려 41.8%였다. 비례대표만 놓고 본다면 SNS 이용자들에게 가장 많은 지지를 받은 정당은 통합진보당이었다. 따라서 이번 총선에서 지역구에서 7석, 비례대표에서 6석을 얻어 총 13석으로 약진한 통합진보당은 다른 어떤 정당보다도 SNS에 가장 큰 혜택을 받았음을 알 수 있다.

이러한 분할투표 현상은 인터넷 포털 이용자층에서도 약간 발견되었지만 그 폭에 있어서는 SNS 이용자와 비교가 되지 않을 정도였고, TV와 신문 이용자들은 대체로 지역구와 비례대표 투표가 일관되고 있었다.

대선후보 지지와 미디어

그렇다면 SNS 사용자들은 대선후보로 누구를 가장 지지하고 있을까? 총선이 끝나고 실시된 2차 패널조사에서는 이명박 대통령을 비롯, 주요 대선후보에 대한 호감도를 묻는 질문이 포함되어 있었다. 각 정치인들을 호감도에 따라 11점 척도(0: 매우 싫어한다, 5: 보통이다, 10: 매우 좋아한다)로 매기도록 한 후, 그 평균값을 정치정보 습득 매체별로 정리한 결과는 아래와 같다.

우선 SNS 사용자들을 중심으로 살펴보면, 이들은 정치인에 대한 좋음과 싫음이 매우 뚜렷함을 알 수 있다. 이명박 대통령에 대한 평가는 거의 최저점에 가까운 2.52에 불과했고, 박근혜 의원에 대한 평가도 그다지 높다고는 할 수 없는 3.96에 그쳤다. 반면에 SNS 사용자들에게 가장 인기있는 정치

〈표 9-7〉 주요 정치인 호감도와 미디어

경로	이명박	박근혜	문재인	안철수
텔레비전	5.53 (2.72)	7.64 (2.8)	5.57 (2.67)	6.12 (2.92)
라디오	5.01 (2.77)	6.48 (2.88)	6.06 (2.73)	6.58 (3.29)
신문	5.34 (2.75)	7.38 (2.91)	5.57 (2.61)	6.2 (3.12)
인터넷 포털	3.69 (2.51)	5.57 (2.85)	6.98 (2.36)	7.57 (2.45)
SNS	2.52 (2.4)	3.96 (3.04)	7.84 (2.09)	8.04 (2.1)
주변 지인	4.76 (2.72)	6.44 (3.12)	5.78 (2.63)	6.13 (2.72)
기타 경로	3.63 (3.02)	5.26 (3.32)	7.58 (2.69)	7.22 (2.71)
합계	4.59 (2.83)	6.52 (3.1)	6.29 (2.64)	6.83 (2.85)

주) 괄호 안의 숫자는 표준편차.

인은 안철수 교수와 문재인 의원으로, 안철수 교수가 문재인 의원보다 약간 더 높은 점수를 받고 있었다($p<0.1$).

전체 응답자들의 평균을 보면 안철수 교수와 박근혜 의원의 호감도 차이는 그렇게 크게 벌어지지 않는다. 안철수 교수의 호감도는 6.83이고 박근혜 의원은 6.52로 둘 사이에서는 의미 있는 차이가 존재했지만($p<0.001$), 그 절대적인 차이는 크다고 말할 수 없는 수준이다. 박근혜 의원은 전체 응답자들의 호감도에서는 오히려 문재인 의원을 약간 앞서고 있었다($p<0.1$).

안철수 교수와 문재인 의원이 SNS 사용자 및 인터넷 포털 사용자들에서 박근혜 의원보다 압도적으로 높은 점수를 얻고 있는 데 비해, 박근혜 의원에게 높은 점수를 주고 있는 것은 TV와 신문 사용자들이었다. 박근혜 의원의 TV와 신문에서의 노출 빈도가 문재인 의원이나 안철수 교수보다 압도적으로 높은 것이 이유가 아닐까 싶고, 상대적으로 TV와 신문 사용자들이 정치적으로 보수적인 경향이 높은 것도 원인일 것이다. 이명박 대통령에 대한 호감도가 SNS과 인터넷 포털의 경우에는 중간점인 5보다 한참 낮은 2.52와 3.69를 각각 기록했는데, TV와 신문의 경우에는 다른 정치인보다는 상대적으로 낮으나 그런대로 중간은 넘은 5.53과 5.34를 얻은 것도 차이라고 할 것이다.

이렇듯 사용하는 매체에 따라 지지후보가 극명하게 갈리는 현상은 매우 흥미로우며, 다가오는 18대 대선에서도 큰 영향을 발휘할 것으로 전망된다. TV, 신문, 인터넷 포털, SNS 등 주요 매체에서 모두 골고루 높은 점수를 받고 있는 후보는 안철수 교수였다. 안철수 교수는 본인이 컴퓨터 전문가이기도 하고 젊은 세대와의 꾸준한 교감을 통해 많은 지지를 얻고 있는 것이 인터넷과 SNS 사용자 모두에서 매우 높은 호감도를 얻고 있는 이유일 것이다. 하지만 안철수 교수는 이에 그치지 않고 TV와 신문 사용자들 사이에서도 비록 박근혜 의원의 호감도에는 미치지 못하지만 상당히 높은 호감도를 확보하고 있는 것을 확인할 수 있다. 이렇게 젊은이들과 진보적 성향의 국민들에게 높은 지지를 받으면서도 고연령층과 보수층에서도 상대적으로 높은 지지를 받고 있다는 것이 안철수 교수가 별다른 정치행보를 벌이지 않았음에도 불구하고 여전히 유력한 대선후보로 남아 있는 이유일 것이다.

이러한 미디어별 호감도의 차이는 차기 대통령 선거에서 누구를 찍을 것이냐는 질문에도 그대로 반영되었다. SNS 사용자 중 박근혜 의원에게 투표할 것이라는 의견은 11.5%에 불과했지만 문재인 의원이나 안철수 교수를 찍겠다는 답은 각각 40.8%와 31.9%에 달했다. 인터넷 포털 사용자의 경우에도 크게 다르지 않아서, 박근혜 의원은 21.8%가 지지한 반면 안철수 교수는 32.9%, 문재인 의원은 22.2%가 지지한다고 답했다.

그러나 TV 사용자와 신문 사용자들에서는 이 지지의 패턴이 갑자기 뒤바뀐다. TV 사용자들의 경우 박근혜 지지는 과반이 넘는 50.6%에 달했다. 이에 비하면 문재인 의원의 지지도는 6.6%, 안철수 교수는 15.8%에 불과해서, 두 사람의 지지도를 합쳐도 박근혜 의원 지지도의 절반에도 미치지 못하고 있었다. 신문 사용자들의 경우도 비슷해서, 박근혜 지지도는 46.1%인 반면에 문재인, 안철수의 지지도는 각각 9.9%와 21.7%에 그쳤다.

결론

19대 총선은 새누리당의 예기치 못한 승리로 끝나면서 지난 2010년 지방선거와 2011년 서울시장 선거 등에서 그 위력을 발휘했던 SNS가 19대 총선에서는 결과에 크게 영향을 주지 못한 것으로 평가되었다. 그러나 이번 아산정책연구원 선거연구의 패널조사를 분석해 본 결과, SNS는 사용자들로 하여금 정치에 더 많은 관심을 갖게 하고 투표에 더욱 적극적으로 참가하게 하는 효과가 있는 것으로 확인되었다.

SNS 사용자들은 정치에 적극적으로 참여했고 민주통합당과 통합진보당에 대한 지지도 매우 확고했다. 그렇다면 왜 19대 총선에서는 그럼에도 불구하고 SNS에서 절대적으로 불리한 새누리당이 승리한 것일까? 여기에 다음 설명을 제시해 볼 수 있다. 우선 SNS가 본격적으로 주목받기 시작한 2010년 지방선거 및 2011년 4월의 분당을 보궐선거, 그리고 2011년 10월의 서울시장 선거에서 SNS의 영향력에 대한 일종의 착시현상이 생겼던 것이 아닌가 생각해 볼 수 있다. 총선이나 대선보다 지방선거나 보궐선거는 일반적으로 투표율도 낮을 뿐더러 전반적인 관심도 저조하기 마련이다. 이런 선거들에서 SNS의 정치참여 제고 효과가 상대적으로 야당에게 유리하게 작용하였지만, SNS 비사용자들도 정치에 관심을 갖고 정치참여가 전반적으로 올라가게 되는 총선이나 대선에 있어서는 SNS의 정치참여 제고 효과가 보수층의 결집 효과에 상쇄되는 결과가 나왔던 것이 아닌가 생각된다.

SNS는 상당히 정치참여를 높이는 기능을 하지만 그럼에도 불구하고 아직까지 SNS를 적극적으로 이용하는 계층은 상당히 제한적이며 전체 국민 중 소수에 불과하다는 것이 그 근본적인 한계이다. 그러나 스마트폰 보급률이 전체 휴대폰의 50%를 넘어가고 있는 지금, SNS를 통한 정치참여는 여전히 한국 정치에 상당한 영향력을 끼칠 가능성이 있는 것이 사실이다.

그러나 또 한 가지 생각해 봐야 할 것은 인터넷 자체가 빠르게 변화하면서 인터넷을 통한 정치참여의 방식 또한 그에 맞추어 계속 변화하고 있다는 점이고, SNS의 인기가 언제까지 지속될지는 아무도 짐작하기 쉽지 않다는 것이다. 한국의 경우 새로운 방식의 인터넷 정치참여가 시작되면 대개 진보적 편향성을 띠다가, 그 참여 방식이 중도층과 보수층에게도 일반화되면서 점차 평형을 찾아가는 패턴을 보이고 있다. 노사모로 대표되는 인터넷을 통한 정치인 팬클럽이 대단한 성공을 거두자, 곧 박사모 등 보수 정치인들도 자신들의 지지자들을 인터넷 팬클럽 형식으로 조직하기 시작한 것을 좋은 예로 들 수 있을 것이다. 앞에서도 지적했듯 이번 총선의 공천과정에서 새누리당이 SNS의 사용 여부를 공천의 주요 기준으로 제시할 만큼 보수층에서도 SNS에 적극적으로 대응하려는 노력을 소홀히 하지 않기 때문에 현재 나타나고 있는 SNS의 정치참여 방식 및 진보편향성에도 빠른 변화가 생길 가능성은 얼마든지 있다고 봐야 할 것이다.

참고문헌

김형국 · 이상신. 2012. 한국인의 정치 · 사회 · 문화 의식조사. 미발간 보고서.
한국인터넷진흥원. 2011. 2011년 인터넷 이용실태조사. http://goo.gl/6gP80 (검색일: 2012. 7. 20).
Bandura, Albert. 1997. Self-Efficacy: The Exercise of Control. New York: Worth Publishers.
Socialbakers. 2012. "Facebook Statistics 2012: Top Growing Countries." http://goo.gl/9CCeZ
    (검색일: 2012. 7. 20).
OikoLab. 2012. "한국인 트위터 사용자 계정 검출 이력(Twitter Korean Index)." http://goo.gl/e2ZB4
    (검색일: 2012. 7. 20).
서울신문. 2012. "새누리당 'SNS 활동지수' 공천 반영에 시끌." (2월 3일자).

2% 부족한 박근혜 대세론

— 김지윤 —

2% 부족한 박근혜 대세론

지난 4.11 국회의원 선거가 남긴 가장 큰 숙제는 새누리당의 예상을 뒤엎은 선전이 박근혜 의원의 대선에서의 경쟁력으로 해석될 수 있는가였다. 더불어 안철수 서울대 교수의 향후 행보와 가능성 역시 화두에 올랐다. 총선 결과가 나오자마자 언론과 정치 분석가들은 박근혜 의원의 정치력을 높이 사며 이를 대선 예측과 연관 지었다. 그러나 시간이 지나면서 새누리당이 열세였던 지역과 인구 집단에 대한 지적이 나오면서 아직 대선의 향방은 알 수 없다는 조심스러운 분석이 힘을 얻기도 했다.

총선 결과를 면밀히 살펴보면 지역구 투표에서 새누리당을 비롯한 보수 성향의 정당들이 받은 표는 전체의 45.8%에 해당한다. 반면 민주통합당과 통합진보당 등 진보 성향의 정당들이 획득한 표는 44.7%로 박빙의 승부였다고 볼 수 있다. 새누리당의 압승으로 보이는 결과는 승자독식제(winner-takes-all)인 현행 국회의원 선거제도가 가져온 현상이라 할 수 있다. 실제로 표 차이가 5% 내로 결정되는 박빙의 승부처였던 지역구 숫자가 47개였다.

또한 몇몇 학자와 언론은 새누리당이 수도권 지역과 40대 화이트칼라 집단에서 열세를 보였던 점을 주목하며, 이미 이전부터 지적되어 왔던 박근혜 의원의 약점에 대해 다시 거론하기 시작하였다. 2002년 제16대 대통령 선거부터 한국 선거에 지역 균열 외에 등장하기 시작한 것이 세대균열이었다 (강원택 2003; 조중빈 2003). 제17대 대통령 선거에서는 이른바 40대 수도권 거주 화이트칼라의 영향력이 매우 크게 나타났으며 이들은 심지어 이명박 연합으로 불리기도 했다. 그러나 현 이명박 정권을 탄생시켰던 연합인 40대 수도권 거주 화이트칼라 집단에 미치는 박근혜 의원의 정치력이 제한적이라는 점은 새누리당 지지자들로 하여금 불안감을 갖게 하는 요인으로 작용하고 있다. 실제로 수도권 지역에서 새누리당은 43석을 차지했고 민주통합당은 65석을 차지했으며, 통합진보당은 4개 지역구에서 승리했다. 또한, 아산정책연구원에서 실시한 선거연구 패널조사에 의하면 40대의 34%만이 지역구 선거에서 새누리당 후보를 선택한 반면 43%가 민주통합당 후보를 선택했다. 여기에 통합진보당 후보를 선택한 좀 더 진보적 성향의 40대를 더하면 진보 성향 투표는 50%에 달했다. 화이트칼라의 경우는 진보적 선택 경향이 더욱 두드러지는데, 화이트칼라의 약 28%만이 새누리당 후보를 선택했다고 응답했으며 47%가 민주통합당 후보를 선택했다고 응답했다.[1]

이처럼 총선결과를 놓고 대선의 향방을 예측하는 논의가 분분한 가운데, 이 장에서는 국회의원 선거 여론조사에 참여했던 유권자들의 정치적 성향 및 투표행태, 주요이슈들을 분석하여, 현재 거론되고 있는 유망한 대선후보 및 정당들의 경쟁력을 조심스레 전망해 보도록 한다. 이미 언론에서 많이

---

[1] 자유선진당 후보를 찍었다는 응답은 1%가 채 되지 않았다.

거론된 사회인구학적·지역적인 요소들에 대한 언급은 되도록 축소하고, 좀 더 거시적인 시각에서 분석을 시도하였다. 본 장에서 사용하는 분석 기준은 크게 네 가지이다. 정당일체감, 인물 호감도, 회고 및 전망적 투표행위 그리고 투표율을 이용해서 전망해 보도록 한다.

누가, 누구를, 왜?

총선 직후 나타난 유권자 여론

선거 직후 실시된 아산정책연구원의 선거연구 패널조사에 의하면 다가올 대선에서 박근혜 의원을 지지한다는 응답이 35.8%였고 안철수 교수와 문재인 의원의 지지율은 각각 24%와 15.8%였다. 예기치 못한 선거 승리로 새누리당과 박근혜 의원이 동반 상승세를 타고 있던 것을 감안한다면 35.8%는 그다지 만족할 만한 수준의 지지율은 아니라고 할 수 있다.

한국 정치의 대표적인 균열 요인으로 여겨지는 지역을 기준으로 봤을 때 박근혜 의원은 영남, 특히 대구/경북지역에서 강세를 보였으며 새로이 강원도와 제주 또한 박근혜 의원의 지지 지역으로 등장했다. 대구 및 경북 거주자의 57.1%가 대통령 선거에서 박근혜 의원을 지지한다고 했고, 부산/경남지역 거주자의 47.5%, 강원/제주 지역 거주자의 41.1%가 지지를 보였다 (〈표 10-1〉 참조).[2]

반면 호남과 수도권에서는 여타 지역에서만큼 우위를 보이지 못하고 있었다. 특히 전체 유권자의 50%에 가까운 유권자가 몰려 있는 수도권에서 강세를 보이지 못하는 것은 박근혜 의원이 넘어야 할 힘든 과제라 할 수 있겠다. 〈표 10-1〉에서 나타났듯이 서울에서 박근혜 의원의 지지율은 29.9%로 2위인 안철수 교수보다 약 3% 가량 앞서 있었고, 문재인 의원보다 12% 가량 앞서 있었다. 이 조사가 총선 직후 시행된 점과 안철수 교수가 한동안

---

2 이는 2002년 대통령 선거 당시 이회창 후보가 대구와 부산에서 얻었던 득표율이나 2007년 대통령 선거 당시 이명박 후보가 얻은 지지율에 비해 무척 낮은 수치이다. 그러나 아직 결정을 내리지 못했던 표심이 선거가 가까워 올수록 새누리당 후보 쪽으로 결집할 것으로 보인다.

〈표 10-1〉 대선후보 지지도: 지역별 구도 (단위: %)

	박근혜	안철수	문재인
서울	29.9	26.6	18.0
인천/경기	33.2	24.5	16.3
충청	38.4	23.7	14.7
호남	16.3	30.9	18.8
대구/경북	57.1	13.8	10.7
부산/경남	47.5	20.5	15.2
강원/제주	41.1	26.7	8.9

정계에서 관심을 끌 만한 이슈를 내놓지 못한 채 지지율 답보 상태에 있었던 점을 고려한다면 결코 만족스럽지 못한 수치라 할 수 있겠다. 이러한 현상은 인천과 경기지역에서도 마찬가지였다. 인천·경기지역에서의 박근혜 의원의 지지율은 33.2%로 여타 지역에 비해 낮은 편이었다.

2002년 16대 대통령 선거 이후 나타난 가장 중요한 현상이라면 세대균열을 꼽을 수 있다(강원택 2003). 이른바 젊은 유권자층에 속하는 20대와 30대는 진보적 투표를 하고 50대와 60대 이상의 유권자는 보수적 투표를 하는 것을 의미한다. 이번 총선에서도 그러한 세대균열 현상이 매우 뚜렷이 나타났을 뿐 아니라 대선후보 지지에 있어서도 세대 간 차이는 매우 심각했다. 〈그림 10-1〉에서 보다시피 20대와 30대 유권자 사이에서 박근혜 의원의 지지율은 가장 낮게 나타났다. 20대 유권자의 20.7%와 30대 유권자의 17.8%만이 박근혜 의원을 지지하겠다고 밝혔다. 반면에 20대와 30대의 안철수 교수 지지율은 30.3%와 33.1%로 박근혜 의원의 지지율을 훨씬 상회했다. 문재인 의원 역시 20대와 30대에서 23.7%와 24.3%라는 상대적으로 높은 지지를 받았다. 박근혜 의원의 지지층은 역시 50대와 60대의 노년층인 것으로 나타났다. 50대의 47%와 60대 이상 유권자의 58.5%가 박근혜 의원을 지지하겠다고 밝혔다. 이에 반해 50대와 60대 이상의 안철수 교수와 문재인 의원 지지율은 18.9%와 11.7%, 그리고 9.8%와 3%로 매우 낮았다.

눈여겨보아야 할 연령층은 40대라 할 수 있겠다. 물론 5년 전 당시의 40대와는 다른 유권자가 현재의 40대를 차지하고 있긴 하지만, 2007년 당시 이명박 연합의 한 주축이었던 40대는 대선후보 지지율 측면에서 일종의 바로미터 역할을 하고 있다 할 수 있다. 한국 선거에서 40대는 현실적인 경제 및 사회·정책에 가장 민감하며 투표율도 비교적 안정적으로 높은 유권자층으로 여겨진다. 이번 총선 여론조사에서 나타난 40대의 박근혜 의원 지지율은 35.3%, 안철수 교수가 25.5%, 문재인 의원이 17.9%였다.

지금까지의 여론조사 결과를 볼 때에 다가올 대통령 선거 역시 세대균열이 뚜렷이 나타나는 형국으로 진행될 가능성이 매우 높다. 20대와 30대가 50대와 60대 이상 유권자와 대척점에 서 있는 가운데 40대 유권자가 어느 방향으로 치우치느냐, 그리고 젊은 유권자층이 얼마나 적극적으로 투표에 참가하느냐에 따라 대선 결과가 좌우될 것으로 보인다.

그러한 이유로 야권 단일화 후보와 투표율에 관심이 쏟아질 수밖에 없다. 위의 결과는 모두 다자간 대결 구도에서의 결과인 만큼, 안철수 교수를 포함한 야권 단일 후보가 탄생할 경우 박근혜 의원과의 양자 간 대결은 다른 국면을 맞이할 가능성이 매우 높다. 예를 들어 현재 다자간 대결 구도에서 40대로부터 가장 높은 지지를 받은 후보가 박근혜 의원임에는 틀림없지만, 현재 안철수 교수와 문재인 의원의 지지율을 합치면 43.4%로 박근혜 의원의 지지율을 훨씬 상회한다. 물론 단일화 과정에서의 난항도 고려해야 하며, 양대 야권 후보의 지지율을 산술적으로 합한 값을 그대로 받아들이기는 힘들지만, 박근혜 의원이 압도적인 지지나 안정권에 있다고 말하기에는 분명히 어려움이 있다. 최근 7월 24일 중앙일보와 JTBC의 여론조사 결과에 따르면 박근혜-안철수 양자대결에서 안철수 교수는 47.6%의 지지를 얻어 45.6%의 박근혜 의원을 추월하기도 했다(중앙일보 2012/07/24). 그러므로 야권 후보가 분열되어 있는 다자간 대결에서 나타난 박근혜 의원의 지지율을 그대로 적용하는 것도 문제가 있다. 또한, 양자대결에서는 박근혜 의원과 출마여부조차 확실히 밝히지 않은 안철수 교수가 오차범위 내에서 엎치락뒤치락하는 혼전을 보이고 있는 현상 모두 박근혜 대세론을 이야기하기에는 매우 적절하지 않음을 입증한다. 오히려 출마여부조차 확실히 밝히지 않은 안철수 교수와 박근혜 의원이 경합을 벌이고 있다는 것은 박근혜 의원의 경쟁력이 약하다는 것을 의미한다.

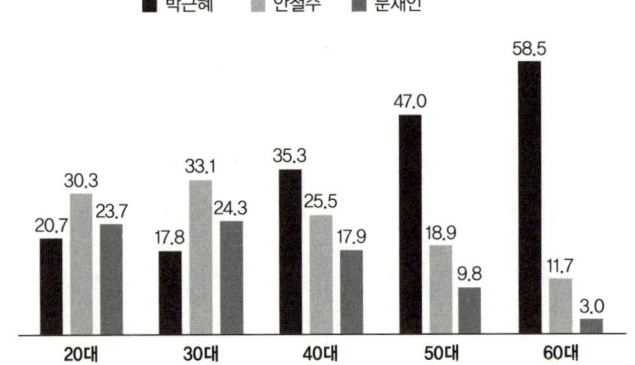

〈그림 10-1〉 세대별 대선지지 후보 (단위: %)

주) 0: 매우 진보, 10: 매우 보수

투표율 또한 중요한 요인으로 작용할 것으로 여겨지는데, 대체로 투표율이 저조한 젊은 유권자층이 어느 정도 실제 선거에서 적극적으로 참여하느냐에 따라 선거결과가 좌우될 수 있다. 야권 후보 단일화가 진보 진영에서 시너지 효과를 불러일으킨다면 젊은 유권자층의 투표 참여율이 훨씬 높아질 가능성이 있지만, 단일화 혹은 연합 과정에서의 잡음이 발생하거나 아예 무산이 된다면 젊은 유권자의 흥미를 끌기 어려울 것이고 이들의 참여율 또한 낮아질 것이기 때문이다. 투표율에 대해서는 이후에 다시 다루도록 하겠다.

정당일체감(Party Identification)과 유권자의 선택

선거 전망은 개개인 유권자의 투표행위를 예측하고 반영하는 것이라 할 수 있다. 캠벨(Campbell)이 적절하게 지적하였듯이 모든 선거연구의 근간은 특정한 투표행위의 원인을 밝혀 내는 데에 있다. 그런 의미에서 선거 전망은 거시적인 입장에서 유권자들이 특별한 선택을 하게 하는 근본적인 원인을 알아내는 것이라고 하겠다(Campbell 2008).

유권자들의 투표행위에 대한 연구는 이미 많은 학자들에 의해 진행되어 왔다. 이 중 가장 잘 알려진 몇 가지 이론들을 소개하자면, 정당일체감에 의거한 선택, 후보자나 정당의 실적을 평가하고 향후 정책 수행 능력에 대한 기대감 등을 고려하여 계산한 후 결정한다는 합리적 선택(rational choice), 혹은 후보자 개인의 능력이나 인물의 뛰어난 정도에 따라 결정한다는 이론들이 있다.

정당일체감은 1960년 미시간 대학의 학자들로부터 제기된 주장이다. 여기서 말하는 정당일체감은 단순히 어느 정당을 선호하는 성향이 아니라 심리적으로 연결되어 있는 애착심에 가까운 감정을 의미하며 선거 시 후보를 선택할 때에 매우 중요한 결정 기준이 된다(Campbell et al. 1960). 이러한 정당일체감은 주로 긴 시간을 두고 개인의 사회화 과정을 통해 형성되며 한 번 형성된 정당일체감은 상당히 견고하게 유지된다고 할 수 있다.

실제 이번 아산정책연구원의 선거연구 패널조사에 따르면 85%의 새누리당 지지자들이 국회의원 선거에서 새누리당의 후보를 선택했다고 밝혔다. 또한 76%의 민주통합당 지지자들도 역시 민주통합당 후보를 선택했다고 응답했다. 이렇듯 선거에서의 정당일체감은 투표 시 결정적인 역할을 한다.

대통령 선거에서도 정당일체감은 매우 큰 역할을 담당하는데, 2008년 미국 대통령 선거에서 민주당을 지지한다고 답한 응답자 중 91%가 당시 민주당 대선후보였던 오바마 대통령을 선택한 반면, 90%의 공화당 지지자들은 매케인 공화당 대선후보를 지지했던 것으로 나타났다.[3]

다수의 한국 유권자 역시 정당일체감에 기댄 선택을 하고 있었다. 〈표 10-2〉에 나타나 있다시피 새누리당을 지지한다고 밝힌 응답자 중 75.3%가 차기 대선에서 박근혜 의원을 지지하겠다고 하였다. 반면에 민주통합당을 지지하는 응답자는 안철수 교수와 문재인 의원으로 지지가 나뉘어 있었는데, 38.7%의 민주통합당 지지자가 안철수 교수를, 25.4%가 문재인 의원을 지지한다고 밝혔다. 문재인 의원이 명실공히 민주통합당의 국회의원이고 당의 유력 대선후보로 여겨지고 있음에도 불구하고 안철수 교수보다 뒤지는 지지율을 보이는 것은 눈여겨볼 만한 부분이다. 대신 통합진보당 지지자 사이에서는 문재인 의원이 안철수 교수보다 더 높은 지지율을 보이고 있었

[3] 미국 선거 연구(American National Election Studies) 참조. http://electionstudies.org/nesguide/toptable/tab9a_1.htm

는데, 이는 통합진보당에 합류한 유시민 전 장관과 국민참여당을 비롯한 노무현 전 대통령을 지지했던 유권자들이 노무현 재단 이사장을 역임한 문재인 의원을 선택하는 데에서 기인한 현상으로 보인다. 또 한 가지 흥미로운 점은 보수 정당으로 분류되는 자유선진당 지지자의 25.6%가 안철수 교수를 선택했다는 점이다. 물론 자유선진당 지지율 자체가 낮기 때문에 이 수치가 어느 정도의 정치적 의미를 갖는지는 대답하기 어렵지만, 박근혜 의원을 위시하여 결집한 새누리당 지지자들을 제외한 다른 유권자 층에서 안철수 교수가 나쁘지 않은 성적을 보인다는 점은 주목할 만하다.

한국 정치에서 빼놓을 수 없는 유권자층은 지지정당이 없는 무당파이다. 10.26 서울시장 보궐 선거나 안철수 교수의 대권 도전 여부가 화제가 되는 것 모두 기존 정치인들과 현실 정치에 싫증이 난 유권자들이 비정치인을 선택한 일종의 정치적 표현이라고 할 수 있으며, 이 뒤에는 이른바 무당파 유권자가 존재한다. 아산정책연구원이 매달 실시하고 있는 월례 여론조사에 의하면 지지하는 정당이 없다고 답변하는 무당파는 25%에서 50%까지도 조사되는 등 전체 유권자에서 적지 않은 숫자를 차지하고 있었다. 그러나 이번 국회의원 여론조사에서는 특정 정당을 지지하지 않는다고 대답한 이른바 무당파 집단이 10% 남짓으로 나타났다. 총선을 전후한 여론조사에서 지지하는 정당이 없다고 응답한 유권자가 10%에 지나지 않는 것은 선거과정을 통해 지지정당을 결정하게 되었음을 의미한다. 또한 평소에는 지지정당이 없다고 응답하였으나 많은 수의 유권자가 조금이라도 심정적으로 가까운 정당을 가지고 있고 총선을 통해 임시적이나마 일체감을 구성했다고 해석할 수 있겠다.

총선의 영향력이 있었음에도 불구하고 지지정당이 없다고 대답한 이른바 진정한 무당파 중 34.6%가 안철수 교수를 지지한다고 응답했고 박근혜 의원의 지지도는 15.7%에 그쳤다. 문재인 의원은 이보다도 낮은 수치의 지지율로 10.6%였다. 아직 누구를 지지할지 잘 모르겠다는 응답을 살펴보았을 때 무당파의 28.6%, 즉 거의 3분의 1에 육박하는 수치의 무당파 집단이 지지할 후보를 결정하지 않았다고 응답했다. 이는 새누리당 지지자의 10.8%, 민주통합당 지지자의 14.2% 그리고 통합진보당 지지자의 8.2%만이 아직 후보 결정을 내리지 못한 것과는 대조적인 현상이다. 이렇듯 많은 수의 무당파 유권자가 아직 지지후보를 결정하지 못했고, 35%에 가까운 이들이 정치권에 전혀 소개되지 않았던 안철수 교수를 지지한다고 응답한 것은 이들이 현실 정치에 얼마나 염증을 느끼고 있는지를 여실히 보여준다고 할 수 있다.

전체적으로 보건대, 새누리당 지지자들은 이번 총선을 계기로 더욱 박근혜 의원을 중심으로 결집한 것으로 보인다. 이들의 견고한 지지는 대선까지 유지될 것으로 보이며, 그러한 의미에서 박근혜 의원은 약 30% 가량의 지지를 이미 등에 업고 여타 대권 주자들에 비해 유리한 위치에 있다고 할 수 있다. 그러나 이 30% 정도의 정당 지지만으로는 대선에서의 승리를 장담할 수 없는 것 또한 명확한 사실이다. 더군다나 지금까지의 박근혜 의원의 지지율 추이를 보면 40%의 벽에 부딪쳐 그 이상의 지지율을 얻지 못하고 계속 30% 내외를 유지하고 있는 형상이다. 대선에서의 승리를 위해 소속 정당 지지자들에게만 의지할 수 없는 한국 대권 주자들의 현실을 고려할 때, 박근혜 의원에게는 외연 확장이 매우 심각하게 요구된다. 하지만 지금까지

⟨표 10-2⟩ 정당일체감과 대선후보 지지도 (단위: %, (명))

	새누리당	민주통합당	자유선진당	통합진보당	무당파	합계
박근혜	75.3 (682)	10.2 (82)	38.5 (15)	4.9 (12)	15.7 (34)	36.4 (852)
안철수	5.9 (53)	38.7 (311)	25.6 (10)	30.6 (75)	34.6 (75)	23.9 (559)
문재인	0.9 (8)	25.4 (204)	2.6 (1)	46.9 (115)	10.6 (23)	15.6 (366)
잘 모름	10.8 (98)	14.2 (114)	15.9 (6)	8.2 (20)	28.6 (62)	14.2 (332)
합계	100 (906)	100 (804)	100 (39)	100 (245)	100 (217)	100 (2,342)

의 여론조사 결과나 지난 국회의원 선거를 면밀히 살펴보면 이것이 결코 쉽지 않음을 알 수 있다. 특히 선거나 정치에 무관심한 듯 보이지만 대통령 선거와 같이 주목을 많이 받는 큰 선거에서는 상대적으로 참여가능성이 높은 무당파나 젊은 유권자층에게서 매우 낮은 지지를 받고 있음을 고려한다면, 지난 총선에서 박근혜 의원이 이끌었던 새누리당이 예상을 뒤엎고 승리한 것은 새누리당 내에서의 박근혜 의원의 명실상부한 대선후보로서의 입지를 강화시켰음에는 틀림없지만, 대선 경쟁력을 한층 업그레이드시켰다고 보기는 어렵다.

민주통합당의 경우 안철수 교수와 문재인 의원으로 지지가 나뉘어 있는데, 안철수 교수의 지지가 오히려 당에 속한 문재인 의원의 그것보다 높다는 점은 주목해야 할 부분이다. 야권 후보의 단일화를 염두에 두고 있다면, 민주통합당으로서는 당 내의 결속을 위해서, 또 민주통합당 지지자는 아니지만 심정적으로 안철수 교수를 더 가깝게 느끼고 있는 무당파 혹은 기타 정당 지지자를 투표장으로 끌어내기 위해서라도 안철수 교수와 어떠한 방식으로 연합 혹은 단일화를 하느냐가 매우 중요하고 예민한 문제로 남아있다. 그러나 이 문제가 원만히 해결되어서 시너지 효과를 일궈낼 수 있다면 대선 정국은 야권에 훨씬 유리하게 진행될 것이다.

결국 야권의 후보 단일화 문제와 안철수 교수의 대선 합류 문제, 그리고 어떻게 무리 없이 야권연대를 이루어 낼지는 양 진영 모두에게 가장 중요한 이슈라고 할 수 있다. 차이점은 이 이슈가 야권에게는 자신들이 적극적으로 해결하거나 이루어 내야 하는 굉장한 잠재력을 가진 정치 이벤트인 것에 반해, 여권과 박근혜 의원에게는 수동적 대처만이 가능한 카드라는 것이다. 이미 외연 확장의 한계를 여러 번 경험한 여당과 박근혜 의원에게는 지지를 늘리기 위해 취할 수 있는 능동적이고 적극적인 전략이 별로 남아 있지 않다고 할 수 있다. 따라서 단일화 실패로 인한 야권의 표심 분할 혹은 진보 측의 투표율 저하가 새누리당 대선 승리의 가장 큰 원동력으로 작용할 가능성이 높다.

회고적(Retrospective) 투표와 전망적(Prospective) 투표

유권자들이 투표를 할 때에 어떤 기준으로 투표할 대상을 결정하는지에 대한 논의 중에는 회고적 투표행위와 전망적 투표행위에 대한 논의가 있다. 회고적 투표행위와 관련된 논의의 시발점은 키(Key)의 저서인 『책임있는 유권자(The Responsible Electorate)』에서 찾아볼 수 있는데, 여기서 키는 유권자가 집권당 의원 혹은 현직 대통령의 지난 실적을 평가하고 이를 투표하는 기준으로 삼는다는 것이다. 쉽게 말하자면 지난 정권의 정책이나 결과에 만족하는 유권자는 같은 정당이 계속 집권하도록 투표를 하고, 불만족스러운 유권자는 야당에 투표해서 정권 교체를 이룬다는 것이다(Key 1966). 전망적 투표행위와 회고적 투표행위를 잘 정리한 피오리나(Fiorina 1981)에 의하면 회고적 투표행위는 전망적 투표행위 때처럼 정당 정책을 이해하고 비교하는 등의 과정을 거치지 않기 때문에, 유권자들로 하여금 선택을 쉽게 할 수 있게끔 한다. 예를 들어 여당이 집권 시기 동안 정책 수행을 잘 해냈는지, 혹은 유권자 개인의 경제적 상황이 좋아졌는지 등의 여부를 통해 투표를 결정하기 때문에 각 정당의 정강이나 정책을 이해하는 복잡한 과정을 거칠 필요가 없다. 그런 점에서 투표 시 단순한 정보화 과정을 선호하는 일반 유권자의 투표행태를 설명하는 데 있어서 큰 설득력을 가진다(Fiorina 1981; Kinder and Kiewiet 1979; 1981).

반면에 전망적 투표행위는 정당들의 정책을 비교한 뒤 유권자의 이익을 극대화하는 방향으로 투표하는 투표행태를 가리킨다. 정책을 비교한 뒤 이익을 계산한다는 의미에서 매우 합리적인 투표행위로 구분된다.[4] 전망적 투표행위는 일반 유권자의 합리적 판단 능력이 뛰어나지는 않다는 점 때문에 회고적 투표행위에 비해 현실적으로 제한적 영향력을 가진다는 의견이 많다. 하지만 사실상 유권자의 투표선택 시 두 가지 요소를 완벽하게 구분하기는 어렵다. 유권자는 회고적 투표를 할 때에 전망적 요소를 고려하게 되며, 전망적 투표를 할 때에도 회고적 요소를 전혀 고려하지 않는 것은 아니기 때문이다. 따라서 전망적 투표행위와 회고적 투표행위는 동시에 일어난다고 봐도 과언이 아니다(Fiorina 1981; Kuklinski and West 1981; Lewis-Beck

---

[4] 피오리나는 전망적 투표행위가 매우 합리적인 판단을 요구하는 다운스의 공간모형에 기인한다고 분류한다 (Downs 1957; Fiorina 1981).

1988).

그러한 의미에서 정당이나 후보자가 유권자에게 어떠한 점을 강조해서 캠페인을 펼치느냐는 선거에서의 승리를 위한 매우 중요한 전략적 요인이 된다. 야권의 경우 집권당의 실책이나 정책적 오류 등을 강조하고 유권자로 하여금 현직 대통령과 여당을 심판해야 한다는 캠페인을 통해 회고적 투표 행위를 이끌어 내는 것이 매우 중요한 선거 전략으로 여겨진다. 반면 집권 당의 경우 현직 대통령과 여당 심판에서 벗어나 새로운 비전을 제시하여 유권자의 전망적 투표행위를 이끌어 내는 것이 매우 중요한 선거전략 중 하나라고 할 수 있다.

윤종빈(2007)의 연구에 따르면 한국의 총선과 지방선거는 회고적 투표에 의해, 대선은 전망적 투표에 의해 좌우되는 경향이 있다. 이러한 점은 한국의 대통령제도가 미국과는 달리 단임제를 채택하고 있어서 현직 대통령에 대한 평가가 여권 후보에게 미칠 수 있는 영향력이 제한적이기 때문이다. 일례로 2002년 6월의 지방선거에서는 참패를 했던 당시 집권당, 민주당이 같은 해 대선에서는 승리한 것을 들 수 있다. 2002년 대선에서의 노무현 후보는 구시대적 정치를 끊고 새로운 정치와 개혁을 가져올 인물임을 강조함으로써 유권자의 전망적 투표를 유도하였다. 반면에 한나라당 후보였던 이회창 후보는 김대중 정권 심판론에 크게 의지하여 회고적 투표를 유도하였으나 집권 이후의 청사진을 보여주는 데에는 소홀했고 집권에 실패했다(윤종빈 2007). 물론 대선에서 회고적 투표 역시 일정 부분 작용한다. 2007년 대선에서 야당이었던 한나라당의 이명박 후보는 '잃어버린 10년'이라는 구호를 통해 10년간의 진보 정권에 대한 강력한 심판을 요구했다. 그러나 이명박 대통령의 당선에 결정적 역할을 한 것은 '경제 대통령'이라는 이미지를 통해 유권자에게 '이명박 대통령'이 가져다줄 경제 발전과 일자리 창출과 같은 밝은 전망이었다고 할 수 있다. 이에 반해서 민주당의 후보였던 정동영 후보는 이명박 대통령의 비정치인 당시 부정부패 전력과 도덕성 여부 비판에 치우친 선거 캠페인을 펼치면서 본인만의 정책적 전망을 내놓지 못했고 결국 대통령 선거 역사상 가장 큰 표 차이로 패배하는 결과를 낳았다.

그렇다면 현재 한국 유권자는 회고적 관점과 전망적 관점에서 봤을 때 대선주자들에 대해 어떤 생각을 가지고 있을까? 회고적 관점을 대표하는 중요한 시각 중 하나는 현직 대통령에 대한 평가와 현재 경제상황에 대한 평가이다(Holbrook 2001; Abramowitz 2001). 총선 여론조사에 따르면 이명박 대통령의 직무수행을 긍정적으로 평가하고 있는 응답자는 29.1%, 부정적으로 평가하는 응답자는 66%로 나타났다. 흥미로운 점은 42.4%에 달하는 새누리당 지지자조차도 이명박 대통령이 대통령직 수행을 잘 못하고 있다고 평가하고 있다는 점이다. 〈표 10-3〉은 이명박 대통령에 대한 평가에 따른 대선주자들에 대한 지지를 나타낸 것이다. 표에 확연히 드러나듯이 이명박 대통령의 직무 수행을 부정적으로 평가하고 있는 유권자의 30.3%가 안철수 교수를, 22%가 문재인 의원을 지지하고 있었다. 반면에 이명박 대통령에 대해 긍정적으로 평가하고 있는 유권자의 61.1%가 박근혜 의원을 지지하고 있었고, 10.5%가 안철수 교수를, 2.5%가 문재인 의원을 지지하고 있었다.

또 한 가지 눈여겨볼 점은 이명박 대통령이 대통령으로서 직무수행을 잘하지 못하고 있다고 평가하는 유권자 중 무려 24.8%가 박근혜 의원을 지지하고 있다는 점이다. 이는 새누리당 지지자이면서 이명박 대통령에 대해 부정적으로 평가하는 응답자가 42.4%나 된다는 사실과 일맥상통한다고 할 수 있다. 이는 박근혜 의원의 경우 이미 이전부터 이명박 대통령과는 정치적으로 거리가 있는 상태이므로, 같은 정당에 속한 현직 대통령의 평가로부터 상대적으로 자유로운 측면이 있다는 점을 보여주는 결과라 하겠다.

다음 행은 현재 경제상황에 대해 어떻게 판단하느냐에 따라 어느 대선주

〈표 10-3〉 대선후보 지지와 회고적 평가 (단위: %, (명))

	이명박 대통령 직무수행평가	
	긍정	부정
박근혜	61.1 (412)	24.8 (392)
안철수	10.5 (71)	30.3 (479)
문재인	2.5 (17)	22.0 (348)
기타	25.9 (174)	22.9 (362)
합계	100 (674)	100 (1,581)

	경제상황 평가		
	긍정	부정	4년 전과 차이 없음
박근혜	58.3 (356)	25.6 (388)	52.9 (47)
안철수	14.4 (88)	28.8 (437)	17.5 (33)
문재인	5.4 (33)	21.1 (321)	4.8 (9)
기타	21.9 (134)	24.5 (372)	24.9 (47)
합계	100 (611)	100 (1,518)	100 (189)

자를 지지하는지를 나타낸 것이다. 현재 경제상황에 대한 전반적인 평가를 위해 4년 전과 비교해서 국가 경제상황이 나아졌는지 혹은 나빠졌는지에 대해 물어 보았다. 경제상황이 나아졌다고 대답한 응답자의 58.3%가 박근혜 의원을 지지하고 있었고 14.4%와 5.4%만이 각각 안철수 교수 및 문재인 의원을 지지하고 있었다. 반면에 경제상황이 나빠졌다고 답한 응답자 중 28.8%가 안철수 교수를 지지하고 있었고 21.1%가 문재인 의원을 지지하고 있었다. 그러나 25.6%의 부정적 평가자가 박근혜 의원을 지지하고 있는 것으로 미루어보건대, 경제적 상황에 대한 평가가 지지후보 결정에 생각만큼 큰 영향을 미치지 않음을 알 수 있다. 그런 의미에서 윤종빈과 다른 학자들의 지적처럼 대선 지지후보 결정은 총선이나 지방선거에 비해 회고적 성격을 덜 띠는 것을 확인할 수 있었다. 실제로 총선에서는 회고적 평가가 대선주자 결정보다 좀 더 영향력을 보였는데, 이번 총선에서 경제 사정이 좋아졌다고 한 응답자 중 67.4%가 새누리당에 표를 주었고 이명박 대통령을 긍정적으로 평가하는 응답자의 70%가 새누리당을 찍은 것으로 조사되었다.

우슬레이너(Uslaner)에 의하면 전망적 투표를 유도하는 것은 두 거대 정당이 확연한 정책적 균열을 가지고 있는 경우 더욱 중요하다. 두 정당이 매우 다른 정책적 입장을 가지고 있다면 유권자는 선거 후 어느 정당이 어떠한 정책적 효과를 가져올지에 대해 보다 명확한 청사진을 가질 수 있게 되고 이에 따라 전망적 투표를 할 확률이 더 높아진다. 반면에 두 정당의 입장이 별 차이가 없고 모호한 경우 유권자는 좀 더 쉬운 결정 과정을 선택하게 되는데 이때에 회고적 투표행위를 할 확률이 더 높아진다(Uslaner 1989). 한국의 두 정당은 민주화 이후 대척점에 서는 이슈를 오랜 시간 동안 가지지 못했다. 두 정당을 지금의 이른바 진보와 보수로 갈라놓는 역할을 한 이슈는 햇볕정책과 대북관계를 둘러싼 것들이었다고 할 수 있다. 그러나 2011년 1월부터 실시해 온 아산정책연구원의 월례 여론조사에 따르면 현재 한국 유권자에게 가장 중요한 이슈는 일자리 창출과 사회복지의 확대로, 남북관계 및 대북정책은 이미 한국 유권자에게 그다지 중요한 이슈로 여겨지고 있지 않는다. 물론 대통령 선거가 본격적으로 시작되면 남북관계나 대북정책에 대한 입장을 밝히는 것도 하나의 수순이 되겠지만, 일자리 창출이나 최근 화두가 되는 사회복지의 문제가 이번 대선에서는 큰 역할을 할 것으로 보인다. 〈그림 10-2〉와 〈그림 10-3〉에 나타나 있듯이 일자리 창출에서는 새누리당이 매우 높은 신임을 받고 있고 소득의 재분배는 민주통합당이 훨씬 더 좋은 성과를 낼 것이라 여겨지고 있다. 총선 전후로 새누리당이 두 이슈 모두에서 두각을 나타내는 듯 보이지만, 전체적인 흐름 안에서 살펴본다면 일자리 창출은 새누리당, 소득재분배는 민주통합당의 이슈로 보인다.

    그런 의미에서 이명박 대통령의 지지율이 계속 하락세를 보이고 있는 이즈음, 회고적 투표행위가 유도될수록 불리한 새누리당은 되도록 이명박 대통령과 거리를 두려 하는 것이 자연스러운 현상이라 하겠다. 또한 회고적 투표행위보다 전망적 투표행위가 두드러지는 대통령 선거에서 새누리당을 비롯한 각 정당은 각기 사회복지 정책 및 견해를 내놓아 표심을 잡으려 할 것이다. 일자리 창출분야에서 인정을 받고 있는 새누리당으로서는 국가 경제 경영과 일자리 창출뿐만 아니라 사회복지 역시 잘 이루어 낼 수 있는 정당으로서의 면모를 강조하는 것이 최선의 전략일 것이다. 반면에 야권은 이

<그림 10-2> 일자리 창출을 가장 잘 할 수 있는 정당 (단위: %)

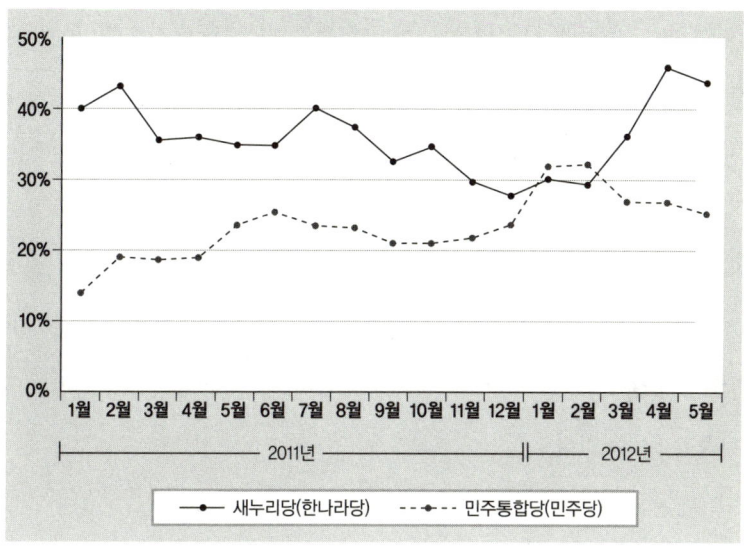

출처: 아산정책연구원 월례조사(2011~2012년)

<그림 10-3> 소득의 재분배를 가장 잘 할 수 있는 정당 (단위: %)

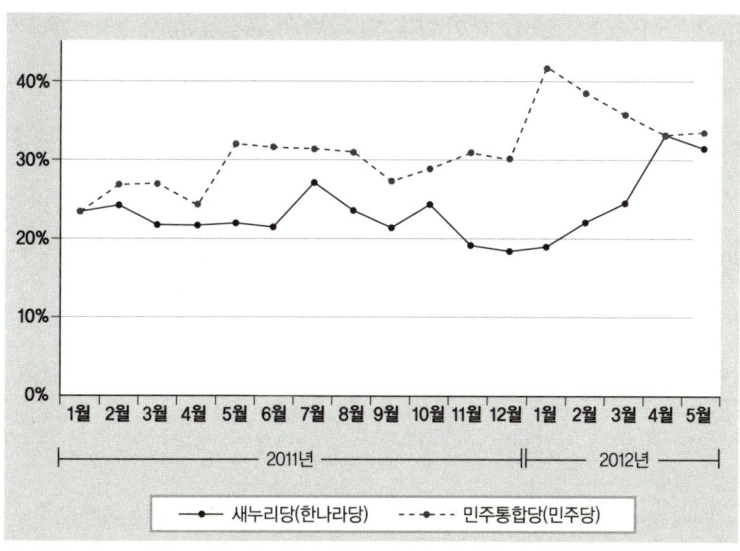

출처: 아산정책연구원 월례조사(2011~2012년)

2% 부족한 박근혜 대세론 305

명박 대통령의 낮은 지지도를 이용해서 일단은 정권 심판론을 내세울 것으로 여겨진다. 동시에 정국의 화두인 사회복지 및 일자리 창출이라는 이슈에 대한 입장을 밝히되, 새누리당과 매우 동떨어지거나 왼쪽으로 지나치게 치우쳐서 극명하게 대비되는 경제 복지정책보다는 중도에 위치한 정책을 내세우는 것이 유리한 전략으로 여겨진다.[5] 더불어 이미 오랜 시간 동안 명실상부한 대권후보를 통해 대세 및 안정을 강조하는 새누리당과는 달리, 새롭고 신선한 리더십을 발휘할 수 있는 후보나 변화된 정권의 청사진을 제시하는 것이 야권으로서는 매우 시급한 숙제이며 대선 캠페인에서 가장 주요한 과제라고 할 수 있다.

후보의 인물론

대통령제를 택하고 있는 어느 나라나 마찬가지겠지만, 한국의 대통령 선거는 인물이 매우 중요한 요인으로 작용한다. 2002년 당시 땅에 떨어진 집권여당의 지지도와 대세론을 몰아갔던 이회창 당시 한나라당 후보도 노무현이라는 민주화 투쟁 및 정치적 질곡의 이야기가 있는 인물을 넘지 못했던 경험이 있다. 인물이 가져다주는 비전과 살아온 족적, 카리스마 등이 대선에서 매우 중요한 역할을 한다고 할 수 있다.

현재 유력 대선후보로 거론되고 있는 박근혜 의원, 안철수 교수 그리고 문재인 의원은 유권자에게 어떻게 평가되고 있을까? 먼저 각 대선주자들의 호감도를 비교해 보았다. 유권자의 각 대선주자에 대한 호감도를 0(매우 싫

---

5 실제로 이번 총선에서 민주당 패인의 분석 중 통합진보당과의 연대 때문에 정책이 너무 왼쪽으로 치우친 것이 크게 작용했다는 말도 있다. 무당파나 중도에 있는 부동층 유권자를 끌어 내기 위해서는 지나치게 한쪽으로 치우친 정강 및 정책을 내놓아서는 안 된다는 주장이 있다.

어한다)에서 10(매우 좋아한다)까지의 스케일로 놓고 보았을 때에 박근혜 의원의 평균점수는 5.53, 안철수 교수는 5.82, 문재인 의원은 5.29로 평균치로는 안철수 교수가 가장 높았다(〈표 10-4〉 참조). 평균 호감도는 세대별로 매우 큰 차이를 보였는데, 박근혜 의원이 50대와 60대 이상 응답자 사이에서 압도적으로 높은 점수를 기록한 반면, 안철수 교수는 20대와 30대, 40대에서도 가장 높은 점수를 기록함으로써 세대 간 간극을 다시 한 번 확인할 수 있었다.

표에는 나타나 있지 않지만, 직업군별로는 박근혜 의원은 화이트칼라층과 학생층에게 유독 낮은 점수를 받았는데 두 계층 모두 4.66이라는 점수를 주었다. 이는 안철수 교수가 이 두 집단에게서 각각 6.22와 6.41이라는 높은 점수를 기록한 것과는 매우 대조적인 현상이라고 할 수 있겠다. 참고로 문재인 의원은 각각 5.82와 5.64를 기록했다. 또한 수도권에서도 안철수 교수가 가장 높은 점수를 기록했으며 박근혜 의원이 역시 약세를 보였다.

이념성향별로 보았을 때에 진보와 보수를 중심으로 확연히 다른 패턴의 호감도 점수 분포를 보였다. 한 가지 유의할 만한 사실은 박근혜 의원이 자신의 반대 집단이라 할 수 있는 진보층에서 얻은 점수가 4.04였던 데 반해 안철수 교수는 반대집단인 보수층에서 얻은 점수가 4.82로 이보다 훨씬 높았다. 문재인 의원조차도 보수층에게서 4.25를 기록함으로써 진보의 박근혜 의원에 대한 저항감에 비해 보수층의 안철수 교수나 문재인 의원에 대한 저항감은 약한 것으로 드러났다. 스스로를 중도라 평가하는 유권자 사이에서도 안철수 교수의 호감도가 가장 높은 것으로 나타났다. 중도 유권자 사이에서의 안철수 교수의 호감도는 5.96으로 박근혜 의원의 5.59나 문재인

의원의 5.46에 비해 앞섰다.

또 한 가지 눈여겨볼 부분은 정당별 호감도 점수이다. 예상대로 새누리당 지지자들은 박근혜 의원에게 평균 7.77이라는 매우 높은 점수를 주었다. 안철수 교수는 민주통합당 지지자들에게서 가장 높은 점수(7.19)를 받았고, 문재인 의원은 통합진보당 지지자들이 가장 호감을 갖는 후보였다(8.05). 이는 앞서 살펴보았던 지지정당별 지지 대선후보 성향과 매우 흡사

〈표 10-4〉 연령별, 이념성향별, 정당일체감별 정치인 호감도 (단위: (명))

		박근혜	안철수	문재인
전체 (2,515)		5.53	5.82	5.29
연령별	20대 (439)	4.51	6.59	5.8
	30대 (534)	4.10	6.73	6.16
	40대 (541)	5.48	5.95	5.46
	50대 (528)	6.27	5.35	4.99
	60대 이상 (470)	7.33	4.13	3.78
이념성향별	진보 (688)	4.04	6.73	6.22
	중도 (860)	5.59	5.96	5.46
	보수 (725)	6.76	4.82	4.25
정당일체감별	새누리당 (906)	7.77	4.08	3.65
	민주통합당 (804)	4.20	7.19	6.61
	통합진보당 (245)	2.61	7.18	8.05
	무당파 (217)	4.80	6.06	5.00

주) 0: 매우 싫다, 10: 매우 좋다

한 모습이다. 지지정당이 없는 무당파는 안철수 후보에게 가장 높은 점수를 주었는데(6.06), 가장 낮은 점수를 받은 사람은 박근혜 의원(4.80)이었다. 전반적으로 박근혜 의원은 새누리당을 지지하는 보수적인 50~60대 유권자들에게서 가장 높고 견고한 지지를 받고 있지만, 중도 이념 집단이나 무당파 집단에게서는 안철수 교수에게 확연히 뒤처지고 있었다. 단순히 지지율이 아니라 호감도 면에서 뒤처진다면 외연 확장이 어려울 수밖에 없으며, 이는 여태까지 박근혜 의원의 지지율이 마의 40%를 넘지 못하는 이유를 설명한다고 할 수 있다.

투표율

여태까지의 분석들은 모두 국회의원 선거 여론조사 결과에 바탕한 것들이었다. 여기에 또 한 가지 유념해야 할 중요한 요인 중 하나는 앞서 밝혔듯이 투표율이라 할 수 있다. 대체로 투표율이 높은 경우 보수정당보다는 진보적 성향을 띤 정당에 유리하다는 이야기를 한다. 투표율이 높다는 것은 투표에 열심히 참여하는 노년층 외에 정치나 선거에 큰 관심을 보이지 않는 젊은 유권자층도 투표에 참여했다는 것으로 종종 해석된다. 따라서 진보적 성향을 지닌 젊은 유권자의 참여율이 높아지면 진보정당, 즉 민주통합당이나 통합진보당과 같은 정당들에 유리하게 작용한다고 여겨지게 마련이다.

특히 앞서 살펴봤듯이 젊은 유권자일수록 이명박 정권 및 새누리당에 대한 심판론이 더 강하게 작용하고 있고, 따라서 회고적 투표행위가 강하게 작용할 것이라는 점은 쉽게 짐작된다. 더불어, 아직은 그 청사진이 뚜렷이 제시되지 않은 상태인지라 단언할 수는 없겠지만, 안철수 교수라는 비정치권의 새로운 인물이 젊은 유권자에게 제시하는 전망적 정책들이 가시화된 다면 젊은 유권자층이 이끌어 내는 정치력은 매우 강력할 것으로 보인다. 그런 점에서 투표율은 이번 선거결과를 전망하는 데에 있어서 매우 중요한 역할을 할 것이다.

그런 의미에서 20대 젊은 유권자층의 4.11 총선 투표율을 눈여겨볼 필요가 있다. 중앙선거관리위원회의 제19대 국회의원 선거 보도자료에 따르면 20대의 투표율이 41.7%로 나타났다. 이는 2008년 18대 국회의원 선거에서 20대 투표율이 28.1%였던 것에 비해 비약적인 증가라고 할 수 있겠다.

대통령 선거는 가장 많은 관심과 이목이 집중되는 매우 큰 선거로 국회의원·지방선거에 비해 높은 투표율을 기록한다. 〈표 10-5〉는 2004년과 2008년 총선 평균 투표율과 2002년과 2007년의 대선 평균 투표율을 연령별로 정리해 놓은 것이다. 표와 그림에서 볼 수 있듯이, 대통령 선거는 국회의원 선거에 비해 훨씬 높은 투표율을 기록해 왔다. 전체 평균을 비교해 보았을 때에 총선 평균 투표율에 비해 대선 평균 투표율이 약 13.3% 정도 높았다. 물론 이 평균치에 의거해서 이번 18대 대통령 선거의 투표율은 68%에 이를 것이라는 전망은 섣부르지만, 대체로 대통령 선거가 국회의원 선거 투표율보다 높으며 이번 대통령 선거 투표율 역시 4.11 총선의 투표율보다는 높을 것이라는 전망은 가능하다.

대통령 선거에서 나타난 높은 투표율은 비단 한 특정 세대에만 국한된 것이 아니라 모든 세대에 공통적으로 나타나는 현상이기는 하다. 하지만 그 차이를 좀 더 면밀히 살펴보면 20대와 30대의 총선과 대선에서의 투표율 차이가 50대 이상의 노년층 유권자의 총선과 대선에서의 투표율 차이보다

〈표 10-5〉 총선과 대선의 투표율 차이 비교 (단위: %)

투표율 : 대선 vs. 총선(최근 2개 선거 평균)	전체	20대	30대	40대	50대 이상
2004년, 2008년 평균 투표율 (총선)	53.7	36.6	46.0	56.9	68.0
2002년, 2007년 평균 투표율 (대선)	67.0	51.9	61.2	71.3	78.7
투표율 차이	13.3	15.3	15.2	14.4	10.7

출처: (주)리서치앤리서치

큰 편이다. 즉 선거 참여율이 높은 노년층에 비해 젊은 유권자 층이 선거에 따라 그 편차가 더 심하다는 것을 의미한다. 이런 점에서 이번 대선에서는 젊은 유권자들이 4.11 총선보다도 더 적극적으로 참여할 것이라 예측할 수 있다.

그렇다면 이 투표율 차이는 무엇을 의미하는 것일까? 〈그림 10-4〉는 지난 두 번의 대선에서 나타난 연령대별 비율을 도표로 그린 것이다. 참고로 16대 대선의 투표율은 70.8%였던 데 반해 17대 대선의 투표율은 63%로 대

〈그림 10-4〉 유권자 연령대별 비율 (단위: %)

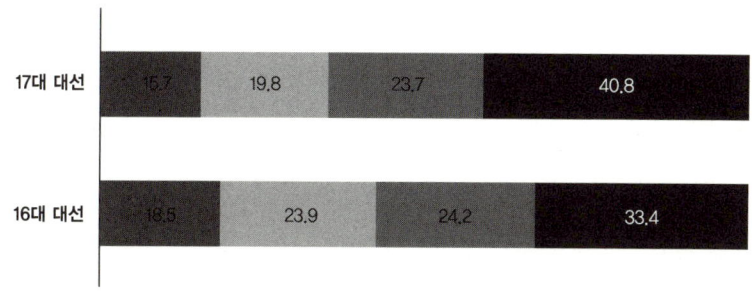

출처: (주)리서치앤리서치

통령 선거 역사상 가장 낮은 수치였다. 16대 대선의 경우 전체 투표 가능 유권자 중 실제 투표에 참여했던 유권자의 18.5%가 20대의 젊은 유권자층이었던 데 반해, 17대 대선에서 20대 유권자가 차지하는 비율은 15.7%에 그쳤다. 30대 역시 마찬가지로 16대 대선에 비해 17대 대선에 참여한 비율은 19.8%로, 2002년 당시의 23.9%보다 낮았다. 투표에 참여했던 유권자의 연령대별 비율을 인구센서스에서 나타난 연령대별 비율과 비교해 보았을 때 특히 30대에서의 차이가 컸다. 2002년의 30대 투표 참여율은 인구센서스에서 30대가 차지하는 비율을 넘는 수치로, 이른바 386세대의 정치참여가 눈에 띄었다고 할 수 있다(23.4% vs. 23.9%). 반면에 2007년 대선에서는 40대의 참여가 돋보였으며 50대 이상의 유권자 역시 전체 투표 참여자 중 매우 높은 비율을 보였다.

결론적으로, 이번 국회의원 선거에서 나타난 투표율, 특히 젊은 층의 높은 투표율과 관심이 대선 때까지 지속된다면 20~30대 유권자층에서 특히 약세를 보이고 있는 박근혜 의원에게 불리하게 작용할 것으로 보인다. 지난 2007년 대선에서의 낮은 투표율이나 20~30대의 저조한 참여율이 꼭 이명박 대통령을 당선시켰다고 할 수 없지만, 유리하게 작용한 것은 사실이라 할 수 있다. 특히나 2007년 대선 때와는 달리 세대별로 진보와 보수가 극명하게 갈리는 현재 상황에서 젊은 층이 투표장으로 향하는 현상이 박근혜 의원에게는 반갑지 않을 것으로 보인다. 또한 지난 대선에서 이명박 연합을 이끈 주축이었던 40대조차 박근혜 의원에게 유리한 표심을 보이지 않고 있기에 더 높은 관심과 참여율이 기대되는 대선이 생각보다 녹록치 않은 싸움이 되리라는 것을 알 수 있다.

결론

본 장에서는 국회의원 선거 전후로 실시된 여론조사를 통해 나타난 다가올 대통령 선거에서의 표심을 알아보았다. 결론적으로 말하자면 총선 이후 논의되었던 20~30대와 수도권 거주 화이트칼라는 박근혜 의원에게 여전히 숙제로 남아 있다. 반면에 야권의 유력 후보로 거론되는 안철수 교수와 문재인 의원에게는 가장 큰 지지층임을 알 수 있다. 특히 세대균열이 대선에서 여권보다는 야권에 유리하게 작용하리라는 점은 투표율과 관련지어 알 수 있었다. 총선보다 훨씬 큰 관심과 주목을 끄는 대선에서는 높은 투표율이 기대되고, 따라서 평소 정치적 행위에 참여율이 저조한 진보 성향을 띤 젊은 유권자층이 선거에 참여함으로써 야권에 힘을 실어 줄 것으로 예상된다.

또한 전망적 투표성향이 강한 대선에서는 각 정당의 전략적 캠페인 선택이 매우 중요하다. 현재 가장 화두가 되고 있는 일자리 창출과 소득의 재분배 문제를 잘 해결할 수 있는 정당임을 입증하고 강한 리더십을 제시할 필요가 있다. 새누리당은 집권당으로서의 능력이 검증되었고 이미 오랜 시간 동안 준비된 리더십임을 강조하여 차별화하고, 민주통합당은 집권당만큼 능력도 있음을 증명하고 참신하고 새로운 변화를 가지고 올 리더십을 강조할 필요가 있다. 반면에 이명박 대통령의 과오를 각인시키는 회고적 전략은 한계가 있음을 인식하고 이에 절대적으로 의지해서는 안 될 것이다.

마지막으로 후보 호감도 분석에서 박근혜 의원은 분명히 새누리당 지지자들 사이에서는 압도적인 인기를 누리고 있지만 그 외의 무당파나 중도로 분류되는 유권자 사이에서는 제일 낮은 호감도를 보였다. 무당파나 중도 그룹에서 가장 강세를 보인 인물은 안철수 교수였다. 그러한 점에서 박근혜 의원의 외연 확대는 여전히 난제로 남을 것으로 보인다. 지난 4.11 총선은 박근혜 의원으로 하여금 또 다시 '선거의 여왕'이라는 별명을 확인시켜주었고, 보수층의 명실상부한 후보로 올라서는 데에 큰 디딤돌이 되었다. 하지만 여전히 외연 확장에 있어서는 크게 역부족이었음이 이 조사를 통해 드러났다.

대통령 선거에서는 어느 후보가 이슈를 만들어 내고 화제가 되어 선거의 중심에 설 수 있느냐가 승패를 좌우하는 가장 큰 관건이라고 할 수 있다. 2002년 열세의 여당이었던 새천년민주당의 노무현 후보가 '탈권위'와 '자주'라는 새로운 리더십을 통해 이슈를 만들어 냈다. 당시로서는 처음이라 할 수 있는 정치인 팬클럽인 노사모가 큰 화제가 되었고 거침없는 어법과 직설적인 표현이 늘 화제를 불러일으켰다. 2007년 한나라당의 이명박 후보는 '경제 살리기'라는 이슈를 통해 유권자에게 어필했다. 격렬한 찬반 논쟁을 불러일으켰던 한반도 대운하나 수많은 비리 의혹도 결국에는 이명박이라는 인물을 선거의 중심에 서게 해주는 역할을 했다고 할 수 있다. 얼마 전 안철수 교수의 에세이가 출간되자마자 베스트셀러 1위에 오른 사실이나, 안철수 교수가 출연한 TV 예능 프로그램의 시청률이 무려 20%에 육박했다는 사실은, 아직 출마 여부를 밝히지도 않은 안철수라는 인물이 가지는 엄청난 잠재력을 반증한다고 할 수 있다. 압도적인 젊은 유권자 층의 지지, 그리고 이들의 정치참여라는 측면에서, 또한 경제 성장 및 젊은 CEO라는 이미지를 등에 업고 효율적 국정 경제 수행 청사진을 제시할 수 있다는 측면에서,

안철수 교수는 본인의 대선 레이스 참가여부에 상관없이 이번 선거에 매우 큰 영향력을 미칠 것으로 예측된다.

새누리당은 4.11 총선에서의 승리를 통해 잠시 성취감을 맛보았다. 그러나 아직 야권의 후보가 결정되지 않았고, 특히 안철수 교수의 거취가 확정되지 않은 시점에서 이것이 앞으로의 대선 정국 또한 순탄할 것을 의미하지는 않는다. 만일 박근혜 의원이 대통령 선거에서 승리한다면, 이는 야권의 분열과 안철수 교수의 단일화 패착, 그리고 이로 인한 젊은 진보 성향 유권자들의 선거 포기에 기인할 확률이 매우 높다. 자력에서가 아닌 상대의 수에 의해 승패가 결정된다는 의미에서 이른바 '박근혜 대세론'은 아직 설부를 뿐 아니라 2% 부족하다고 하겠다.

참고문헌

강원택. 2003. "16대 대선과 세대." 김세균 편. 『16대 대선의 선거 과정과 의의』. 157-180. 서울: 서울대학교 출판부.
강원택. 2005. "한국의 이념 갈등과 진보 · 보수의 경계." 『한국정당학회보』 4권 2호, 193-217.
박찬욱. 1993. "제14대 국회의원 총선거에서의 정당지지 분석." 이남영 편. 『한국의 선거 I』. 서울: 나남.
조중빈. 2003. "16대 대통령선거와 세대." 한국정치학회 춘계학술회의. 서울. 2월.
윤종빈. 2007. "2007 대선과 수도권 투표성향: 지역, 이념, 그리고 인물." 『한국정당학회보』 6권 2호, 65-95.
Abramowitz, Alan I. 2001. "The Time for Change Model and the 2000 Election." *American Politics Research* 29(3), 279-282.
Abramowitz, Alan I. 2008. "Forecasting the 2008 Presidential Election with the Time-for-Change Model." *PS: Political Science & Politics* 41(4), 691-696.
Campbell, Angus, Philip E. Converse, Warren E. Miller, and Donald E. Stokes. 1960. The American Voter. New York: John Wiley.
Campbell, James E. 2008. "Evaluating U.S. Presidential Election Forecasts and Forecasting Equations." *International Journal of Forecasting* 24(2), 259-271.
Downs, Anthony. 1957. An Economic Theory of Democracy. New York: Harper and Row.
Firona, Morris P. 1981. Retrospective Voting in American National Elections. New Haven: Yale University Press.
Holbrook, Thomas M. 2001. "Forecasting with Mixed Economic Signals: A Cautionary Tale." *PS: Political Science & Politics* 34(2), 39-44.
Key Jr, V. O. 1966. The Responsible Electorate. Cambridge: The Belknap Press of Harvard University Press.
Kinder, Donald R. and D. Roderick Kiewiet. 1979. "Economic Discontent and Political Behavior: The Role of Personal Grievances and Collective Economic Judgments in Congressional Voting." *American Journal of Political Science* 23(3), 495-527.
Kinder, Donald R., and D. Roderick Kiewiet. 1981. "Sociotropic Politics: The American Case." *British Journal of Political Science* 11(2), 129-161.
Kuklinski, James H., and Darrell M. West. 1981. "Economic Expectations and Voting Behavior in United States House and Senate Elections." *American Political Science Review* 75(2), 436-447.
Lewis-Beck, Michael S. 1988. "Economics and the American Voter: Past, Present, Future." *Political Behavior* 10(1), 5-21.
Lockerbie, Brad. 1992. "Prospective Voting in Presidential Elections, 1956-1988." *American Politics Research* 20(3), 308-325.

Uslaner, Eric M. 1989. "Looking Forward and Looking Backward: Prospective and Retrospective Voting in the 1980 Federal Elections in Canada." *British Journal of Political Science* 19(4), 495–513.

부록

<표 1> 아산정책연구원 2012 선거연구 1~2차 패널조사 문항목록

측정항목	질문내용		문항번호	
			1차	2차
응답자 특성	선거 관심도		문01.	
	투표의향		문02.	
	응답자 이념성향		문08.	
	정치효능감(외재적)		문22.	
	정치효능감(내재적)		문23.	
	정치효능감(외재적)		문24.	
	17대 대선 투표		문25.	
투표행태		투표여부		문01.
	지역구 후보자 지지	지역구 후보자 투표	문03.	문02.
		지역구 후보자 투표 이유		문03.
	비례대표(정당) 지지	비례대표(정당) 투표	문04.	문04.
		비례대표 투표 이유(정책/이념)		문05.
		비례대표 투표 이유(지도부 능력/자질)		문06.
		비례대표 투표 이유 (새누리당 만족 vs. 여당 심판론)		문07.
		투표결정시기		문08.
		투표결정 영향요인		문09.
	대선후보 지지(다자구도)	대선후보 지지(다자구도)	문06.	문14.
선거요인	선거 경합도		문05.	
		선거에 대한 평가		문10.
		선거결과 만족도		문11.
		선거의 공정성 평가		문12.
정당요인	지지정당		문12.	
	새누리당 이념성향		문09.	
	민주통합당 이념성향		문10.	
	통합진보당 이념성향		문11.	
		야권 단일화 평가		문13.
		정당 호감도: 새누리당		문15.
		정당 호감도: 민주통합		문16.
		정당 호감도: 통합진보당		문17.

측정항목	질문내용		문항번호	
			1차	2차
정치인 요인		정치인 호감도: 이명박 대통령		문18.
		정치인 호감도: 박근혜 위원장		문19.
		정치인 호감도: 한명숙 전 대표		문20.
		정치인 호감도: 문재인 당선자		문21.
		정치인 호감도: 안철수 교수		문22.
정부평가	이명박 대통령 국정운영 평가		문07.	
		민주주의에 대한 만족도		문23.
이슈태도	한미 FTA에 대한 의견		문13.	
	총선에 대한 평가		문14.	
	대북정책에 대한 의견		문15.	
	복지정책에 대한 의견		문16.	
	민간인 사찰에 대한 의견		문17.	
		정부의 재벌규제에 대한 의견		문24.
	국가경제 평가		문18.	
	개인경제 평가		문19.	
	국가경제 전망		문20.	
	개인경제 전망		문21.	
매체이용		정치정보 습득경로		문25.
		인터넷 매체의 영향력 평가		문26.
문항수			21	26

찾아보기

가
간부정당(cadre party) 98
결측값(missing observations) 110
경제투표(economic voting) 224
기계적 효과(mechanical effect) 127
기대효용(expected utility) 68

나
내적 정치효능감 144, 201, 216
네거티브 선거운동 59

다
다운스의 공간모형 299
다변인 분석(multivariate analysis) 73, 78
다중공선성(multicollinearity) 78
당선인 41-43
대선구도 58
대선 전초전 31-32
뒤베르제(Duverger) 127, 130
디지털 격차(digital divide) 266

마
면접조사(face-to-face interview) 27, 260, 263-264
무당파(independent) 67, 95, 151-159, 161-168, 170-183, 204-205, 210, 245, 295-297, 306, 308-309, 314
미시간 학파(Michigan school) 66, 164

바
반응성(responsiveness) 201, 225
변동성(volatility) 97, 105
보수적 투표 290
북풍(the north wind) 224-225
분할투표(split-ticket voting) 50, 125-136, 138-148, 160, 206, 258, 275, 277
비표본오차(non-sampling error) 27

사
사회균열(social cleavage) 95, 97, 121
386세대 185-186, 188-195, 197, 215, 312
생활정치(life-style politics) 236
선거연대 126, 157, 160, 171, 180, 182
선거참여 198-200, 203
선호의 강도차 77, 79
세대균열 185-188, 287, 290-291, 313
세대효과(generation effect) 188-191, 215
승산비(odds ratio) 79, 115, 117, 146
승자독식제(winner-takes-all) 286
실적이슈(performance issue) 224
심리적 효과(psychological effect) 127

아

안정성(stability) 90
RDD(Random Digit Dialing) 18-19
양자비교 71, 73, 78-79, 214
연계성(linkage) 89-91, 94, 97, 114, 118, 120
연령효과(age effect) 111, 188-191, 194-195, 197, 210, 214-215
5060세대 44, 46, 49
외적 정치효능감 144, 201-202, 216, 271, 275
웹 2.0 255-257
위치이슈(position issue) 224
의제설정(agenda setting) 225
2030세대 36, 44, 47, 49, 54, 59
이념 분포 154, 165, 181
이념성향 37-38, 46, 51, 56-57, 74-75, 78-79, 83, 135, 165-169, 180, 182, 193-194, 223, 232-235, 307-308
이슈투표(issue voting) 224-225
이항 로지스틱 회귀분석 56, 145
일관투표(straight-ticket voting) 50, 129, 132, 137, 139, 141-142, 147

자

전략적 투표(strategic voting) 104, 147, 206, 216
전망적(prospective) 투표 164, 288, 298-300, 303-304, 313
전화조사(CATI: Computer Aided Telephone Interview) 18, 26-27
정당내적요인 90-91, 97-101, 107, 109-110, 113-115, 117, 119-121
정당일체감 46-47, 50-51, 55-56, 66-67, 74, 91, 93-97, 104, 121, 138-140, 155, 158, 164, 167-168, 170, 178, 182, 203-207, 211-212, 225, 288, 293-294, 297, 308
정당호감도 46-47, 50-51, 87-88, 90-92, 98-100, 102-104, 106-114, 116, 118-121, 133
정책적 균열 303
정책적 선호 97, 99, 215
정치사회화(political socialization) 94-95, 188-189, 192
정치세대 186, 190, 192, 197, 214
정치이념 181, 192, 215, 267
정치관심(도) 74-75, 79-80, 199, 216, 274
정치효능감 74-75, 79, 83, 143-145, 147, 197-202, 216, 258, 268, 270-271, 273, 275
정치참여 170, 192, 197-198, 200, 215, 223, 256, 268, 270-271, 273-275, 281-282, 312, 315
조사효과(test effect) 69
지역주의 41, 92-96, 103, 112, 186, 213, 223, 225
지지정당 재편(partisan realignment) 95-97
진보적 투표 290

찾아보기

진입장벽(electoral threshold) 127

차
차등적 정치적 영향력(unequal political influence) 64
차등적 투표율(unequal turnout) 64
최신 효과(recency effect) 246
출구조사 33, 47-48, 153

카
컬럼비아 학파 164

타
투표선택 28, 36, 46-47, 50-54, 56, 143, 164, 230, 238, 241, 245-246, 299
투표율 43-46, 49, 59, 62-65, 68-84, 141, 159, 179, 198-199, 215, 271-273, 281, 288, 291, 293, 298, 309-313
투표의 산술(calculus of voting) 67, 75
투표행태 15, 66, 89, 92, 94, 96, 104, 114, 118, 120-121, 141, 157, 164, 180-182, 187, 203, 206, 214, 225, 287, 299
트위터 257, 260-263

파
페이스북 257, 260, 262-263

포퓰리즘(populism) 228
표집틀(sampling frame) 18, 27
프레이밍(framing) 225

하
합리적 선택(rational choice) 66, 68, 92, 273, 293
합리적 선택이론(rational choice theory) 67, 75-77, 79, 83, 164
허위보고(false report) 69
현시성(saliency) 98, 119
호감도 46-47, 50-51, 54-56, 58, 76, 87-88, 90-92, 98-100, 102-104, 106-114, 116, 118-121, 133-134, 141-142, 145-146, 154, 177-179, 183, 208-214, 277-279, 288, 307-309, 314
혼합형 다수제(Mixed Member Majoritarian: MMM) 129
혼합형 비례대표제(Mixed Member Proportional: MMP) 129
혼합형 선거제도(Mixed Member Electoral System) 127, 129-130, 132, 148
회고적(retrospective) 투표 36, 164, 298-300, 304, 309

⊗ 필자 약력

강신구
현 아주대학교 사회과학대학 정치외교학과 조교수.
서울대학교 정치학과 졸업 및 동 대학원 정치학과 석사. 미국 로체스터대학(University of Rochester) 정치학 박사.
주요 논문으로는 "The Influence of Presidential Heads of State on Government Formation in European Democracies: Empirical Evidence (*European Journal of Political Research*, 2009)", "Representation and Policy Responsiveness: The Median Voter, Election Rules and Redistributive Welfare Spending (G. Bingham Powell, Jr. 교수와 공저, *Journal of Politics*, 2010)", "정치참여에 대한 인터넷의 차등적 효과: '한국인의 삶과 가치변화에 관한 연구 (World Values Survey)' 2005년 조사 자료를 중심으로 (평화연구, 2011)" 등이 있다.

강원택
현 서울대학교 정치외교학부 교수.
서울대학교 지리학과 졸업. 영국 런던정치경제대학(LSE) 정치학 박사. 숭실대학교 정치외교학과 교수 역임.
주요 논저로는 『한국 선거정치의 변화와 지속 (나남, 2010)』, 『보수정치는 어떻게 살아남았나 (동아시아 연구원, 2008)』, "Protest Voting and Abstention under Plurality Rule Elections: An Alternative Public Choice Approach (*Journal of Theoretical Politics*, 2004)" 등이 있다.

강충구
현 아산정책연구원 여론연구센터 연구원.
고려대학교 영어영문학과 졸업 및 동 대학원 사회학과 석사.
주요 논저로는 "'메멘토 모리(Memento Mori)'의 정치학: 부음기사(중앙일보 〈삶과 추억〉)에 나타난 집합기억과 망각의 구성 (한국언론학보, 2009; 공저)", "비만의 사회적 구성: 한국 언론의 비만보도 20년 (1990–2009)분석 (한국언론학보, 2010; 공저)" 등이 있다.

김지윤

현 아산정책연구원 여론연구센터장 및 연구위원.
연세대학교 정치학과 졸업. UC 버클리대학(University of California at Berkeley) 공공정책학 석사.
MIT 대학(Massachusetts Institute of Technology) 정치학 박사.
캐나다 몬트리올대학(Université de Montréal) 박사후 연구원 역임.
주요 논저로는 "정부 지출 선택과 국내 선거경쟁 (한국정치학회보, 2011)", "표집틀 설정과 표본추출방법에 따른 정치성향 분석의 문제점: 임의번호걸기(Random Digit Dialing)와 전화번호부 추출방법 비교 (조사연구, 2011)", "Political Judgment, Perceptions of Facts, and Partisan Effects (*Electoral Studies*, 2010)", "Public Spending, Public Deficits, and Government Coalition (*Political studies*, 2010)" 등이 있다.

박원호

현 서울대학교 정치외교학부 교수.
서울대학교 정치학과 졸업 및 동 대학원 석사. 미시간대학(The University of Michigan) 정치학 박사.
플로리다대학(University of Florida) 정치학과 교수 역임.
주요 논저로는 "부동산 가격 변동과 2000년대의 한국선거 (한국정치연구, 2009)", "Losing Fewer Votes: The Impact of Changing Voting Systems on Residual Votes (*Political Research Quarterly*, 2010)" 등이 있다.

박찬욱

현 서울대학교 정치외교학부 교수. 서울대학교 정치학과 BK21 사업단장.
서울대학교 정치학과 졸업 및 동 대학원 정치학과 석사. 미국 아이오와대학(University of Iowa) 정치학 박사. 제40대 한국정치학회장 역임.
주요 논저로는 『제17대 대통령선거를 분석한다 (생각의나무, 2008)』, 『민주정치와 균형외교 (나남, 2006)』, "Effects of a Two-Vote Mixed-Member Majoritarian System on Citizens' Voting Behavior in the Korean National Assembly Elections (*Korean Political Science Review*, 2009)" 등이 있다.

배종찬

현 (주)리서치앤리서치 이사(연구본부장).
연세대학교 정치외교학과 졸업. 서울대학교 국제대학원 석사. 고려대학교 일반대학원 행정학과(정책학전공) 박사과정.
주요 논저로는 『여론이 세상을 바꾼다 (리서치앤리서치, 2009)』, "대통령 국정수행 지지도 조사의 개선에 대한 연구 (조사연구, 2012)" 등이 있다.

우정엽

현 아산정책연구원 안보연구센터장 및 연구위원.
서울대학교 경영학과 졸업. 조지타운대학(Georgetown University) 정책학 석사. 위스콘신주립대학(University of Wisconsin at Milwaukee) 정치학 박사.
서던캘리포니아대학(University of Southern California) 한국학연구소(Korean Studies Institute) 박사후 연구원 역임.
주요 논저로는 "Corruption and Foreign Direct Investment Attractiveness in Asian Countries (*Asian Politics and Policy*, 2009)", "표집틀 설정과 표본추출방법에 따른 정치성향 분석의 문제점: 임의번호 걸기(Random Digit Dialing)와 전화번호부 추출방법 비교 (조사연구, 2011)" 등이 있다.

이상신

현 서울대학교 정치외교학부 BK21사업단 연수연구원.
서울대학교 정치학과 졸업 및 동 대학원 정치학 석사. 미국 아이오와대학(University of Iowa) 정치학 박사.
주요 논저로는 "정부신뢰의 위기: 천안함 사건을 중심으로 (한국정치학회보, 2010)", "친중(親中)과 반미(反美)의 경계: 중국 국가이미지의 결정요인 연구 (국제정치논총, 2011)" 등이 있다.

조원빈

현 성균관대학교 정치외교학과 조교수.
성균관대학교 정치외교학과 졸업. 서울대학교 정치학과 석사. 미국 미시간주립대학(Michigan State University) 정치학 박사. 미국 켄터키대학(University of Kentucky) 정치학과 조교수 역임.
주요 논문으로는 "Citizens' Perceptions of Government Responsiveness in Africa (*Comparative Political Studies*, 2010)", "Accountability or Representation?: How Electoral Systems Promote Public Trust in African Legislatures (*Governance*, 2012)" 등이 있다.

한정훈

현 숭실대학교 정치외교학과 조교수.
서울대학교 정치학과 졸업 및 동 대학원 석사. 로체스터대학(University of Rochester) 정치학 박사.
주요 논저로는 "Analysing Roll Calls of the European Parliament: A Bayesian Application (*European Union Politics*, 2007)", "2009 유럽의회 선거, 또 다시 이순위 국내정치 경쟁장인가? (한국과 국제정치, 2009)", "국회의원별 불참률의 차이에 관한 요인분석: 제18대 국회 전반기를 중심으로 (한국정치학회보, 2011)" 등이 있다.

아산정책연구원 선거연구 시리즈 1

한국 유권자의 선택 1
2012 총선

초판 1쇄 발행 2012년 8월 31일

엮은이 박찬욱 · 김지윤 · 우정엽

펴낸곳 아산정책연구원
주소 서울시 종로구 신문로 2가 1-176번지
등록 2010년 9월 27일 제 300-2010-122호
전화 02-730-5842
팩스 02-730-5876
이메일 info@asaninst.org
홈페이지 www.asaninst.org
편집 디자인 All Design Group

ISBN 978-89-97046-45-4 93340
값 18,000원

※ 이 책은 아산정책연구원이 저작권자와의 계약에 따라 발행한 것이므로
본원의 허락 없이는 어떠한 형태나 수단으로도 이 책의 내용을 이용할 수 없습니다.